L'IMPÉRATRICE ROUGE

DU MÊME AUTEUR

Romans

Le Cœur de Watteau (Julliard 1947)
Comme un vol de Gerfauts (Prix des Lecteurs) (Julliard 1947)
Le Quadrille des Matamores (Plon 1950)
Le temps d'apprendre à vivre (Albin Michel 1959)
Les Tricheurs (Seghers 1960)
Je voulais être une femme (Buchet Chastel 1962)
Le Satellite de l'Amande (Édition des Femmes 1976)
Jusqu'à la Gauche (Buchet Chastel 1961)
Les Bergères de l'Apocalypse (J.-C. Simoën 1978)

Essais

Le complexe de Diane (Julliard 1951)
Y a-t-il encore des hommes ? (Flammarion 1963)
Verlaine et Rimbaud ou la fausse évasion (Albin Michel 1958)
Édition critique des lettres de Flaubert (Calman-Lévy 1966)
Le Féminisme, histoire et actualité (A. Moreau 1972)
Le Féminisme ou la Mort (P. Horay 1973)
Les femmes avant le patriarcat (Payot 1975)
Contre-violence ou résistance à l'État (Thiers 1977)

Biographies

La Vie passionnée de Verlaine (Seghers 1957)
La Vie passionnée de Rimbaud (Seghers 1958)
La couronne de sable (vie d'Isabelle Ebernhardt) (Flammarion 1967)
Germaine de Staël, témoin de son siècle (Prix Chevassu) (Flammarion 1968)
L'Éventail de fer (vie de Qiu Jin) (J.-C. Simoën 1977)
Moi Kristine Reine de Suède (Encre 1979)

Mémoires

Chienne de Jeunesse, I (Julliard 1965)
Les monstres de l'été, II (Julliard 1966)

Contre-Mémoires

L'indicateur du réseau (Encre 1980)

Poésies

Colonnes de l'Ame (Toulouse 1942)
Démons et Merveilles (Seghers 1956)
Ni lieu ni mètre (Éditions Samizdat 1981)

FRANÇOISE D'EAUBONNE

L'IMPÉRATRICE ROUGE

Moi, Jiang Quing,
veuve Mao

ENCRE

« Marquise, ce qui se passe
en Chine se passe aussi dans
votre salon. »

VOLTAIRE

A Julie Pavesi,
écrivain,
et amie constante.

AVERTISSEMENT

Afin de faciliter la lecture, l'auteur a puisé indifféremment, tantôt dans la transcription *Wade,* tantôt dans le système *Pinyin* pour les noms chinois. Jiang Quing, bien que fréquemment entouré de noms fidèles au système *Wade,* a été préféré au bourbeux « Chiang Ching » sous lequel la femme de Mao est souvent citée dans d'autres textes.

L'auteur remercie particulièrement pour sa documentation personnelle son ami Jean Carnet, de la L.C.R.

PREMIÈRE ROUE :
Pomme Bleue

I

Je m'appelle Jiang Quing. J'ai été la dernière impératrice de Chine. Impératrice sans couronne. Et je vais mourir.

Qu'ils osent m'exécuter ou qu'ils m'envoient dans un camp de travail porter les seaux de merde des cochons, je n'en ai plus pour longtemps. Il y a bien des années que l'empereur sans couronne, (nom de code B 52), le Zhuxi Mao a contribué à détruire ma santé; ses ennemis feront le reste. J'ai guéri d'un cancer; je ne guérirai pas de ce jugement. Que la droite bureaucratique venge donc sur mon demi-cadavre ses plus mortels ennemis qui voulaient il y a treize ans — avec les extrêmistes « Foudre » et « Fleur de prunier » — me faire frire à l'huile bouillante ! L'amer humour de ce paradoxe n'a rien pour me déplaire, mais peu pour me consoler. D'ailleurs, je n'ai nul besoin de consolation.

Un grand éclair blanc, aveuglant : mon obsession depuis que j'ai entrepris de me raconter mon histoire, faute de pouvoir l'écrire, dans cette cellule d'où l'on va me tirer pour la première audience. Une lueur blême, un grand trait de feu. Qui crispe et aveugle. Et la roue de bois par terre. Moi qui ai régné sur la culture du plus vaste État du monde, j'ai dû mendier un stylo pour signer.

L'éclair blanc devient rouge dans ma tête. Il a éclaté sur mon dos, sur mes jambes. Je bondis, je saute comme une toupie. Dix ans. Dix ans que, selon la coutume, encore humide de la coquille de chair qui m'a fomentée, on m'a placée sur le sol pendant douze heures, en tant que fille vouée au *yin,* à ce qui est bas, obscur, passif, froid. Ma mère a oublié la diarrhée que cela m'a valu. N'était-ce pas mieux que d'être jetée aux cochons ? Je cours, à perdre haleine, sur mes courtes jambes, loin de la grange et de la pile de roues. « Putain, enfant du diable ! » Le bambou claque, et claquent les coups éclairs. Blanc. Rouge.

Dans mes rêves, cauchemars de la nubilité, songes de l'épuisement près de B 52, mon père encore me traque plus vite qu'une roue. Elles sortaient de ses mains, bois d'acacia ou de chêne, bois de peuplier ou de saule, durcies au feu, polies par l'eau, bondissants instruments de torture, souvenirs de la course vaine. Elles, et non pas le bambou claquant qui faisait éclater dans ma tête ces traits de magnésium. Courir en vain, c'était folie et mort, bien plus que les coups. Le sang qui perlait à mes mollets brefs, qu'était-ce à côté de celui qui grondait dans ma tête ? Le sang aussi, sur mes lèvres mordues, dans mes poumons gonflés à éclater, si petits. Ma tunique cent fois déchirée se déchirait encore. Et ces nuits de fièvre où je crachais rouge à Nanniwan qu'il nous fallait défricher, celles à la clinique de Moscou où j'ai failli crever, toutes celles qui me virent chevaucher aux avant-postes de la guerre, sous la mitraille et dans la boue — sommeils qui doublaient les affres de la veille comme on retourne un oreiller poisseux de sueur — mon père roulait vers moi en écumant d'injures, membres étendus en rayons autour du seul moyeu, ce sexe haï qui m'a donné la vie pour la transformer en cet enfer de roue et de bambou.

Il n'y a que deux passions : celle du pouvoir et celle de la liberté.

La liberté, c'est le pouvoir du peuple; le pouvoir, c'est la liberté des grands. A notre époque il faut dire : des dirigeants. Tout ce que nous avons pu brasser comme mots au sujet des masses, le Zhuxi et moi, ne change rien à l'affaire. Si celui que ses ennemis désignaient sous le nom de code de B 52 a reconnu hautement avant sa mort qu'il « aimait bien les gens de droite » après avoir reçu Nixon, Kissinger et Josef Strauss, c'est qu'il avait perçu les mêmes vérités que moi. Ce fut aussi le début de ma perte, sans doute, puisqu'il a confié sa succession à un Hua. Mais nous n'avions pas vécu et travaillé ensemble trente-huit ans pour avoir eu besoin de nous communiquer explicitement des vérités qui se trouvent à la base même d'une aussi longue entente. Les masses populaires, contrairement à ce que croyait naïvement Sun Yat-Sen, sont incapables de se gouverner elles-mêmes; sinon l'appareil d'Etat aurait disparu depuis longtemps; et cette fameuse disparition, ce Jugement dernier du marxisme, aura lieu le jour où le Bouvier rencontrera la Fileuse.* « Que deviendrait le troupeau sans le chien de berger ? » disait-il, le jeune Zedong, à son ami Siao-Yu qui protestait.

Si le peuple a la passion de la liberté, c'est qu'elle est pour lui la seule forme de pouvoir, de pouvoir sur sa propre vie. Mais il ne peut, ni ne pourra avant des millénaires, l'exercer autrement que par délégation. Nous, les bergers de ce troupeau, avons la passion du pouvoir parce que c'est notre liberté, celle qui nous a arrachés à la condition du peuple. Nous ne régnons pas, nous gérons. Pour gérer nos propres vies, nous devons aussi gérer celle du peuple. Né de lui, on ne peut devenir libre qu'en prenant en charge sa liberté à lui. C'est là le pouvoir. C'est son sens le plus direct.

Contre la bambou et la roue, j'ai voulu la liberté. Elle ne passait que par le chemin du pouvoir.

Le père du Zhuxi possédait un lopin de terre; le mien ne possédait rien que ses mains pour façonner des roues. La misère en avait fait un chien enragé; peut-être que, riche, il n'aurait été qu'un porc enragé. Mes frères et

* Expression chinoise signifiant un futur tellement lointain qu'il est improbable.

sœurs étaient bien plus âgés que moi; ma mère ne croyait plus pouvoir enfanter. L'année où elle me mit au monde fut celle qu'on a appelée le début de la première « guerre Mondiale » (1914), parce que l'Occident, pour peu qu'une parcelle d'Orient s'y ajoute, se prend pour le monde. Mais en notre province de Schandong au bord de la Mer Jaune, pas un seul tisserand, pas un potier, pas un planteur de riz ou un brigand des collines ne connaissait le nom des puissances qui se jetaient les unes sur les autres au-delà des mers lointaines. Pas plus que d'une autre planète, l'orage d'acier n'ébranlait la plus légère ramille de nos pins; les fleuves de sang coulaient pour nous à une aussi grande distance qu'au temps des Ming. Même la chute du plus vieil Empire du monde, si récente, dûe à un petit médecin errant et folklorique qui devait l'apprendre par le journal, nous concernait moins que la récolte de l'année ou la grossesse de l'aristocrate locale. Car c'est à cette occasion que des largesses nommées « rosée du ciel » amenaient un sourire sur les chicots, noircis par le jus du pavot, des adultes de mon village. Et c'est grâce à une de ces occasions qu'il me fut donné, à moi chétive, le droit de fréquenter l'école réservée aux enfants de nos bons nobles.

Ma main sur le papier qu'on me présente, ma main ridée. « Où dois-je signer ? Je n'ai pas mes lunettes. » On me les rend. Me croient-ils amoindrie par ces quatre années de prison ? Je garde la face. Tête droite, sourire de moquerie. Je n'en reconnais pas moins leur juridiction par cette signature. Et je demande avec hauteur à garder le document.

Ainsi donc va commencer le procès de la « bande des Quatre ».

Car si j'adoptais la rupture de défense de Chang Chung-Chiao, je me priverais de ma dernière arme, le verbe.

— Veuillez signer ici, Jiang Quing.

Mais bien entendu, singe, pourri.

Après tout ce temps passé à contempler la grisaille des murs de prison, la pièce du greffe me paraît bariolée. Portes rouges, tapis turquoise, petite table jaune, les trois singes assis derrière, et, immobile contre le mur, le milicien en uniforme avec son col à double pointe écarlate, ses gants ivoire. Il me semble avoir oublié les couleurs. Un grand éclair blanc tourne dans ma tête.

— Veuillez reconduire Jiang Quing dans sa cellule.

Chang Chung-Chiao : « Je ne reconnais pas votre juridiction. » Ce sera le seul.

Les deux autres signeront, comme moi. Wang, le plus jeune de mes alliés, le plus décevant, je sais qu'il se traînera sur le ventre pour obtenir « une ultime chance ». Moi, je souris, moqueuse, mystérieuse. Des images du paradis d'Hollywood et de ses étoiles flottent parfois devant mes yeux. Mais je regarde mes mains où la peau plisse. Ces mains qui ont appris à signer leur nom, grâce à des châtelains paternalistes, nos hobereaux, puis à jouer du piano, à manier l'appareil photographique. Je souris, comme l'aurait fait une de mes idoles dans un film américain. J'aime la vie et je vais mourir avec rage.

II

Etre la première à l'école ne me dispensait pas des séances de coups; mes progrès laissaient indifférente ma famille, puisque je n'étais pas un garçon. Ils me vengeaient des humiliations que me valaient, auprès de ces enfants de riches, ma tunique toujours en lambeaux, mes souliers percés, mes bras maigres et sales. Mes camarades avaient des rubans dans les cheveux, des sandales à tête de tigre; je nouais mes courtes nattes d'une ficelle et mes bottines n'étaient que de poussière. Alors je prenais mon livre et je scandais, à voix haute et avec une parfaite diction, les analectes de Confucius. « Tu as une voix de théâtre », me disait notre professeur. Je ne savais pas ce que voulait dire ce mot.

A la première lune d'automne de mes douze ans vint une troupe errante. Ils arrêtèrent leur chariot devant le temple aux dieux de la Terre et dressèrent une estrade, allumèrent les lampions. L'enclos fut gardé par plusieurs hommes armés de bâtons, afin de chasser ceux qui regardaient par les fentes de la palissade. Moi, je grimpai sur la branche la plus haute d'un figuier. Passant la tête entre les feuilles, il me fut possible de voir la pièce. La nuit était encore tiède; mais même si le gel avait fixé la rivière mon frère et moi nous aurions tenu bon, immobiles comme des chats sur le gros rameau noueux.

C'était une confuse histoire d'héroïsme et de traîtrise avec beaucoup de larmes, de rugissements et d'appels de pied. Nous n'y comprîmes rien, et la trouvâmes parfaite.

Le héros portait une robe dont le vert jade aurait fait pâlir les beaux vases Song que je ne connaissais pas encore; le traître montrait des sourcils d'un noir de charbon dans une face squelettique passée au blanc de céruse. Au rythme des cymbales, ils agitaient en tournoyant leurs sabres; les lampions en faisaient pétiller les lames. Ces baladins grinçaient des dents, roulaient des yeux, frappaient du pied; leurs jaquettes en plume de faisan voltigeaient à chaque moment intense où se mimaient leurs conflits. Les petits propriétaires à peine plus aisés que le reste du peuple avaient pris place sur les premiers bancs; derrière, c'étaient les coolies du bourg, les ouvriers agricoles des grands propriétaires, et les vidangeurs aux haillons horriblement puants. Les apostrophes qui se succédaient sur les tréteaux, accompagnées de cette espèce de danse de chats sauvages, entre les coups de gong, supprimaient à mes yeux ce public fétide et déguenillé. Quand on éteignit les bougies des tréteaux dans leurs petites coupes d'huile, et avant même de voir décrocher les lampions, je dis toute pâle encore de l'émotion inconnue que je venais de découvrir : « Je serai actrice ! » Je ne me souviens plus si l'on se moqua de moi.

C'était en 1926.

1947, Sachiatien. Moi seule à cheval parmi les fantassins. Choc, bruit déchirant de métal lacéré. La jeep du Kuomintang soulevée à deux mètres du sol se retourna dans le champ de pierres que bordaient les ruines. Je vis jaillir les deux fragiles silhouettes désarticulées, pantins dont les fils viennent de se rompre, et la machine disloquée cracha des étincelles et des éclairs par faisceaux jaunes, blancs, rouges, pour bondir par-dessus ces ombres inertes et les gober dans sa chute. Une roue arrachée par le rocher en forme d'ergot sauta au moment où le moteur éclatait. La roue, toujours.

Elle vola en traversant la zone qu'éclairaient encore les phares pour disparaître, avalée par les ténèbres, tandis que le geyser de feu s'achevait en corolle — *que cent fleurs s'épanouissent !* L'air se mit à empester le caoutchouc carbonisé, et la carcasse disloquée du véhicule s'embrasa si près de moi que j'en eus les sourcils grillés; mon cheval se cabra, hennissant parmi les débris à l'odeur âcre et les cadavres ensanglantés. Notre armée hurlante couvrait l'espace de son assaut, aux accents de l'*Internationale.* Elle aurait pu escalader le ciel, comme le tentent les montagnes qui dansent, serpents d'argent !

Ce rôle-là, je l'ai aimé. Spectacle, tout est spectacle. Tout est confuse histoire d'héroïsme et de traîtrise. La vérité est détenue par le cœur. Mais le masque n'est pas qu'un couvercle du visage; de même que le corps est le vêtement de l'âme, il se confond avec notre peau, ce masque de théâtre. Le Zhuxi a mis en garde les camarades partant étudier à l'étranger contre la passion de citer les Grecs et la tentation d'oublier que notre culture est bien plus ancienne et plus vénérable; cependant, ainsi que me l'a appris mon professeur de Tsingtao, Grand Frère, les Latins ont donné le même nom au masque qu'à la personne, et je pense comme eux.

Cette histoire, la mienne, que je me raconte — non : que je projette, comme une séquence de vieux film, sur l'écran de cette muraille carcérale, — elle est pleine de personnages; mais les années aussi sont des personnages. Elles portent des masques théâtraux, grimaçants ou merveilleux; et chacune a son rôle, et s'avance en gros plan pour dire ce qu'elle a apporté à ce personnage central, moi.

Il y a par exemple mille neuf cent quatorze qui me donna la vie; mille neuf cent trente qui me mit une couverture sur le dos, un parapluie sous le bras, et me plaça dans le train; mille neuf cent trente-huit et son camion de riz, qui me mena vers un homme au menton marqué d'un gros grain de beauté, vêtu d'un uniforme râpé, parlant debout à une salle comble; mille neuf cent quarante-sept et Sachiatien, où cette roue d'une jeep bombardée me frôla, et la jeune sœur de cette année, mille neuf cent quarante-huit, qui me vit penchée sur une muraille, un jour d'automne, fondant en larmes à contempler la ville en ruine où j'avais passé onze ans. Il y eut enfin l'éclatant mille neuf cent soixante-six où je pus réaliser le rêve de ma vie grâce à des millions de jeunes êtres brandissant un petit livre pourpre et couvrant les murs de leurs textes; il y eut enfin le sombre mille neuf cent soixante-seize, l'année où l'hiver souffle les lampes célestes et où les dieux abattus tombent dans la boue.

Dur ! Dur et misérable abord de la vie.

Le père du Zhuxi fut un tyranneau; le mien un psychopathe. On prétend aujourd'hui pour me calomnier que cette dent cassée qui pointe dans mon sourire vient d'un accident de tournage à Shangaï; or ce fut ce jour de mon enfance où, à la fête des Lanternes, je tentais de défendre ma mère que son époux frappait une fois de plus. Elle me lia sur son dos avec des bandelettes, comme un panier ou une poterie, et quitta mon père pour toujours.

Je la vis travailler comme servante; je fus si mal nourrie que mon système digestif, déjà détérioré par le rite de coucher une fille sur la terre nue à sa naissance, en a pâti jusqu'à mon âge mûr. Je travaillais un peu pour aider ma mère; et je ne portais que de vieux vêtements de garçon. Mais j'ai appris très tôt à circuler seule la nuit, sans peur des dragons, des fantômes et autres mythes que je me suis hâtée, sitôt ma prise de pouvoir, de chasser de la scène chinoise comme je les avais expulsés de mon imagination d'enfant. Je n'ai gardé que la terreur des loups, et eux aussi je les ai haïs dans le domaine du spectacle; quand j'ai tourné *Du sang sur la montagne* à Shangaï, mon rôle y fut celui d'une jeune fille traquée par les loups.

Je devais vous retrouver au soir de ma vie, loups, loups à deux pattes, horde qui me cernez. Pourtant, j'en ai connu d'autres à l'époque où le corps est un bourgeon qui s'ouvre, et où les sens gardent à jamais les impressions intenses. Mon ouïe conserve l'écho des coups de feu, derrière le haut rempart de brique où l'on fusillait les brigands capturés; mes yeux, la vue des têtes sanglantes, attachées par leur longue chevelure, que portait sur son épaule au bout d'une perche un vieillard traversant le pont suspendu avec autant d'indifférence que s'il trimballait une paire de poissons. Ce jour-là je quittai l'école, jetai mes livres et tombai dans mon lit en délirant. Telles furent mes douceurs de l'adolescence.

Seize ans. Ma mère m'avait emmenée chez ma sœur, à Tsinan. Après avoir suivi des cours d'art dramatique, je décidai d'en partir. Je laissai deux lignes d'adieu aux miens en prenant le train avec mon bagage : une couverture neuve et un vieux parapluie. J'allais conquérir Pékin.

On dit que Pékin est, de toute notre patrie aux cités-trésors, celle où le temps a déposé comme une couche profonde d'alluvions fertiles au fond d'un vieil étang la beauté et l'harmonie du passé historique. Que la durée des institutions et des hommes y a macéré comme de précieux aromates, et qu'elle en garde la lumière ainsi que les derniers rayons de l'été laissent leur or sur le feuillage d'automne. Que la poussière elle-même y est tant imprégnée de la gloire et des luttes des siècles morts qu'en la foulant nous plongeons nos racines dans l'humus même de la sagesse, de la mélancolie et de la lucidité. Tout cela est vrai, peut-être. Peut-être. En mon souvenir Pékin fut la cité du froid et de la famine.

La civilisation, l'Histoire, la culture, les règnes, les guerres, où donc s'y serait reconnue, en 1928, une petite paysanne chinoise crevant de faim ? Pas seulement en tant que peuple, en tant que pauvre : en tant que femme, créature de *yin*.

Or ça, il est né une fille,
Ça ! couchez-la dessus la terre !
Ça ! vêtez-la d'habits de nuit !
Ça ! pour objet petit fuseau !
Qu'elle borne aux repas sa tâche !

Cette chanson de la dynastie des Tcheou est une des clefs de ma vie, un des rayons de ma roue. Elle a dicté certains de mes choix professionnels : les pièces d'Europe du Nord, le cinéma américain. Et non le répertoire chinois. Grand Frère n'en est pas le premier responsable.

Pékin, où sont tes peintures sur crépon, tes bouddhas au nombril en fleur, tes lions de jade, tes coffres de laque rouge vomissant des torrents de gemmes ? Je te l'ai demandé, claquant des dents sous ma couverture usée jusqu'à la corde. Les Blanchâtres ont tout pris à l'aube de ce siècle, tandis que leurs canonnières remontaient le Yang-Tsé, et que des populations vivant à l'âge de bronze voyaient serpenter la première voie ferrée de Chine. J'ai franchi la porte de la Paix Céleste percée dans la muraille rouge; j'ai suivi la voie aux vastes dalles qui la relie au temple du Ciel. Son toit semblait la carapace d'une colossale tortue azurée. J'ai visité un autre temple, celui de Shi-Nunh, inventeur de l'agriculture. C'était le quartier des belles résidences où les valets m'invectivaient, en m'appelant pouilleuse. Des hommes du Nord, en robe bleue et chaussures de drap blanc. Des soldats montaient une garde ennuyée, le sabre courbe dans le dos.

L'horreur de l'hiver qui balaye de ses vents glacés les séculaires corridors des avenues, de l'été aux bourrasques de poussière qui dessèche la gorge, je l'ai vu partagée par le Zhuxi qui ne s'est jamais attardé à Pékin plus que nécessaire. Ce premier séjour m'y apprit la misère urbaine, et les rigueurs d'un climat auquel ne m'avait pas préparée la douceur des bords de la Mer Jaune. La maigre renarde de Schandong y a sans doute contracté le germe de cette tuberculose qui me fit dispenser de tissage à Nanniwan.

C'est Shangaï que je visais; aucun acteur ne pouvait escompter une carrière sans passer par ce carrefour de toutes les provinces chinoises et de tant de trafics européens. Je quittai donc ma soupente grouillante de punaises où j'avais remplacé le carreau brisé par une feuille de carton que la bise arrachait, et le fabricant de cercueils qui m'allouait un bol de soupe au soja contre des leçons à sa fille. Ma chance avait lui : la nomination de Grand Frère, mon premier professeur de comédie, à un poste élevé de l'Université de Tsingtao. Je l'avais rencontré à Tsinan, où s'était fixée ma famille, en apprenant la musique et le jeu dramatique au Théâtre Expérimental. C'était lui qui m'avait indiqué les meilleurs effets de voix et les attitudes, la pose des pieds selon le rôle de souveraine ou de servante. Il m'avait déclaré : « Tu pourras toujours faire appel à moi, petite perle. » Tsingtao me devait être un jalon sur la route de Shangaï.

On vient de m'apporter une boule de riz et des nouilles. Le soleil se déplace le long de la paroi. Je me suis éloignée du grand éclair blanc. Je n'ai pas faim. J'avais oublié l'heure du repas, et il dérange mon évocation du passé.

L'expression du garde attire mon attention; il ne doit pas m'adresser la parole, et voici qu'il en meurt d'envie. Je l'encourage d'un mouvement de sourcils. Il change de position, pesant tantôt sur un pied puis sur l'autre :

— Eh bien, me dit-il, ton procès va commencer.

— Oui, dis-je. Bientôt ?

— On en parle à la cantine.

— Alors, c'est pour cette semaine.

Il hoche la tête. Je vois se former sur ses lèvres le mot « camarade », mais il n'ose pas, même si ce mot est suivi de mon nom détesté. Il hoche la tête et s'en va. Pendant que les verrous claquent, je respire à fond. Peut-être y a-t-il encore des nôtres parmi les gardes. Mais quelle importance ? Zedong a été bon prophète : nous sommes tombés dans l'abîme et nos os s'y sont brisés. Mais combien de temps reste-t-il imparti aux os de mes juges ?

Je laisse ma bolée, je me regarde au miroir; cette figure lunaire, cette lippe de curé, mes larges lunettes, la courte chevelure encore belle, épaisse et noire, à peine filetée de gris, qui m'emboîte les tempes comme un casque, j'essaie de retrouver à travers elles mon minois émacié, mon front rond, mon sourire et mes petites oreilles : « ce mélange de pomme et de chat » disait David. Il ne fut pas mon premier amant, ni Tang-Na. Une fille de seize ans seule et sans autre richesses qu'un parapluie et une couverture dans une grande ville ne reste pas longtemps seule. Il me fallait survivre.

Grand Frère m'accueillit aussi bien qu'il en avait pris l'engagement à Tsinan. Il me nourrit pour me permettre de remonter sur les planches. « Si on te dessine de face, on te croira de profil » disait-on pour stigmatiser ma maigreur. D'autres m'avaient surnommée « Deux Tiges » à cause de mes jambes minces comme des baguettes.

C'est dans la bibliothèque de mon érudit que je trouvai *L'Etat et la Révolution* de Vladimir Oulianov Lénine. Ainsi qu'une quantité incroyable de livres chinois, occidentaux, et surtout anglais. J'avais commencé à apprendre cette langue à Pékin, car je savais que c'était la seconde parlée à Shangaï. Je lus tous les livres de Grand Frère. Puis, quand ils furent dévorés, je m'inscrivis à la bibliothèque de l'Université. Tout en poursuivant mes cours d'art dramatique et de piano. Près de ma natte, une caisse contenait mes lectures de chevet : *Les Notes de l'Oreiller, Le Rêve du pavillon rouge,* le *Théâtre* de Strindberg. Ecornés, perdant leurs feuillets, les deux principaux ouvrages : *Maison de poupée,* et, relu plus encore, *L'Etat et la Révolution.* Je dévorais également Gorki et Ibsen.

L'Américaine à qui je l'ai raconté au cours d'une série d'entretiens, il y a huit ans, me couvait de ses grands yeux bleus, d'un bleu pâle de ciel très chaud, en changeant le ruban du magnétophone. Elle portait une robe noire, ou une jupe avec un chemisier rouge à pois, et son teint était aussi frais qu'une fleur de pommier. Ses ongles soignés, ses petites dents la faisaient trancher parmi nous comme un flocon de crème. Elle m'interrompait par avidité : « Est-ce bien ainsi, Jiang Quing ? Que voulez-vous dire par là ? Si seulement vous me précisiez ce point ? ». Elle était venue à Pékin pour enquêter sur la condition de la femme chinoise, une question qui passionnait le *Women's Lib;* et je l'avais invitée à Canton pour « y méditer sur la vie et la révolution ».

— Vous avez donc fini par jouer le rôle de Nora, Jiang Quing ?

— Oui, mais bien plus tard. *Maison de poupée* et les œuvres de Lénine ont été mon véritable éveil.

Et je lui contais avec abandon, au cours de nos promenades sur la rivière des Perles, comment à seize ans j'avais quitté pour Tsintao ce Pékin et ses toits recourbés que les glaçons transformaient en lustres frangés de cristal; et ma famine; et mes ambitions.

Ce livre que m'a consacré Roxane, le Zhuxi en fut extrêmement irrité; la maladie qui devait l'emporter a connu alors une rechute. Une querelle éclate entre Zedong et moi qui mit fin à notre vie commune. Pourquoi ne pas accepter l'idée que partout où une révolution triomphe, un reporter des States vient se faire le biographe des guerilleros vainqueurs ? Ce fut bien le cas pour Pancho Villa ! Ce fut même le cas pour Zedong, avec Edgar Snow, grâce à qui la petite Ho Tzu-Chen que je devais remplacer connut en 1936 la vie de son époux, en l'écoutant converser avec ce natif du Missouri qui en tira *Red Star over the China.* Ce n'est pas l'unique fois où, en ce qui me concerne, Zedong employa le système des deux-poids deux-mesures. Mais déja sa réprobation ne pouvait plus changer grand-chose à mes actes.

En 1934 David Yu, le beau-frère de mon vieux professeur, était très lié aux sphères gouvernementales du Kuomintang. Pour moi, je fréquentais déjà le chef des communistes de Tsing-tao; il s'appelait Li Cha-Tang. Lui aussi me faisait la cour; ce qui ne m'a pas dispensée de payer ma carte du Parti, et à un prix qui exigea de moi le sacrifice de ma nourriture pendant près d'un mois; je me nourrissais de deux crêpes par jour, et prétendais manger chez des parents inconnus. J'avais dix-neuf ans.

Cette Chine plongée dans le chaos et la tempête, je ne

m'en étais pas préoccupée, tout le temps qu'il me fallut à tout prix trouver un toit pour dormir, un pan de laine pour ma nudité que mordait l'hiver pékinois, et une cuiller de riz ne fut-ce que toutes les vingt-quatre heures. Après la lecture de *l'Etat et la Révolution,* je commençais à courir les meetings, prenant sur mon sommeil pour étudier mes rôles et mon piano. J'écoutais beaucoup, je posais quelques questions, je lisais les vies de nos héros morts, des commentaires sur l'œuvre de Sun Yat-Sen, celle de Marx, des récits sur la révolution des Boxers ou des Taïpings; je comparais, je méditais. J'en étais à l'époque de la réflexion; viendrait celle de l'enthousiasme, puis du projet qui devait diriger ma vie : la liberté par le pouvoir.

Bien entendu, j'étais patriote; tous les étudiants, tous les jeunes intellectuels l'étaient. J'ai souvent, et longtemps, regardé au Théâtre Expérimental une carte ancienne de la Chine; mes rêves y prenaient appui. Quelle fille de moins de vingt ans ne rêve pas, même si elle calcule ? Cela ressemble aux nuages que l'on ne peut saisir et qui, peut-être, préparent la tempête. On avait tracé sur cette carte les noms des grandes villes en caractères européens un peu trébuchants, mais au nord-est un dragon soufflait le feu aspirant l'été, expirant l'hiver; autour de lui se dressaient, chargés de perles resplendissantes, les arbres des Jardins Merveilleux. (Ainsi était l'emplacement d'Heilongjang). Au nord-ouest, sur la mer légendaire de Fou-Lao, flottait le bœuf vert à patte unique; au sud, dans le Zhejiang, une ravissante femme lavait dans un lac noir deux enfants, le Soleil et la Lune. Tel s'offrait le vaste espace soumis par les Mandchous; lorsque le Dr Sun avait renversé leur dernière impératrice Tsen-Hí, il mit fin à deux mille ans de pouvoir personnel.

Sun a disparu. Après ce petit homme modeste et fier, le pouvoir personnel revint avec un militaire de trente-sept ans, son beau-frère, Tchang Kaï-Shek. J'avais lu ses poèmes dans la bibliothèque de Grand Frère et les avait trouvés fort mauvais. Heureusement, il a peu écrit.

Voyez ces bambous en haut de la colline,
Ils doivent donner de l'ombre en été...

Sa mainmise sur le Kuomintang en avait fait un mouvement nationaliste, uniquement nationaliste, qui avait rompu violemment avec le parti communiste; il procédait par milliers aux arrestations et aux exécutions de tout ce qu'on pouvait soupçonner d'être « rouge ».

— Il y a bien des raisons à cet affrontement, me dit un jour David, mais surtout Tchang ne pardonne pas à ses anciens alliés d'avoir attaqué les légations et les missions, comme jadis les Boxers; ça les discrédite auprès de l'étranger dont il a besoin.

Il savait ce dont il parlait; il avait l'oreille de fonctionnaires haut placés du régime de Tchang.

Ce qui compliquait la situation : le soutien constant apporté par Staline au fusilleur des marxistes. Du fond de son Kremlin neigeux, il parachutait des consignes : « Un révolutionnaire comme Tchang Kaï-Shek ne peut agir en coopération avec des contre-révolutionnaires... Le seul danger pour les travailleurs de Shangaï est constitué par la provocation des impérialistes. » Les progressistes en parlaient beaucoup à Shangaï, et avec les commentaires qu'on devine, quand j'y débarquai à vingt ans pour tourner mon premier film. Chou En-Laï lui-même venait d'être condamné à mort et n'avait échappé au poteau d'exécution que grâce à ce prodige : l'officier chargé de commander la salve était un de ses anciens élèves de l'académie de Whampoa.

Pendant que je relisais pour la dizième fois *L'Etat et la Révolution,* le général Tchang, qui avait échoué dans sa « Troisième Campagne d'Extermination » de l'Armée Rouge, faible et mal armée mais insaisissable, acceptait de voir les Japonais s'installer en Mandchourie; les Nippons y placèrent à la tête d'un état fantoche le dernier de nos empereurs, le petit Po-Yi. Celui-là même dont, en 1964, Zedong devait augmenter le salaire de jardinier. Il mourra paisiblement en soignant les fleurs, dans son pays qui n'est plus son royaume.

Le peuple chinois, un des plus éprouvés de cette planète, ce peuple qui semble le cauchemar de tous ceux qui ont régné sur lui et ont paru plus soucieux de l'exterminer que de le diriger, faisait comme de coutume les frais de ces batailles interminables et confuses. Si l'occupation japonaise apportait un certain soulagement à l'Armée Rouge à cause de l'épine qu'elle constituait pour Tchang, les paysans de ces contrées où le Dragon géographique souffle le feu de l'été se voyaient pillés, réduits à la famine, incapables de semer et d'engranger. Beaucoup fuyaient vers les villes. Dans les grands centres comme Shangaï, les travailleurs obligés de faire grève tombaient sous les coups de la police; dans les petites cités c'était le raz-de-marée intermittent des seigneurs de la guerre qui dépouillaient, violaient, assassinaient les habitants; le Kuomintang, occupé à sa chasse aux sorcières rouges, ne pouvait les protéger. Les campagnes étaient semées de ruines fumantes et les chemins de cadavres.

Mon mariage avec David ne dura pas longtemps. Je ne m'étais appelée d'ailleurs Mme Yu que pour m'assurer une protection momentanée; non seulement celle de ces dangereux atouts, jeunesse et beauté, qui font du *yin* l'éternelle proie du *yang,* mais aussi en raison des liens de David avec le Kuomintang, utiles pour ma condition d'adhérente à un parti mis hors-la-loi. Je n'étais d'ailleurs pas une militante très active; j'avais ma propre vie à bâtir. Et cette vie, je ne la séparais pas de mon ambition personnelle : devenir une actrice célèbre, fêtée, au théâtre et à l'écran.

J'ai cru aux promesses du réalisateur Tsang-Min qui m'avait vue tenir le rôle de Nora dans *Maison de poupée*; c'est par l'échec et l'échec qu'on va à la victoire, ainsi que nous l'a enseigné le Zhuxi. Si Tsang-Min m'introduisit dans ce paradis si semblable à notre monde, celui où des ombres s'agitent sur un écran pour disparaître à la fin dans une boîte noire, son intervention la plus précise dans ma carrière consista à déformer le pseudonyme que j'avais choisi, « Paix Bleue » pour en faire, Lan Ping, « Pomme Bleue ».

Il faut encore plusieurs années avant qu'une rencontre décisive pour mon destin et celui de l'immense Chine fasse de la Pomme Bleue une Rivière d'Azur.

III

Quand je suis arrivée à Shangaï, un flot de nouveaux arrivants l'engorgeait; aucun d'eux ne venait y faire du cinéma; en dépit de son impuissance à anéantir l'Armée Rouge, Tchang représentait pour beaucoup, en effet, la sécurité, au moins à titre provisoire. (Ainsi David pour moi.) Des manifestations loyalistes qui n'étaient qu'une demande de mise à l'abri réunissaient fréquemment les corporations, sous les bannières ornées de l'insigne de leur métier, au cri de « Vive le Généralissime ! Longue vie ! » Ce qui aidait, du reste, à réprimer les grèves et à noyer dans le sang les manifestations estudiantines. C'est ainsi que la roue de mon destin tourna encore.

C'était la fête de ces « gâteaux de lune » qui sont tantôt épais, tantôt fins comme du papier de soie. Mais on ne s'en préoccupait que dans les quartiers les plus pauvres. Une masse de gens piétinait en quête d'un lit; beaucoup de Chinois du Nord en fuite, en général bien pourvus, guettés par ces voleurs de grande ville qui se groupent en sociétés secrètes; on reconnaissait ces réfugiés-là à leur ventre et à leurs bagages; des fonctionnaires débordés par leur rôle dans les services de communications et de transports; des individus indéterminés, souvent juifs, qui cherchaient à vendre un gramophone, une voiture, un bijou, de l'opium; des amoureux en fuite pour qui la guerre civile était une aubaine; et l'inévitable espion en gabardine et au feutre enfoncé sur l'œil, travaillant pour on ne sait qui avec une éclatante discrétion.

Et là-bas, au-delà des chaînes de collines brunes, des déserts poussiéreux et des fleuves aux convulsions mortelles qui dévorent la terre à la fonte des neiges, la mitraille hachait le ciel de Chine. Et le Dragon du Kuomintang traquait une armée spectrale, une horde de fantômes couverts de cicatrices et de vermine, aux pieds enveloppés d'herbes et de chiffons, que conduisaient deux chefs : l'ancien mandarin Chu-Teh et ce jeune leader mal vu du Kremlin, Zedong. La Cinquième Campagne d'Extermination, neuf cent mille hommes, quatre avions, plus les blindés et l'artillerie, s'apprêtait à enfermer ces cohortes exténuées dans la souricière du Kiang-Si.

Li, U, Lien, Chi. Tenue, droiture, intégrité, respect de soi. Voici les vertus confucéennes recommandées à la jeunesse, que j'énumérais de ma voix chantante à l'école de mon village où la charité patricienne m'avait fait asseoir. Ces quatre principes échouaient dans la fourmilière débordante de Shangaï comme des saumons sur le sable. Tout allait de façon telle qu'emportée par la roue je sentais encore tournoyer sur ma tête la spirale aiguë, l'éclair du bambou blanc.

Que je me retourne ici sur mon bat-flanc, ne croyant pas mes yeux quand ils se posent sur mes mains flétries, retirant mes lunettes pour masser mes paupières du doigt, que hier l'Américaine à fraîcheur de perce-neige change le ruban de son magnétophone et le teste de l'ongle, puis me fasse en souriant signe d'y aller — *go, my dear !* — les images du passé s'emboîtent les unes dans les autres. Ce n'est plus la voix grondeuse du vieil homme prêt à mourir, dont je frotte le corps de talc : « Tu t'es trompée.. Aujourd'hui, nous allons nous retrouver dans deux mondes différents... Ces quelques mots sont sans doute les derniers que je t'adresse; j'ai essayé d'atteindre le sommet de la révolution, je n'ai pas réussi... » C'est encore et toujours le sifflement du cargo, il y a plus de quarante ans, le long des docks de Shangaï.

Les lampes à arc projetaient un éclairage d'un blanc violet qu'entrecoupait la lueur jaune, vacillante, de celles au pétrole. Le petit vapeur déchargeait des familles entières; leur chef portait la longue robe boutonnée ou le complet-veston occidental, et des serviteurs dégringolaient sous la montagne des paquets. Sous les réverbères jouaient les couleurs diversifiées des uniformes : kakis, vert-de-gris, orange foncé, ardoise, mais tous complétés par la casquette plate. Les officiers copiaient de leur mieux la rigidité, supposée signe de sagesse et de force, des conseillers allemands du généralissime. Je portais ce mince fourreau collant qu'on appelait *schan*, des camélias dans les cheveux, à la main mon Kodak et la valise de fibres de palmier qui contenait tout ce que je possédais au monde. L'appareil de photo était un cadeau de David, qui espérait toujours notre réconciliation. J'achetai à un marchand en plein air les « gâteaux de lune » et les mangeai seule dans l'arrière-boutique d'un charpentier qui me loua une natte sur un sol où couraient les cancrelats. Le lendemain, je trouvai asile chez l'écrivain communiste Chou-Yang à qui j'avais écrit de Tsingtao.

Shangaï. Pour se rendre aux studios de cinéma, dans le *Bund*, il faut traverser le quartier des fabriques de goudron et de cordages, la forêt des boutiques et des minuscules maisons de thé où les coolies à l'épaule entaillée fument les déchets de l'opium. Les lampes à huile se reflètent dans l'eau nocturne moirée de cercles de mazout. Des squelettes aux orbites charbonnées de lassitude gisant accroupis entre les brancards des pousse-pousse. La « Fleur de Pommier » est un café-théâtre, ce qu'on dénomme ici une « arène de littérature »; j'y bois un bol de thé au jasmin avec l'acteur Tang-Na qui me presse de quitter mon amant et de divorcer d'avec mon mari, car il veut m'épouser.

Nous sommes assis devant l'estrade aux boiseries laquées et au treillis vieil or. Le bourdonnement des ventilateurs de marque anglaise et des entretiens incessants s'estompe quand paraît, saluée d'un gong et de quelques coups de ces petits tambours cliquetants qui servent aux *sutras* des prêtres taoïstes, la première récitante. Sa coiffure de perles bruit et ruisselle sur ses épaules comme une brève cascade de jardin public, tandis qu'elle annonce un *tanci;* et elle braque vers les auditeurs son menton violemment fardé d'un rond pourpre.

— Il s'agit d'un poème chanté, m'explique Tang. La jeune femme qui en est l'auteur, on l'appelle une *kwann-jenn.*

C'est un grand garçon élégant, vêtu à l'européenne, aux cheveux noirs rejetés en arrière et au visage mince comme une lame de couteau. Il me couve d'un regard ardent. Je ne vois pas pourquoi je lui engagerais ma vie, dis-je. Mon oreille est frappée par l'accent gazouillé de cette strophe; j'y reconnais le pastiche d'un bien vieux poète, Fou-Husan :

Naître dans un corps de fille, c'est triste,
Son Seigneur cherchera de plus jeunes plaisirs;
S'ils furent jadis ombre et chair
Il seront loin comme Fileuse et Bouvier, les étoiles.

— C'est une plagiaire, dis-je. Mais elle doit avoir de bonnes raisons d'avoir choisi ce thème. Je ne veux être l'ombre de la chair de personne. Je ne me contente pas du *yin.*

— COUPEZ !

Ce n'est pas une scène vécue, bien que Tang-Na soit réellement épris de moi. C'est une séquence de film. Tsang-Min, levant la main, interrompait les prises de vue. Il m'ordonne :

— Va te remaquiller, Pomme Bleue.

Avoir incarné la Nora de Strindberg m'avait fait choisir pour quelques rôles de « femme nouvelle » où je disais son fait au *yang.* Mais ils étaient si rares que je devais me prêter à des courts métrages d'intrigues policières, à des bouts d'essai licencieux. Un plateau poussiéreux où l'œil cyclopéen de la caméra japonaise semblait clignoter au bout d'un phallus de dragon; moi, sourcils crayonnés, lèvres peintes, shaongsam déchiré sur mon dos mince où du rouge gras traçait les plaies de la flagellation, je me traînais en rampant sans oublier d'exhiber des éclairs de peau, reins et cuisses. J'ai été la baigneuse surprise par le brigand des montagnes et qui émerge des eaux pour y couler jusqu'au menton, tête décapitée mais fardée que la rivière présente sur son plat d'argent. J'ai été la danseuse dont les voiles s'enroulent, glissent, s'envolent et se rattrappent afin de livrer, telle la lune échappant aux nuages et rejointe par eux, « la blancheur d'un corps de lotus épanoui. » Je me suis vue après coup dans ce miroir, l'écran meublé de notre ombre. Au fond d'une salle obscure, étroite comme un corridor, et que bondait la puanteur de corps mal lavés, dans les « hao, hao » que sont les bravos shangaïens. Le public mâchait des graines et des clous de girofle, crachait, s'éventait. J'en ai peu parlé à Roxane. Je n'ai rien dit non plus de mes poses pour quelques yens devant l'objectif du photographe caché dans une soupente, au fond d'une impasse, vendeur de cartes transparentes aux Européens; un commerce que la guerre civile n'avait nullement ralenti. J'ai préféré mettre l'accent sur mon premier film « social » : un scénario dénonçant la misère du peuple et exaltant la résistance au Mikado. Il s'intitulait *Wang Lao-Wu*.

Outre Tang-Na, j'avais comme chevalier servant le jeune communiste Zheng-Junli, autre ami du vieil écrivain qui avait succédé à Grand Frère comme protecteur de ma carrière. Je reconnais que mon goût pour lui fut assez vif pour me pousser à lui écrire quelques lettres et poèmes évoquant l'art des caresses, pis encore : à laisser entre ses mains des photos de Pomme Bleue en baigneuse surprise, en esclave fouettée, et même en prostituée peu patriote dans « Sai Jinhua. » Ce qui était d'autant plus imbécile de ma part qu'il ne tarda pas à m'abandonner, —

avant même Tsang-Min que j'aimais et voulais épouser, — pour choisir une petite Shangaïenne à tête de chow-chow, du nom de Wang-Chen. Tous deux avaient des prétentions à la littérature et à la critique d'art. Je n'ai respiré bien à fond qu'en 1966, lorsque je pus faire perquisitionner chez eux ainsi que chez d'autres contre-révolutionnaires de Shangaï prêts à se muer en maîtres-chanteurs; et récupérer les documents dont l'existence m'avait réduite jusque là à n'être qu'une éminence grise intermittente.

J'ai le souvenir qu'en arrivant dans cette ville où il devait m'advenir tant de choses, j'ai oublié mes bagages sur le quai dans la hâte de fuir un compagnon de voyage qu'obsédait l'idée de coucher avec moi; dès mon premier repas j'entendis ce cri aigu, modulé, espèce de sanglot d'un loup qui hurle à la lune, venu de la rue et que je devais encore entendre si souvent; moi, lâchant mes baguettes sur mon bol : « Qu'est-ce que c'est ? » — « Une prostituée qui appelle le client ».

En raison des gaffes du dirigeant Wang-Ming, le Parti n'était plus qu'un fantôme à Shangaï, il fallait s'estimer heureux de survivre comme des nénuphars. Bien des nôtres flottaient, brindilles à la dérive. La Terreur Blanche régnait tandis que je m'efforçais de prendre contact avec le groupe « Printemps et Automne », des clandestins. Je dormais sur une petite table chez l'écrivain Liao Mo-Sha dont la femme était enceinte et insupportable. J'y appris le chant de résistance : « Mieux vaut détruire le jade que laisser la tuile intacte ». Après avoir joué dans une pièce contestataire, *L'assassinat des bébés*, je commençai à attirer l'attention de la police. Une lettre adressée à mon pseudonyme, « Grue des Nuages » m'ordonna de me retirer quelque temps à Pékin où je m'ennuyai ferme, vécus de pain sec et appris à monter à bicyclette.

De retour à Shangaï, je fus chargée de donner des cours pour ouvrières à l'Y.M.C.A. ce qui me permit de sortir de prison à ma première arrestation, due à un indicateur qui m'avait donné rendez-vous dans un jardin public. Je ne pus rien obtenir du Parti, que j'avais fait prévenir par les prisonnières libérées, sauf du pain que les gardiens émiettèrent et un peu d'argent que la police garda; c'est une dame de l'Association Féminine Chrétienne qui devait me tirer de là. (Je regarde ma cellule en m'excitant à l'humour et me dis : allons, Jiang Quing, tu as déjà connu ça.).

Que d'ennemis j'ai laissés à Shangaï ! Je me suis vengée de certains; pas de tous. Le « Groupe du 16 Mai » aux ordres de Lin Piao n'a-t-il pas passé au peigne fin les archives de la presse de cette ville pour trouver des documents susceptibles de me compromettre et m'arracher un pouvoir encore si chancelant ?

Avant d'entrer dans cette actuelle prison, au moment où j'ai vu Zedong rejoindre les mânes de Marx, j'ai connu l'insomnie et cette voix insistante, à laquelle il faut répondre : « La vie fait-elle des cadeaux ? ». Je répondais : non. Pourquoi en aurais-je fait à mes ennemis ? Un éclair blanc, aveuglant, dans ma tête. Je serai de marbre; rien ne viendra à bout de ma résistance.

Ne suis-je pas un être fort ? Qui dit que je ne suis pas un être fort ? J'ai déjà passé près de cinq ans au lit; j'ai attendu vingt ans pour poser mon empreinte sur ton empire et le partager avec toi sans couronne; l'avion qui me ramena dans un bain de sang, après Moscou, aurait dû m'envoyer moi aussi « vers Marx »; et je suis toujours là, faisant de cette prison une tanière. Qu'ils prennent garde ! Il est à jamais fort, l'être de désir, s'il sait aussi exister comme être de ressentiment. Être de désir, je le fus, et tendue comme un arc vers la futilité tragique de la scène et de l'écran, mais aussi vers les jeunes corps d'hommes; j'en ai aimé l'odeur, les mains, les bouches. Dans ce pays patriarcal, ma fente sexuelle fut la faille de ma cuirasse. Je n'ai jamais reculé devant la violence, et devant bien plus dur : l'attente, quand il s'est agi de réparer la brèche. La jeunesse veut tout, mais d'abord le bonheur; j'ai trouvé ce qui était à la place du bonheur; je m'en félicite, même sous cette fenêtre à barreaux. Qu'ils prennent garde ! Je serre les mâchoires, et cette cellule devient grotte de louve. Je fus, je suis être de désir; désir de gloire, d'étreintes, de sang. Demain je dépasserai enfin la roue.

La foule fuyait Shangaï aussi massivement et en désordre que trois ans auparavant elle y avait afflué. Sur l'embarcadère on entendait les porteurs scander *Hey yah ! Haï Yah !* et le tintamarre des chaînes ruisselant d'eau sur la coque des paquebots en partance. Dans la pénombre des faibles lampes, on trébuchait contre l'amoncellement des bagages. Le vent soulevait des nuées de poussière qui se déposait partout et me tapissait la gorge, m'irritait les narines. On entendait dégringoler des marmites hors des ballots mal noués; on butait sur des malades étendus sur une couverture, à même le pavé.

Je fuyais moi aussi, avec quelques-uns des camarades de ma troupe théâtrale; mais j'avais quitté Tang-Na pour céder aux supplications de mon ancien époux, David Yu, qui m'avait rappelé que le Kuomintang en mauvaise posture pouvait demain reprendre le pouvoir absolu; le bombardement japonais interrompu par la paix de Tchang redoublait de violence après les victoires de l'Armée Rouge. Mais le généralissime qui, une cinquième fois, avait vu l'ennemi s'échapper devant lui, regroupait ses forces; si déterminée que je fusse dans mes convictions, je n'oubliais pas que j'étais femme, et de plus jeune, dans un pays à feu et à sang.

C'est pourquoi je devais dire à David :

— C'est bon, monte auprès de moi ! Au moins pour un bout de chemin.

On criait autour de nous :

— Les Japonais marchent sur Canton !

— Nankin est tombé ! Nos défenses sont forcées !

Et le raid commença; on entendit le fracas des premières bombes sur l'autre rive de la crique de Soutchéou, et une haute lueur incendia le ciel nocturne du côté de Chapeï. Ce fut la débandade. Impossible de prendre le bateau déjà surchargé. Nous courions ça et là dans la brûlante poussière d'août soulevée par la fuite des carrioles, des vélos, des pousse-pousse, débordant de paquets, des piétons portant leurs biens sur une seule perche à l'épaule; les autos étaient déjà loin. Devant la gare où bivouaquait une troupe de soldats, nous trouvâmes enfin le camion dc riz qui partait ravitailler le Yenan, fief des communistes.

— Montez, les petits ! nous cria le chauffeur qui arborait l'étoile rouge au-dessus de sa visière.

Je regardai David. Lequel des deux protègerait l'autre ?

En route, notre guide nous informa qu'il devait s'arrêter à Lochuan où se tenait une conférence au sommet; le Politburo s'y réunissait, après le succès de ce qu'on a appelé la Longue Marche, pour examiner le bilan des victoires et des défaites depuis que les chefs rouges avaient repris contre le Japon la guerre momentanément arrêtée par Tchang. Trois de ces généraux du peuple suscitaient chez le chauffeur une admiration délirante; leurs noms volaient de bouche à bouche à travers tout l'ancien Empire, nous déclara-t-il tandis que l'aube grise se levait sur la route et que les roues, lourdes et monotones, accompagnaient celles de mon inimaginable destin. Ces héros de la plus longue marche de l'histoire s'appelaient Chu-Teh, Chou En-Lai et Mao Zedong.

IV

Tu avais attendu vingt-quatre ans pour commencer à t'intéresser aux femmes; tu as attendu vingt-sept ans avant de te marier pour la première fois; tu avais quarante-quatre ans en cette année de Lochuan, et tu allais quitter ta seconde épouse.

A vingt-quatre ans, cet intérêt-là est resté sans doute une abstraction, un mélange de sentimentalité et de politique. Puceau, tu te déclarais champion des femmes. Sans doute était-ce l'expression sur le plan politique qui seul comptait pour toi (au point d'absorber toute ta vie et de te rendre indifférent à tout confort, au vêtement, à la nourriture), d'une force sexuelle dont tu ne voulais pas tenir compte. Dans le même cas, d'autres hommes, prêtres ou moines, réagissent par une misogynie véhémente; ton orientation prouve la vérité des différences entre refoulement et sublimation. Peut-être aussi ce trait de caractère devait-il quelque chose à l'empreinte de ta mère, la douce et bonne bouddhiste tyrannisée comme toute ta famille par le violent imbécile que fut ton père.

Ton regret des réalités de la chair, au profit de celles de l'esprit, rappelle plus d'une légende, de Bouddha au Christ. A quatorze ans, ne refusas-tu pas de consommer l'union conclue par les tiens avec cette belle fille de vingt ans qui dut, de guerre lasse, rentrer chez elle ? Ce ne fut pas un premier mariage, mais un « mariage zéro ». Cette histoire est sans doute l'origine de ton bouleversement pour l'affaire de « la jeune fille aux cheveux blancs ».

Afin d'échapper au crapaud mandarin à qui on la lie de force, une fille ne peut que se couper la gorge; un garçon peut toujours agir comme tu le fis; il suffit de dire non.

Je me suis souvenue toujours de ton éditorial du *Ta-Kung Pao* écrit bien avant notre rencontre; ne le fut-il pas sous l'influence d'Ibsen, un des dieux de mon panthéon littéraire avec Strindberg et Gogol ? *« Une grande vague de libération submergera le pays; la Chine connaîtra pour toujours la liberté du mariage et la liberté de l'amour. »* En ce domaine, les célèbres entretiens de Lénine et de Clara Zetkin sont en opposition absolue avec cette assertion, que Vladimir Oulianov aurait qualifiée de décadente et de petite-bourgeoise. Je ne crois pas que la vanité m'aveugle de penser, aujourd'hui où tu as disparu, que j'en fus dans ta vie la plus forte illustration. En dépit de tes deux autres mariages. Mais qui aurait pu croire que la pensée ci-dessus a été celle d'un garçon de vingt-six ans, époux depuis peu et entré vierge dans le lit de sa femme ?

Yan Kai-Hui dont le nom signifie « Peuplier » ressemblait à ta mère, paraît-il. Est-ce surprenant ? Ho Tzu-Chen m'a décrit, en termes dont la courtoisie s'ingéniait à être injure pour moi, cette superbe chevelure, ces ondes venant sans doute d'une origine lointainement slave, et qui la faisaient trancher sur les autres filles, coiffées plat, à l'Association des Étudiants du Hunnan. Différentes personnes m'ont également parlé de son visage arrondi, de ses yeux étroits comme deux pépins de pomme. Sa liberté de langage et d'allure, son érudition choquante pour une femme, l'activité militante de son premier fiancé Siao-Yu avaient tant effrayé l'institution Fuchiang qu'elle avait dû poursuivre ses études chez les chrétiens. Elle était pourtant la fille de Yan, ton vieux professeur de morale.

Siao-Yu, comme tant de tes amis à l'époque, défendait les points de vue anarchisants de Sun Yat-Sen tandis que tu soutenais la nécessité du socialisme autoritaire; vous discutiez à perte de souffle, soit étendus sur vos lits d'étudiants jusqu'à l'aube, soit sur le bateau de Changsha à Shangaï où tu lisais, sur le pont, sans manger ni dormir, *Un aperçu du système capitaliste.* J'avais six ans quand est né ton premier fils, Mao An-Ying, sans doute conçu à Pékin. (Qu'à dû penser le vieux Yang de votre « mariage à l'essai ? »).

Elle fut ta collaboratrice dans ton « Enquête sur le mouvement paysan au Hunnan ». Mais lorsque en 1928 tu fondas ta première base militaire dans les montagnes de Chingkang, sur ce massif désolé qu'escaladaient cinq ou six sentiers de chèvres, et en fis ton premier royaume entre les sapinières, les bambous et les pics volcaniques, ta femme et ton fils étaient restés au loin. Alors apparut Ho Tzu-Chen.

Lorsque je l'ai rencontrée dans la Yenan où le camion de riz me déposa, elle me parut falote, épuisée par les suites de la Longue Marche et de ses accouchements. A l'époque, il paraît que c'était une petite femme à l'aspect fragile, et à la peau transparente, opaline, soulignant les deux coups de pinceau des sourcils noirs et soyeux. Elle avait des jointures menues et s'exprimait avec délicatesse. Notre Chine abonde en ces sortes de gracilités indestructibles. Des bibelots de fer forgé sous la porcelaine. « On peut faire un éventail de fer, par un sabre de soie » dit le proverbe japonais. C'est ainsi que cette poupée, lors du soulèvement de Nahang, avait pris la tête d'un bataillon de femmes. Elle était professeur au Hunan, et communiste depuis 1927.

Sans doute sans avoir renoncé à ton Peuplier, avais-tu besoin d'une concubine ? « La vue d'une jolie fille éveille en moi une impression voluptueuse », as-tu alors confié à Chu-Teh. Quelle découverte ! Tu avais passé plus d'un quart de siècle de ce côté-ci du miroir avant de reconnaître, émerveillé de stupéfaction, cette évidence.

Chu-Teh. Autre évocation de personnage légendaire. Appartenant à la légende dorée des grandes religions, bouddhique ou chrétienne. Si tu sembles d'abord l'ascète, l'archange vainqueur du Dragon, Chou En-Lai le réformateur de monastères et le prince de l'Eglise, Chu-Teh relève de cette forte race des pécheurs convertis qui ne vivent plus que pour leur Dieu.

Son nom signifie « Vertu Rouge. » Jadis gros bonnet d'un Kuomintang aussi pourri qu'un œuf de cent ans, chef de la Sécurité publique de Kunming, puis commissaire principal des Finances au Yunnan. Dans son palais somptueux, il se partageait entre la pipe d'opium, sa collection de vases Ming et Tang, et ses neuf concubines. On venait de loin voir sa bibliothèque. L'année où j'ânonnais du Confucius à l'école du village, il découvrit Marx. C'est alors qu'il distribua son énorme fortune aux pauvres, renvoya ses concubines en les dotant richement, donna ses vases, ses livres rares, et s'engagea comme matelot sur un bateau anglais pour se désintoxiquer. Il revint de cette tentative amaigri de dix kilos en quelques semaines, mais ne toucha plus au tuyau de bambou.

Après avoir fondé des cellules en Allemagne et à Paris, étudié le marxisme à Moscou, il se souvint que ses hauts faits militaires lui avaient valu en 1916 le grade de général de brigade, et revint commander une armée du Kuomintang. Mais quand en 1927 Tchang lui ordonna de marcher contre l'Armée Rouge, il se joignit aux rebelles. Et à la tête d'étudiants dépourvus, de paysans insurgés, de déserteurs faméliques, il porta la guerilla aux frontières du Hunnan, le pays du poivre et de l'hibiscus qui avait vu naître le futur Zhuxi. Vous vous êtes rencontrés, reconnus, étreints; vous avez uni vos forces.

Jamais je ne lui ai vu manifester un regret; il se proclamait l'homme le plus heureux de la terre; mais parfois il parlait avec nostalgie, non de Pêcher Fleuri ou de Luth d'Agate, ses concubines d'antan, mais d'un certain vase Song, contemporain des tapisseries des Ouïgours, et d'un vert si profond et si pur qu'il aurait terni la rivière d'avril et la feuille naissante du tilleul embaumé.

Si je donne aujourd'hui une telle place à ces réminiscences, c'est en raison du destin exceptionnel de ce vétéran : celui de n'en avoir point. Parmi tous ceux qui appartiennent à cette époque singulière, folle, plus qu'héroïque, plus complexe qu'un feuillage tropical, « Vertu Rouge » fut le seul, absolument le seul de tes anciens compagnons qui ne se manifesta jamais que pour arrondir les angles et négocier les accords, qui ne chercha jamais pour lui-même à jouer le rôle d'empereur, de favori de l'empereur, ou d'assassin de l'empereur. C'est en quoi, sans doute, il me rappelle le plus un saint de la légende bouddhique ou chrétienne. Tous les autres...

Le millet n'est pas cuit que le songe s'achève.

Ce vers d'un de tes anciens poèmes semble résumer la fin de tes premières épousailles.

Sans doute, tu n'envisageais guère de convoler avec Ho Tzu-Chen, à l'époque de ton royaume clandestin des monts Cyangking; après tout, même « Vertu Rouge » avait épousé une camarade qu'il n'avait pas revue depuis 1922 et fit la Longue Marche avec Ko-Ching, tireuse d'élite et marcheuse infatigable, passant à cheval les fleuves sans cesser de rire. Je veux bien croire que la fille de Yang eût été pour moi une rivale plus sérieuse que ton amazone de porcelaine. Quand le général Peng Teh-Huai, le troisième chef des Rouges, prit et perdit Changscha où ta famille était réfugiée, elle tomba tout entière entre les mains de l'ennemi, y compris ton fils et ta sœur. Cette dernière y laissa la vie, ainsi que ta Kai-Hui. Elle résista aux tortures sans te renier ni dénoncer un seul camarade changshaïen, puis fut décapitée devant la porte Liyuan en criant : « Vive la révolution ! » L'orphelin âgé de dix ans a été expédié clandestinement à Shangaï, où l'a rejoint son petit frère.

Quand tu évoquais cette tragédie, tu n'oubliais jamais de rappeler avec scandale, en vrai paysan, que par-dessus le marché Tchang avait osé confisquer ta terre. Mais ton pinceau sut cependant, en l'honneur de Kai-Hui, tracer un de tes plus beaux vers lorsque tu écrivis à la veuve de ce soldat rouge dont le nom signifiait « Saule » :

Vous avez perdu votre Saule et moi mon fier Peuplier..

Un idiot pétri du sexisme du *yin* et du *yang* te demanda alors : pourquoi l'adjectif fier ? Ce qui t'obligea à répondre, et tu le fis avec simplicité :

— Quand une femme se fait décapiter pour la cause de la révolution, ne peut-on lui accorder une légitime fierté ?

Ce vers garde pour moi, qui n'ai pas connu Kai-Hui et l'aurais sans doute haïe si je l'avais rencontrée, un reflet énigmatique de ce que le vert Song fait chanter encore dans la mémoire nostalgique de Chu-Teh. J'ai peu de réactions de ce genre lorsque je songe à ton passé.

Déjà nos routes, alors, se dirigeaient insidieusement l'une vers l'autre. Serpents printaniers qui, sans se voir encore, lèvent paresseusement la tête et commencent à ramper jusqu'à leur lieu de rencontre et leur rut.

Voici donc Ho Tzu-Chen ta seconde épouse. Pendant que ton aîné An-Ying et son petit frère An-Ching mendiaient et volaient dans les rues de Shangaï pour pouvoir subsister, Ho sera encore enceinte au départ de la Longue Marche.

Pendant ce temps, les proches tombaient autour de toi comme les fruits d'un arbre assailli de cailloux. Après avoir si durement réprimé la rébellion anti-communiste de Futien que le Comité Central t'infligea un blâme, tu appris la mort de ton meilleur camarade d'école, le libéral anarchiste Tsai Ho-Sen; les partisans de Tchang l'avaient crucifié à Canton, battu à mort et coupé en morceaux. Il paraît que tu avais été secrètement amoureux de sa sœur.

Groupés autour de ton ennemi Po-Ku, les vingt-huit bolcheviks tout-puissants au comité central transmettaient les ordres et les défenses de Moscou, pendant ces années où je posais pour des photos érotiques. Staline continuait à soutenir Tchang. Tchang arrêtait, massacrait et torturait nos camarades. De plus, la théorie « aux vingt-huit coups de pinceaux » ne voulait pas entendre parler de guerillla paysanne; on te traitait en chef de brigands; la seule ligne correcte restait l'organisation des travailleurs des villes; point la faucille, le marteau. Tu fus contraint de quitter ton royaume montagnard. Rayé pour la troisième fois du Comité Central, simple commissaire politique aux armées, tu te vis assigné à résidence dans le Sud avec Liu Schao-Chi, ton camarade d'école et ton compatriote du Hunnan, près de Juichin. Tandis que tes amis venaient te porter du vin et du poulet et gémir jusqu'au lever du soleil : « Hélas ! où est-il, notre bon temps de Changking ? » la Cinquième Campagne d'Extermination de Tchang Kaï-Shek dévorait, bouchée par bouchée, toutes les zones contrôlées par les Rouges. C'est alors qu'une réunion du Politburo, avec Chou En-Lai, Po-Ku et le conseiller allemand Von Braun daigna écouter ton ultime avis : évacuer la base de Kieng-Si que le lent encerclement de l'ennemi transformait en souricière. C'était la fin de septembre 1934. La ville de Yutu où se tenait la conférence pouvait entendre gronder la rivière écumante et jaune, au-delà de la Porte du Nord.

Deux semaines plus tard tu dis à Ho : « Mangeons le reste du poulet du camarade Kung-Chu, finissons la coupe de saké; demain, nous partons, et la marche sera longue. »

16 octobre 1934. Où étais-je ? A Shangaï à apprendre mon rôle de Nora dans *Maison de poupée,* à me crayonner les sourcils devant un miroir grand comme ma main, à passer du lit de David à celui de Tang-Na. A faire courir mes doigts sur le clavier d'un piano de louage. A écouter,

à travers les accords de Grieg ou de Chopin, le grincement continu d'une roue invisible et connue de moi seule.

16 octobre 1934. Cinq heures de l'après-midi; les oies sauvages repassent en criant le cercle des collines; un homme maigre et pâle, en uniforme gris poussière et capote de soldat, suit à grands pas la rivière gonflée de pluie; c'est toi, si affaibli par la récente malaria que t'a valu ta disgrâce que ton ordonnance, un jeune paysan bon et naïf, te supplie de monter à cheval pour ménager tes forces. Un petit cheval brun, capturé six ans plus tôt, et que tu aimes comme un enfant né de toi.

Ton jeune frère qui vient d'épouser la sœur de Ho Tzu-Chen accompagne l'arrière-garde et te quittera un peu plus loin; tu ne les reverras pas vivants. Tu ne retrouveras pas davantage le dernier enfant de Ho, confié à des paysans de l'endroit. Ton autre frère te suivra jusqu'au bout, le trésorier Tse-Min. C'est avec ironie qu'aujourd'hui j'évoque cette vérité : les vingt-huit bolcheviks voulaient profiter de ta malaria pour t'évincer de la Longue Marche, et c'est grâce à Lin-Piao que tu as pu diriger et organiser le plus spectaculaire exploit de ta carrière, du siècle, et peut-être de l'histoire des peuples.

Zedong déclara plus tard :

— Shenxi était tout indiqué. Ces montagnes qui dominent le fleuve Jaune forment une forteresse naturelle, à des milliers de kilomètres du Kuomintang. De plus, la population, très anti-japonaise, était prête à nous apporter son aide. Cette Longue Marche aurait dû être parfaitement inutile. Si on m'avait écouté, il aurait été facile de briser l'encerclement. Mais les vingt-huit ne voulaient pour rien au monde de ma stratégie hérétique. Ils préféraient la tactique classique bolchevik : la ligne de Po-Ku et de Chou En-Lai, soutenus à Moscou par Wang-Ming.

— Combien étiez-vous ?

— Au départ, 100.000. D'autres se sont joints à nous, en cours de route; mais sur ceux de Yutu, il en restait

5 000 à l'arrivée. On les reconnaissait immédiatement. Ils avaient l'air de fantômes.

Montagnes !
Bien posé sur ma selle, je cravache mon coursier,
Je me retourne : surprise !
Je ne suis plus qu'à trois pouces du ciel.

Dans cette horde en guenilles, mêlée de femmes et d'enfants, de malades portés sur des civières, de petits chariots chargés de paquets, une seule étoile rouge distinguait les soldats des paysans en fuite. Un fusil ou un pistolet pour trois ou quatre personnes. Il avait fallu enterrer les armes lourdes pour ne pas ralentir l'avance. Le seul matériel conservé : la presse à imprimer et les archives, avec le trésor de guerre du Parti, sur lequel veille ton frère Tse-Min.

Vous marcherez un an et quatre jours.

Montagnes !
Comme d'immenses vagues surgissant dans la mer démontée
Comme, dans leur course folle,
Des milliers de chevaux tous ivres de bataille !

Détour en arc de cercle dans le Guizhou, avant de franchir le Yang-Tsé. A l'ouest de ton Hunnan natal. Un des avions de la Cinquième Campagne d'Extermination attaque en piqué; Ho reçoit vingt éclats de mitraille. On les lui retirera un à un avec un mauvais couteau sous une tente dressée en toute hâte. Ce corps lacéré de cicatrices mettra heureusement au monde une nouvelle petite fille.

Le mois de décembre augmente le volume et la violence des fleuves; parfois l'on voit flotter à la dérive des glaçons qu'emporte l'eau bouillonnante. Il manque déjà sept mille à l'appel, principalement des femmes et des enfants. Il faut non seulement passer, mais combattre. Des mains d'osselets se recroquevilleront péniblement sur les gâchettes; des faces hagardes et impassibles de calamiteux traverseront comme sans le voir le feu nourri qui pleut de la rive d'en face; des têtes fauchées, des membres sectionnés bondiront parfois pour retomber dans le fleuve étoilé de balles. Par trois fois, les commandos de volontaires tenteront sur des radeaux de fortune d'aborder la haute falaise escarpée où les troupes du Kuomintang se retranchent. Il faudra neuf jours et neuf nuits pour se retrouver par petits groupes successifs de l'autre côté des « vagues à têtes de dragons. » Le soleil va se lever; Chen, ton ordonnance, prépare un lit de fortune et fait bouillir un peu d'eau. « Tu ferais mieux de m'arranger quelque chose pour que je puisse travailler, » lui reproches-tu. « Je n'ai rien ici qui puisse servir de bureau, s'étonne le petit paysan. Prenez donc un peu de repos, buvez chaud, allons. » — « Tu me parles de boire chaud alors que trente mille camarades doivent encore passer le fleuve ! Allez, trouve-moi une planche, n'importe quoi, pour les cartes et les papiers, et ne t'occupe pas du reste. » On m'a souvent raconté cette histoire.

Après la traversée du Fleuve du Sable d'Or, c'est le Sud mal connu, brûlant, poussiéreux, infesté de reptiles venimeux, où la nourriture se raréfie et où les moustiques harcèlent.

Montagnes !
Elles percent le ciel sans émousser la pointe de leurs cimes,
Si jamais le ciel tombait
Elles leur serviraient de piliers.

La rivière Tatu est un cours d'eau de montagne aussi impétueux qu'un chat sauvage en colère, avec des rocs aigus et des bancs de pierre affleurant à peine, voilés par des tourbillons d'écume pour faire entonnoirs; gueules de démons blancs prêtes à happer les embarcations. Tu prévois de franchir ce nouvel obstacle à Anschunchang où la terre conserve les ossements des Taïpings. (N'est-ce pas aussi le champ d'honneur des héros de ta lecture d'adolescent, aimée jusqu'au délire, le *Roman des Trois Royaumes ?*) Les dieux doivent méditer de s'inscrire au Parti : le commandant en chef des forces ennemies est parti festoyer avec sa femme. On le fait prisonnier, lui, son bateau, et deux barques de plus. La femme de Chu-Teh, Kang Ko-Ching, se distingue dans cette opération.

C'est un mai aride et caniculaire, dont la brise ride la face brune de la terre et élève le niveau des eaux. Entre la ligne pourpre d'un champ de colza et les saules de la berge, on bricole des radeaux de supplément. Mais la force du courant les déporte, l'armée des va-nu-pieds passe avec lenteur; le matériel d'imprimerie tombe dans la rivière, on perd un temps précieux à le récupérer; il faut ajouter des civières pour des femmes qui n'en peuvent plus; Kang Ko-Ching passe sur le dos du petit cheval brun qui nage en brisant le cours du gave et tous deux secouent en arrivant leur crinière ruisselante, le cheval frappe du pied, la femme rit en soutenant son ventre charnu et se met à chanter. Deux bataillons du Kuomintang arrivent à marche forcée pour vous prendre en tenaille; les bombardiers reviennent et attaquent en piqué. Il faut prendre d'assaut le pont de Luting, composé de treize chaînes de fer dont neuf seulement supportent des planches. Un courrier saisi sur un prisonnier s'en réjouit : « Zedong et Chu-Teh finiront comme les Taïpings ! Devant eux, Tatu; derrière eux, le Fleuve au Sable d'Or. Ils se sont fait piéger comme un poisson dans un bocal. C'est le moment d'exterminer complètement ces bandits rouges. »

Pourquoi le Kuomintang ne fit-il pas sauter les piliers à la dynamite ? Il se contenta de mettre le feu aux planches; vos techniciens les réparaient au fur et à mesure que passaient les hommes, grâce à des troncs d'arbres abattus. Le poisson a échappé au bocal.

Après l'incendie du ciel et de la mitraille, la glace. Il faut passer par la Montagne de Neige, à la frontière du Si-Kang et du Se-Tchouan, à 5 000 mètres d'altitude.

C'est là qu'un soldat rouge, amputé de ses deux jambes gelées, deviendra cul-de-jatte; et, plus tard, en souvenir d'une telle campagne, il fera échouer la première conspiration qui aurait dû te coûter la vie. Toi-même, frappé à nouveau de malaria, es porté sur un brancard malgré tes protestations furieuses. Plus des deux tiers des animaux de bât tombent et ne se relèveront plus.

Kunlun le géant !
Sur tes mérites ou sur tes fautes millénaires
Qui pourrait porter un jugement ?
Mais maintenant je te demande, ô Kunlun !
Pourquoi es-tu si haut ?

C'était un pays effrayant, plus encore par son mystère que par ses dangers; un domaine de fées et de génies. Les échos revenaient multipliés; les voix semblaient déformées, venant tantôt de très près, tantôt de très loin; d'énigmatiques lueurs embrasaient le ciel au couchant et les marcheurs se regardaient entre eux, le cœur serré, ne reconnaissant pas les teintes livides ou empourprées des visages de leurs camarades; ils parlaient bas instinctivement tandis qu'un craquement sans cause, pierre qui éclate ou branche qui cède, les faisait sursauter et regarder par-dessus leur épaule.

Les berges étaient si désertes que les poissons n'avaient même pas peur du bruit des hommes. Il fallut tuer les bœufs et les chevaux pour faire de la viande, et l'on chargea de ces vivres les derniers animaux de bât; puis l'on abattit ces ultimes bêtes, et ce furent les hommes qui se chargèrent de leur viande. Ensuite vous rencontrâtes les meilleurs guerriers du monde, les libres sauvages de la montagne chinoise, les Huan, nos derniers ancêtres qui dansent sur le feu, les Fans au chaman vêtu d'une robe de femme et coiffé d'un chapeau qui tinte de clochettes magiques, et surtout les Miaos, colosses aux vestes boutonnées d'argent massif, et qui transportent leur moulin à prière avec leur fusil. Vous avez parlé avec ceux du clan des Hakkas, les habiles potiers qui participent aux sociétés secrètes réunies dans les ruines des temples ou les grottes; et toutes ces ethnies inconnues vous ont beaucoup appris sur l'art de combattre. « Grâces soient rendues à Tchang Kaï-Chek, as-tu dit, car sans lui nous n'aurions jamais connu ces contrées si étranges. »

Le Kwantung. Le Kwangsi. Le Yunnan. Le Szechwan. Gros grains de ce chapelet de pas. Millions de mouvements de jambes. Un jour, sous des yourtes de feutre où flottent des fumées, une nouvelle base communiste. Chapeaux velus, fromages aigres. Ce sont les hommes de Chang Kuo-Tao, dans les contreforts du Tibet. Devant le pieu où blatère un chameau attaché, les chefs rouges se serrent la main.

Chang te regarde de travers; il n'oublie pas qu'au Troisième Congrès tu t'es désolidarisé d'avec lui sur la question des syndicats :

— Je te croyais sur la touche, Zedong ?

Chu-Teh le raccompagnera dans ses quartiers en discutant jusqu'à l'aurore :

— L'Armée Rouge était dans une impasse, un vrai crabe dans une nasse, et c'est lui qui remue le ciel et les montagnes pour la sortir de la Cinquième Campagne ! Je t'en prie, mets un frein à tes rancœurs, camarade. J'ai fait des choses plus désagréables, moi qui te parle. Quand j'ai adhéré à la société secrète de *Ko Lao Hui*, avant le Kuomintang, j'ai dû boire du sang en prêtant serment...

Ko-Ching appuie son époux avec ardeur, mais non sans anxiété.

L'affrontement éclatera sans tarder, sitôt convoqué le Politburo. Tu m'as déclaré que ce fut le plus sombre moment de ta vie :

— Une scission du Parti et une lutte ouverte et violente entre les dirigeants menaçait à tout instant de se déclencher !

J'ai pris bonne note de cette histoire, et plus d'une fois je l'ai évoquée dans les années de ma propre puissance.

L'ambition des autres remet sans cesse en question la victoire la plus méritée.

Les généraux ne pouvaient constituer pour toi des alliés à toute épreuve, surtout pas Lin-Piao. Cependant, Chang commit l'erreur de se mettre à dos à la fois les vingt-huit bolcheviks et tes partisans. Chu-Teh servit encore à trouver un compromis à l'amiable. Chang ne devint pas Secrétaire Général du Parti comme il l'avait tant désiré, mais Commissaire Politique en Chef des deux armées, poste plus honorifique que réel en raison de ton prestige croissant; et il fut décidé par toi de continuer au nord, vers la Mongolie. Finalement, Chang et ses hommes restèrent un an encore dans le sud-ouest avant de rejoindre ton armée, de plus en plus amenuisée, dans le Shenxi. Ton effort restait le même, mais personne ne t'avait abattu, et les dirigeants demeuraient unis.

Par les prairies détrempées du Quinghai, à 2.500 mètres d'altitude, les derniers marcheurs chargés de blé, de navets et de mil, poussant devant eux des moutons du Tibet, ont repris la route. « Jamais l'ennemi ne croira que nous avons choisi un tel bourbier; mais si nous revenons vers le sud, nous ne pourrons soutenir un combat et ce sera la fin de la révolution, » expliquas-tu à tes hommes. De l'eau jaillissait de la terre à chaque pas; il fallait sans cesse arracher à l'enlisement les imprudents qui s'étaient écartés de la marche. La dernière barrière fut le mont Lipuan. Le ciel était haut, les nuages pâles. Vous regardiez dans le ciel d'automne disparaître les oies sauvages, vers le sud; et le vent d'ouest soulevait vos drapeaux couleur de flamme. Fin octobre 1935. Vous entrâtes à Wunchichen, base communiste de Shenxi. Les gens de l'endroit s'attroupèrent, ne croyant pas leurs yeux, autour de ces quelques milliers de spectres conduits par un homme à la capote usée jusqu'à la transparence et coiffé d'un débris de casquette. « Merci d'être venus à notre rencontre » dit cette ombre en s'inclinant devant les dirigeants rouges. « Vous êtes le comité directeur, je présume ? »

Vous aviez abattu en un an dix mille kilomètres, le quart du tour de la terre. Avec vos seules jambes pour montures. Les plus fabuleux exploits de l'antiquité occidentale, les expéditions d'Hannibal et d'Alexandre peuvent pâlir devant le trajet de Yutu à la Grande Muraille. Nous sommes venus chacun de bien loin l'un vers l'autre, Dragon Rouge. Et c'est à mes côtés, et finalement avec mon aide, que pendant plus d'un quart de siècle tu régneras sur plus d'un quart de l'humanité.

V

Le camion de ravitaillement qui nous déposa à Lochuan m'introduisit, avant que je le sache, dans la première période de halte et de récréation de ton existence vouée depuis son plus jeune âge au travail, à l'effort, à l'épreuve et au combat dans tous les domaines et sur tous les fronts.

Après l'épopée funambulesque de la Longue Marche, qui transforma en haut fait ce qui aurait dû être une piteuse retraite de survivants, les Rouges avaient pris leurs quartiers dans le Yenan, cette ville qu'illustra non seulement ton nom, mais celui de la tendance politique qui s'y rattachait.

Qu'un ancien instituteur de campagne trois fois radié du comité central, désavoué par Moscou, exilé par les dirigeants, soutenu de façon aléatoire par Chou En-Lai pratiquement seul ait pu réaliser l'exploit surhumain de cette marche avait frappé de stupéfaction l'appareil du Parti. Les plus grands écrivains de notre peuple t'envoyèrent ce télégramme : « *L'avenir de la Chine et du monde est entre vos mains.* »

— Ce n'est pas vrai, ce n'est pas possible, aurait dit Tchang en apprenant cette arrivée au Shenxi.

Tu allais passer plus de dix ans à Yenan. Onze exactement, le même nombre que celui des provinces traversées depuis Yutu.

Cette région difficilement reliée au reste de la Chine et

qui communique davantage avec le Viet-Nam est composée de hauts plateaux entaillés par les fleuves comme le Yang-Tsé et le Me-Kong, perforée de multiples cavernes semblables à celle, célèbre, qu'on appelle « Mille Bouddhas », sur la frontière mongolienne. C'est une chaîne de forteresses naturelles qui constitue cette contrée; son nom signifie « Sud Nuageux. » Paysage bien différent de la riche végétation et des pentes encroûtées de lave froide de ton ancien royaume, dans les monts Changking; ici, le rabot du vent polit des rocs dont le sommet abrite des aigles et les antres des montagnards, presque tous musulmans, vivant surtout de chasse et de petit négoce entre des bassins de houille alors peu exploités.

Au sud, le schiste et le grès se plissent en vaguelettes de plus en plus basses qui relient ces pentes formidables, comme la fin d'une tempête, aux Vallées du Fleuve Rouge ouvrant sur le Tonkin.

Hao ji pou ta ting
Hao jen pou tan ting !

« Pas de bon acier pour des clous; pas d'hommes valables pour l'armée ! » Voilà le vieux proverbe dont les étrangers se sont tant servis pour moquer la lâcheté du soldat chinois. Chu Teh et toi aviez cassé le procès. Même la longue marche des Taïpings était reléguée aux musées de l'Histoire par cette performance; le monde entier allait apprendre que sous n'importe quel ciel l'être humain se bat s'il est, simplement, motivé. Qui aurait motivé, jadis, notre peuple ? L'Empereur tortionnaire, ou l'exploiteur étranger ?

Dans la vieille capitale que bordent une rivière et un demi-cercle de collines jaunes, non loin des ruines d'une pagode Song dont Chu-Teh aimait les formes délicates, tu avais d'abord choisi une petite maison pour faire pousser des légumes et du tabac dans le « jardin de la victoire ». Tu ne l'as quittée, m'as-tu raconté, qu'au moment des premiers bombardements japonais pour une caverne, comme la plupart de tes officiers et des visiteurs étrangers de la base rouge. C'était des logements confortables, secs et chauds en hiver, frais en été, éclairés à la bougie ou à la lampe à pétrole; même les conseillers allemands ne voyaient à y reprocher que les puces et les rats. C'est là que tu reçus Snow, ton biographe. Etudiants et artistes affluaient de Shangaï, apportant à l'austérité naturelle de ton état-major une note colorée, chaleureuse, qui ne fut pas du goût de certains, puisque il y eut une répression d'un quelconque « club de l'amour libre », cependant en accord total avec tes théories de 1919. Cette jeunesse jouait au ping-pong, dansait au Jardin des Poiriers au son d'un vieux gramophone, buvait du saké dans de petits pots siffleurs et discutait jour et nuit jusqu'à épuisement des forces humaines; les bombes japonaises n'interrompaient pas la fiesta qui se poursuivait dans les cavernes creusées sous l'argile des collines.

Il est logique que ton adolescence jamais vécue te soit remontée à la gorge. Ho qui venait d'accoucher d'une nouvelle fille, Li-Min (celle-là même qui devait m'aider en 1966 à faire la révolution dans la révolution), n'était plus que l'ombre d'elle-même; c'est sur un brancard qu'elle avait terminé la marche. Cheveux en broussaille flottant sur le cou, tu dansais avec toutes les ravissantes de l'endroit, Chinoises communistes ou journalistes étrangères; d'aucun autre, cette attitude « décadente » n'aurait été tolérée; tu profitais joyeusement de ta sacralisation. Dès Lochuan, je savais déjà que tu avais passé plus d'une nuit avec ta compatriote du Hunan, la romancière Ting-Ling qui racontait jovialement dans ses livres une expérience de ménage à trois; puis avec cette espèce de *cover-girl* nommé Agnès Smedley qui faillit se battre pour toi contre la femme d'Edgar Snow; enfin avec l'interprète d'Agnès, Lily Wu, qui se vantait d'être la seule femme du Yunan à posséder une indéfrisable. Peut-être que ses noirs cheveux ondés, dont les crans soulignaient la peau blanche sur les tempes et les joues, te rappelèrent ton Peuplier abattu à la hache ? « Elle me fascinait » as-tu confessé plus tard. Tu brûlais, Dragon Rouge, avant de toucher à ton demi-siècle; il faut bien qu'on brûle une fois dans sa vie, que l'on soit au-dessous ou au-dessus de la condition humaine; il faut qu'une fois au moins le corps jubile. C'est au midi de ton destin que je suis survenue.

Lochuan !

Les deux fleuves de deux vies butent tête contre tête, à la façon des dragons se combattant sur les estampes.

— Zedong donne une conférence ce soir après la réunion du Politburo, et il invite la troupe des artistes réfugiés de Shangaï à lui faire le plaisir de venir l'écouter.

On me tend le billet d'entrée. Je pose mes baguettes à côté de mon bol de potage au soja; la table du restaurant est graisseuse, je plie soigneusement la papier en quatre; je le glisse sous mon schaongsam lavé et repassé dès mon arrivée sous le toit de Tin-Ling. Elle m'a reçue chaleureusement comme amie de son estimé confrère Chou-Yang qui règne sur toute la culture de Shangaï.

Un fourreau droit, de lin blanc brodé d'un chrysanthème sur l'épaule, laisse voir mes pantalons de soie noire et mes bottines. J'ai huilé mes cheveux avec soin et les ai parés derrière l'oreille d'une seule orchidée cueillie en passant près de la pagode en ruines. Je me suis légèrement talqué le visage. Me voici assise dans le petit local, bourré à craquer; la porte ouverte révèle encore les têtes pressées d'un groupe de gens s'escaladant les uns les autres dans la nuit tiède. L'estrade est éclairée de deux lampes à pétrole et d'une dizaine de bougies. Les étudiants ouvrent des carnets, prennent des crayons; les Yenannais mâchouillent des graines, chiquent, envoient des jets de salive sur le plancher sale; tout le monde se lève, un tonnerre d'applaudissements : des casquettes sont lancées en l'air au cri de : *Linqshin wan sui !* Qu'il vive dix mille ans ! Paraît un homme plutôt grand au visage marqué et jeune à la fois, de teint clair, qui sourit en montrant des dents noircies, vêtu de drap gris poussière râpé et reprisé, et qui commence par une citation de Li-Po :

« Camarades ! *Dans le vent et la pluie, quel plaisir d'être compagnons de vaisseau* ! »

Nos yeux se croisent. Pour la première d'un million de fois.

Me voici quarante-quatre ans (ton âge d'alors) plus tard, sur mon bat-flanc. Le soir tombe, j'entends cliqueter les verrous du couloir. Ma poitrine se déchire. Mais je me tourne contre le mur; si le judas s'ouvre, nul ne verra mon visage.

Lochuan. Quelques heures plus tard.

Sur la route qui le relie à Yenan, ta voiture — une ancienne ambulance ornée du drapeau à l'étoile rouge — roulait doucement, juste devant la nôtre. J'étais assise à l'avant, près du chauffeur, tandis que mes camarades récitaient des vers à tue-tête et chantaient l'*Internationale,* toujours juchés sur les sacs de riz. Je voyais de temps en temps que tu te retournais pour regarder en arrière, et je gardais les yeux fixés dans cette direction que balayaient les phares, aussi attentive à ne perdre aucune occasion de rencontrer ton regard qu'un avare à comptabiliser des pièces d'or.

Les pins convulsifs, le long de ce chemin pierreux où se levait l'aube claire ressemblaient à des danseuses brisant des chaînes. J'ai eu ces sortes de visions, jadis, à Shangaï, quand je tâtais de l'opium. Mais j'y ai vite renoncé quand je me suis aperçue que cette drogue rendait l'haleine fétide.

— Quelle pièce jouerons-nous en l'honneur du général Zedong ? s'interrogeaient mes camarades.

J'étais occupée à conduire doucement David dans les bras d'une des nôtres, spécialistes des rôles mélodramatiques, et qui me détestait; pour ne pas montrer qu'elle me rendait service, je feignais par moment une jalousie bien éloignée de mes véritables sentiments; je me voulais les mains libres.

— Eh bien, dit le chef de troupe après diverses propositions, choisissons dans le répertoire classique ce qui peut sembler pré-révolutionnaire; par exemple, *L'assassinat du ministre félon,* par Tsouo-Tchao.

Ma prétendue rivale me jeta un regard triomphant, et je n'oubliai pas de marquer un peu d'humeur; en effet, nul n'ignorait que j'aurais préféré de beaucoup, pour m'y affirmer à nouveau, *la Danse de mort* ou *Maison de poupée.* On avait beau me railler pour le style occidental de mon jeu, ma fascination pour les actrices d'Hollywood, je remportais toujours un succès sans équivoque lorsque j'interprétais mes chers auteurs nord-européens à la façon dont, selon moi, aurait pu le faire mon idole, Greta Garbo. Mais la petite actrice de mélos déchanta en entendant notre directeur ajouter :

— C'est à Pomme Bleue que reviendra la principale création, bien entendu, celle de la fille du pêcheur.

Elle se leva brusquement, alla chuchoter avec David et s'appuya ostensiblement sur lui en jouant de la prunelle et de l'éventail. Par plaisanterie, je m'inclinai bien bas devant le patron et imitai l'accent gazouillant de son Canton originaire :

— Merci, *taitaï !*

— C'est bon ! répondit-il en riant. Je sais que tu veux me prouver que tu es capable de jouer aussi à la chinoise. Eh bien, tâche d'en faire autant le jour de la représentation, car nous n'aurons guère de répétitions d'ici là.

De quel effort aurais-je été incapable, en sachant que tu serais là, et me regarderais ?

Cette pièce est tirée d'un fait-divers de la dynastie Ming. Bien sûr, l'histoire de Wou Fei-Ha, la fille du misérable pêcheur qui abat un ministre, a plutôt été interprétée par le poète comme une exaltation de la piété familiale qui inspire les sacrifices les plus héroïques; l'adolescente ne peut tolérer qu'on porte tort à son père. Mais il est bien facile pour une actrice habile de mettre l'accent sur la nécessité, dans une époque d'oppression absolue, de cultiver n'importe quelle mystique illusoire pour le seul but légitime : valoriser le pauvre, et l'être plus défavorisé encore que lui, la femme du pauvre.

Tout le temps que j'arpentais les planches vibrantes sous mes socques de bois, entre les quinquets qui faisaient étinceler la céruse blanche de ma figure, tout le temps que je me déplaçais et me mouvais sous mes haillons gracieusement déchiquetés à coups de ciseaux, puis poignardais finalement le doyen de la troupe en robe mordorée à l'aide de mon arme de carton, je ne craignais qu'un seul événement : le sifflet familier annonçant le raid nippon, puis la cloche précipitant tout le monde vers les cavernes. Le petit théâtre avait récemment écopé d'une bombe d'aviation. Cette interruption aurait pu remettre en question tous mes espoirs. Et je m'interdisais de jeter un seul moment les yeux du côté obscur où tu te tenais près de Ho Tzu-Chen. Lorsque le rideau tomba avec l'éclatement des bravos, mêlés des coutumiers « hao ! » des réfugiés shangaïens, je regardai enfin au fond de la salle en saluant, la sueur roulant sur mon visage plâtré, un sourire mécanique aux lèvres, pour fixer à jamais dans ma mémoire la vue de tes bras saccadés comme des ailes de moulin à force d'applaudir. Puis je fis un pas de côté, tel un crabe, un éblouissement me prit; ton ordonnance, le petit Chen aux oreilles rouges, me tendait une gerbe de roses d'Inde, du Jardin des Poiriers, entrelacées de verdure et enroulées dans une page de journal déchiré : « Pour Pomme Bleue, de la part du général ». Je fus peut-être sur le point de perdre connaissance, comme après un excès de vin de riz; je n'en fis rien.

La caverne était fermée au seuil par une tenture de coton matelassée. Une grosse bougie posée sur un escabeau carré éclairait le plafond de terre, les piles de livres entassés partout, la moustiquaire, la carte militaire fixée au mur et la table à tapis de feutre rouge. Et, sur ce tapis, la main de l'homme assis de l'autre côté, m'adressant un signe :

— Entrez !

Je regarde les planches surchargées, les caisses qui débordent.

— Vous ne lisez pas, camarade général; vous dévorez, comme un ver à soie les feuilles de mûrier.

1948. Onze ans plus tard. J'ai perdu, depuis la reprise de la guerre civile, autant de kilos que jadis Chu-Teh se privant d'opium à bord d'un navire anglais. C'est à Shangtua, la vieille cité, que je viens rechercher notre fille; mais la femme de Chou En-Lai m'apprend qu'elle est à Yenan. Du haut de l'enceinte aux blocs accumulés dans la sueur et le sang des esclaves, j'ai contemplé une dernière fois Yenan, la gorge nouée par les réminiscences d'une douzaine d'années, le souffle accéléré avec violence, car il allait falloir retraverser le Fleuve Jaune et te retrouver sous la mitraille. Où est ta caverne, et où mon théâtre ?

L'automne finissait avec cette magnificence qui apparente alors nos ciels aux soieries des bannières japonaises; on vendangeait en chantant sur l'autre versant des collines jaunes, et les voix flottaient mystérieusement dans l'air du soir pâle et empourpré à la fois. Les hirondelles et les oies sauvages étaient parties depuis plusieurs semaines, et un début de gel crispait les ruisseaux. Je vis, en me penchant, les débris de la pagode détruite où j'avais cueilli une orchidée pour plaire au vainqueur inconnu. Et du côté du lavoir montait un bruit régulier et fort comme le rythme d'un cœur d'actrice acclamée...

J'ai revu cette roue arrachée à une jeep pendant la victoire de Scachiatien, roulant de mon côté; j'ai senti des larmes sur ma joue, qui tombèrent sur la terre brune et froide. Et je me suis hâtée vers mon devoir : chercher Li-Na, et rejoindre ton détachement, sa petite main dans la mienne, sous le déluge de feu et d'acier qui n'aurait pas raison de nous.

Retour à 1937.

Ho Tzu-Chen avait préparé une compote de pêches sauvages et le thé fumait sur le feutre rouge.

— J'ai toujours eu besoin de lire, plus que de manger. Je n'ai pas de besoin aussi impérieux. Peut-être le tabac ?

La cigarette *Chien Men* s'éteignait dans la soucoupe. A l'époque, tu en fumais cinquante chaque jour.

— Mais il m'est plus que jamais nécessaire d'accumuler de la documentation; je suis obligé d'étendre mes connaissances. Savez-vous, camarade Pomme Bleue, que j'ai fondé ici une école de cadres pour le Parti et l'Armée Rouge ? Je prépare un gros travail sur les problèmes militaires de la stratégie chinoise. C'est d'autant plus important que jusqu'alors nous ne connaissions que l'expérience de l'Union soviétique; mais la Chine d'aujourd'hui n'est pas du tout la Russie de 1917. Wang-Ming et Po-Ku continuent à voir dans la ligne de guerilla paysanne une espèce de plékhanovisme, la primauté de la faucille sur le marteau. Or, le paysan de chez nous n'a qu'un lointain rapport avec le moujik du tsarisme. Sa place dans la production est différente.

— Mais l'armement ?

— Dépendons-nous uniquement de l'aide soviétique ? Nous avons récupéré suffisamment sur l'ennemi, déjà, et le ferons plus encore. Nous bénéficions de la production des arsenaux impérialistes, et les divisions de ces messieurs se chargent du transport. Vous riez ? C'est la stricte vérité.

Ta silhouette n'était qu'un amas d'étoffes noires dans l'ombre, enveloppé d'une capote militaire. La voix que j'écoutais était de timbre aigu; la main que je regardais, d'une délicatesse féminine. Tu avanças la tête à la lumière et je vis de plus près un visage sombre, avec cette expression fermée qu'on appelle *h'siun,* un front haut et large, une bouche dessinée à la taille-douce. L'ensemble respirait l'orgueil, l'entêtement, et quelque chose d'indéfinissable provenant peut-être de la solitude spirituelle qui était ton lot.

Je hasardai quelque remarque dont je ne me souviens plus, à propos de cette dernière impression. Tu me contas alors de quels complots tu étais entouré, à peine réhabilité par ton exploit aux yeux du comité central; la jalousie et la haine sifflaient parmi les fleurs de la victoire.

— J'ai attaqué Chang, le chef de la Quatrième Armée, pour avoir fait torturer des femmes; il ne me l'a pas pardonné. Un de ses officiers, un ambitieux du nom de Hu Shin-Yu, a essayé de soulever contre moi une centaine d'hommes pour me renverser et prendre Chang comme chef suprême. Il serait allé jusqu'à l'attentat, c'est certain. Mais la conspiration a échoué grâce à un de mes braves, amputé des deux jambes depuis le passage du Kunlun. Il les a tous dénoncés. Peut-être moins par amour pour moi que pour une fille du Shenxi qu'il aurait dû quitter si Chang avait réussi.

— Que sont devenus ces traîtres ?

— Ils attendent d'être jugés. Je demanderai l'indulgence; j'ai mieux à faire qu'à chercher à me venger, et ce genre de magnanimité impressionnera plus favorablement qu'une exécution dans nos propres rangs.

Je te demandai alors de me lire un de tes poèmes. Tu choisis un des plus récents : « Neige ». J'écoutai. « *La terre parée de rouge, drapée de givre, était d'une beauté sans pareille... Les massifs chargeaient comme des éléphants de cire...* » Je contemplai tes yeux pénétrants, ton nez busqué, tes pommettes saillantes. Du doigt, je lissai le bois blanc, le feutre écarlate. Puis je lançai une plaisanterie et tu me surpris par la juvénilité de ton rire; c'était un nouvel aspect de toi qui m'apparaissait quand tu riais.

J'étais trop au courant de ton enthousiasme à l'égard des femmes pour ne pas prévoir que je pouvais être, et très facilement, un nom nouveau sur la liste où s'inscrivaient déjà Ting-Ling, l'Américaine Agnès, Hélène Snow, Lily Wu; je connaissais aussi l'irritabilité soupçonneuse de ton épouse à la santé ruinée. N'avais-tu pas manigancé toute une petite comédie pour qu'elle crût cette Shangaïenne aux cheveux souples la maîtresse de von Braun, le conseiller allemand ? Dès notre premier entretien, et alors que le lit ne s'était pas encore ouvert pour nous, je pris la résolution de ne pas accepter ce sort, un nom de plus dans ta mémoire. David et les autres ne comptaient plus pour moi; il fallait qu'il en fût ainsi pour ton passé féminin. Ce voyage dans l'espace que nous avions fait l'un et l'autre deviendrait une modification du temps pour chacun. « J'allais parcourant montagnes et rivières, et tout à coup je me suis trouvé sous un autre ciel », chante Tou-Fou l'exilé. Le firmament de nos destins devait changer, et devenir unique.

« J'ai un certain nombre de souvenirs. Ils me font penser aux écailles de poisson que l'on fait sauter au couteau. »

LU HSUN

DEUXIÈME ROUE :

Les Écailles du Poisson

I

Même si l'on est du sexe *yin*, les portes du visage humain sont *yang;* il suffit d'avoir des yeux qui voient, des oreilles pour entendre, des narines pour sentir et une bouche pour parler; une femme sait que si sa place sur terre est ce qu'elle est, c'est au pouvoir de l'homme qu'elle le doit.

Enfance battue, jeunesse tremblante de froid au seuil de la Cité Interdite, femme exploitant pour manger à sa faim la porte *yin* de son corps, actrice éprise de Strindberg et posant pour les cartes transparentes, j'ai acquis rapidement cette « force amère » dont le nom, *kuh li*, a donné son nom au coolie, celui qui tire le poids du monde. Et cependant, — et cette idée m'a tenu parfois lieu de pain et de toit — nous avons nos amazones; déjà dans le passé elles ont récusé le verdict, et les plus célèbres poètes les ont chantées. Gou-Gan qui trompa l'ennemi, la grande générale Xian à l'ombrelle de brocart, Huan Chonggu qui s'habilla en homme et aima la fille d'un ministre, les trois « sœurs jurées » qui sous la dynastie Tang firent de si belles choses au combat. Et la Dame de Setchouan, la cavalière aux deux glaives. Et Chen Yunying qui à vingt ans leva une troupe pour l'imiter et chasser le Mandchou. Et Ko-Ching la plus récente, un des meilleurs fantassins de la Longue Marche.

La liberté : point de mot plus riche en résonnances. Pour la moitié *yin* de la terre, hormis ces exceptions glorieuses, la liberté était aussi incompatible que la neige avec le feu. Pour être à la fois femme et libre, il fallait être morte. Ou impératrice. J'ai voulu vivre.

Bien des femmes étaient déjà mortes en moi, certes, en ma vingt-quatrième année ! L'écolière aux chaussures crevées modulant la morale confucéenne; la fille dépourvue de sous-vêtements et nue sous une couverture, un parapluie à la main, dans l'hiver de Pékin; la Pomme Bleue à tunique déchiquetée rampant devant la caméra à qui le réalisateur, mordillant son cigare, ordonnait de se remaquiller; la timide madame Yu fière de son kodak tout neuf plus que de son mari, à la fin du rite, avec les deux petits rouleaux du contrat de mariage scellés de rouge. Toutes ces roues de la vie avaient tracé dans la poussière un sillon que je pouvais voir, en me retournant, s'enfuir vers le néant qui a précédé ma naissance et suivra ma mort. Je pouvais le percevoir aussi nettement que mon jeune visage dans le miroir de ma caverne, à Yenan, avec cette bouche inflexible et ce front puissant d'où jaillissaient les cheveux comme deux ailes de jais. A quoi bon la tête, si ce qu'on a entre les jambes tient lieu de tout ? avaient pu penser nos aïeules pour refuser à leurs filles le droit d'apprendre. Mais le temps avait retourné son sablier; main à la plume, main au fusil, je voulais avoir toutes les mains. Je le pourrais, ai-je compris, en saisissant celle qui venait de se poser sur ce siècle et la Chine.

Cette récréation que s'accordaient les vainqueurs dans les asiles souterrains en compagnie des écrivains, des professeurs, des acteurs et des peintres réfugiés, c'est ce qui servit de cadre à la période la plus heureuse de ma vie. Celle des amours naissantes, où tout nouvel événement est raison de se réjouir; celle de l'aurore de mes ambitions; celle des jeux et de ce luxe bientôt impossible : le loisir, le rire, le succès.

Au Jardin des Poiriers, on jouait en vrac des danses d'Europe, fox-trots, tangos, et de vieux airs populaires chinois. Les missionnaires en fuite avaient laissé un orgue à pédales, des harmonicas, un violon; tout servait, y compris la cithare cantonnaise, y compris les vieux 78 tours; on s'esclaffait aux âneries occidentales comme « Nuit de Chine, nuit câline »; un soir, aux applaudissements généraux, je tins le piano, cigarette *Chien Men* aux lèvres. Ting Ling, qui préférait le cigare, partageait avec tout un chacun son érudition croustillante de lettrée :

— Savez-vous pourquoi on appelait jadis les homosexuels « ces gentilshommes de la manche coupée ? » Un empereur avait un petit ami qui s'était endormi sur la manche de sa grande robe d'apparat. Pour ne pas le réveiller, le Fils du Ciel prit son poignard et trancha sa large manche de soie. Trait bien digne d'un trône qui sait reconnaître dans une tasse de thé la différence des eaux de source et qui fait couper les disgraciés en cent morceaux.

— Que soit bénie l'ombre de Sun Yat-Sen ! dit un critique d'art de Nankin, grand admirateur de Lu Hsun.

Von Braun, crâne rasé, monocle à l'œil, valsait avec Lily Wu. Sans doute pour sa beauté et sa coiffure, mais aussi parce que Ho Tzu-Chen, toujours alitée, nous expédiait ses espions chaque samedi soir. C'étaient les filles qui invitaient les garçons, pour manifester l'émancipation féminine; je suppose que tu prenais prétexte de cette précaution pour inciter Lily Wu à ce choix, qui te permettait d'accepter mes nombreuses invitations. Puis l'on versait le vin de riz et portait des *kampé* en plein air, à la ronde, jusqu'au lever du soleil.

Les saules autour du bassin abritèrent jusqu'en novembre des tables de ping-pong où résonnait le choc léger des balles. (J'ai plus d'une fois évoqué ce bruit de pluie irrégulière au cours de mes dernières années de liberté quand, après notre séparation, j'ai rencontré Tchang Zedong à la *Terrasse des Pêcheurs*.) Le saphir grinçait sur les vieux disques, les petites balles criblaient le formica, les lanternes s'allumaient aux branches, Von Braun claquait des talons en se levant devant Lily Wu qui tapotait son indéfrisable du bout de son éventail. Lorsque les premières ombres élevaient leurs fumées, le bassin commençait à luire comme un bloc d'argent pâle et donnait envie de marcher dessus. Derrière nos oreilles, le chrysanthème avait remplacé la rose d'été. Roule la roue, coule le nuage...

Mais ces fêtes n'étaient qu'illusion; il était bien loin l'esprit de ton éditorial de 1919. L'idée d'une vaste libération de l'amour et d'une hautaine désinvolture devant l'institution du mariage appartenait à un passé révolu. Tes cheveux longs, tes deux paquets de cigarettes par jour, ton lever à midi, tes fox-trots sous les poiriers ne pouvaient rencontrer de blâme, car l'exploit de la Longue Marche permettait ces péchés véniels; on consentait volontiers à fermer les yeux sur une Lily Wu, une Agnès Smeedley; mais le premier bruit d'un nouveau mariage provoqua une levée de boucliers contre nous.

— Comment peut-il envisager d'abandonner une héroïne comme Ho pour une petite actrice qui n'a jamais rien fait pour le Parti ? Est-elle seulement inscrite, d'ailleurs ? Et depuis quand ?

Anna Wang, la blonde Allemande mariée à un communiste chinois, s'entretenait de ce scandale en prenant le café avec Agnès.

— Ecoute, tu sais que tes ennemis politiques vont être ravis de se servir contre toi de cette histoire ? t'expliquait Chu-Teh. Chou En-Lai lui-même s'arrache les cheveux !

Mon pire ennemi, on peut s'en douter, fut Po-Ku, l'homme tout dévoué aux « vingt-huit bolcheviks. » Réduit au silence par la démonstration spectaculaire de l'authentique guerilla paysanne, il devait saisir avec empressement l'occasion d'une revanche; il savait que la vie privée est toujours le point vulnérable d'une carrière, comme dans l'art martial les coups qui se situent au-dessous de la ceinture. Frapper au sexe, c'est paralyser. Il se démena pour fouiller mon passé et rapporta avec allégresse une brassée de ragots où se mêlaient le faux et le vrai. D'où sortait-elle, cette Pomme Bleue ? Depuis quand avait-elle payé sa carte ? Avec sa passion pour les films américains et les auteurs occidentaux, n'était-elle pas un agent de l'impérialisme ? Et son passé, il semblait fort peu édifiant ! On disait que... On chuchotait parfois...

Chacun évoquait des ombres. J'aurais épousé Tang-Na, et conduit ce malheureux au bord du suicide. Je m'étais rabattue sur Tsang-Min qui m'avait quittée ignominieusement. Et cet ex époux David Yu, ne l'avait-on pas vu monter avec moi sur le camion de riz ? Pas un mot, fort heureusement, sur Zheng-Jhunli avec qui je m'étais compromise bien davantage, et dont j'avais reçu le cuisant affront de me voir préférer l'actrice Wang-Cheng, avec sa tête de chien pékinois. La haine manque autant de lucidité que l'amour; on va chercher si loin des cailloux qu'on ne voit pas le rocher à ses pieds.

J'ai vécu une agonie pendant ce ratissage de mes années de naguère; opération heureusement compromise par la guerre civile et le déplacement des témoins. Je savais que, malgré le fort attrait sexuel que tu éprouvais pour moi, ma seule chance de rendre durable une telle relation serait *mon rapport au pouvoir.* Et l'avenir n'a pas démenti cette analyse.

Tandis que nous nous rencontrions, tantôt dans ma caverne tantôt au Jardin des Poiriers, dansant ensemble puis nous isolant tour à tour, ou à la sortie du théâtre où tu venais si régulièrement m'applaudir, je m'interdisais de montrer inquiétude ou colère; j'orientais toujours l'entretien vers les sujets qui constituaient la trame de ta vie, la politique, la guerre, la lecture des auteurs marxistes et leur comparaison avec la tradition, par exemple au sujet de ton essai en cours : « Confucius n'a-t-il pas dit avant tout le monde que c'était un crime de conduire le peuple au combat sans l'avoir instruit ? » Nos baisers les plus passionnés n'entraînaient que des silences, non un changement dans le choix des échanges de mots; je ne t'ai jamais demandé de ne pas croire ceci ou cela, ni de me défendre; mon attitude exprimait : il n'y a rien à croire, il n'y a rien à défendre. La tension que me coûta cette attitude, tu ne t'en es jamais douté.

Le comité central ne voulait pas entendre parler de ton divorce. Ho Tzu-Chen s'y était plainte avec emportement. Elle devenait de plus en plus hagarde et négligée, battait ses filles. Les clameurs de ses scènes perçaient parfois la tenture de coton matelassé et les passants hâtaient le pas pour ne pas se boucher les oreilles. Ces fureurs éveillaient les tiennes; vous vous retrouviez parfois armés l'un d'un siège, l'autre d'un escabeau; les fillettes pleuraient. « Je sais que c'est fini entre nous » avoua-t-elle à Chen, la femme de Chou En-Lai, qui raconta partout : « Elle est livide, un vrai squelette; quel destin ! »

J'eus connaissance de la semonce à toi adressée; au sommet, on t'interpella :

— Ho Tzu-Chen a toujours été une camarade et une compagne fidèle, et digne d'estime, pour toi. Elle a amplement démontré ses qualités aussi bien dans la vie de tous les jours que pendant les combats. Pourquoi ne pas pouvoir continuer à vivre avec une telle femme ?

— J'estime et je respecte la camarade Ho, répondis-tu. Mais faut-il donc persister à raisonner comme la société féodale qui considère uniquement le divorce comme une injure faite à la réputation de la femme ?

Cette fois, tu t'ouvris à moi de ces différends. Tu piétinais comme un taureau à l'attache :

— Est-ce qu'on peut attacher un homme à une femme et les décréter ligotés pour toujours ? Quand l'un des deux veut s'en aller, de quel droit l'empêcher de partir ? Sans toi, Pomme Bleue, je ne peux pas continuer à travailler pour la révolution !

Jamais un tel éloge n'avait frappé mes oreilles. Et pourtant, je savais à quel point il était inexact. Aveugle, mutilé, privé de moi ou de n'importe qui, tu aurais poursuivi ta route; la flèche Hi-Wei peut-elle s'arrêter en chemin ? Je me gardai bien d'exprimer ma pensée et je répondis que, pour moi aussi, il m'était impossible de vivre sans toi. Mais je n'ajoutai pas : sans toi, je renoncerais au spectacle. J'avais mis cet art au-dessus de tout, comme une voie royale pour ma liberté; or, c'était la voie impériale que je venais de découvrir.

La lune d'automne ramenait les pluies; il fallut rentrer les tables de ping-pong et interrompre les danses et les beuveries en plein air. Lin Piao venait de vaincre Itogaki et son bataillon d'élite au col de Pingshing. Wang-Ming débarqua brusquement en avion les poches pleines de consignes staliniennes; depuis douze ans, il représentait au Kremlin les « vingt-huit bolcheviks. » La première des exigences soviétiques était le renvoi du Secrétaire Général Lo-Fu coupable d'avoir jadis rencontré quelques trotzkystes. Wang-Ming espérait bien chausser ses pantoufles encore chaudes; mais la volonté de Staline était de t'ouvrir la voie du pouvoir au prix d'une concession sur un point crucial : le rapprochement avec le Kuomintang pour affronter le Japon. Tu devins aussi Président du comité préparatoire pour le prochain congrès du Parti, avec Wang-Ming comme Secrétaire. La pilule dut lui paraître amère à digérer. Ainsi, lorsque en 1945 put enfin avoir lieu ce Congrès repoussé par le flot des événements, il ne servit qu'à faire triompher ta ligne.

Cependant, quand Wang-Ming accompagné de Po-Ku et de Chou En-Lai se rendit à la base du Kuomintang pour négocier la nouvelle alliance, tu ne me cachas pas ton angoisse :

— Au Kommintern, on n'a tout simplement rien compris à la société chinoise, à la nation chinoise, à la révolution chinoise !

Ton caractère en resta assombri pour longtemps; la taille de l'enjeu et la dimension de la lutte troublèrent notre lune de miel. Wang-Ming jouissait de la réputation du premier, pour ne pas dire du seul intellectuel et idéologue du Parti, en Chine. Tu continuais à te voir attribuer, comme image de marque, la carrure d'un chef paysan habile à la guerre, poète à l'occasion, mais sans aucun rapport avec un théoricien; et c'est transformer la théorie politique, prouver que le modèle russe n'était en rien un dogme universel, qui t'importait. Ce jour-là, tu me dis en me voyant manger une poire du jardin encore humide des premières pluies d'octobre :

— Pour connaître le fruit, il faut le manger, donc le modifier. Pour toute réalité, de même.

Tu souriais, mais je pressentais, autant que pendant tes silences, les étapes successives de ton tourment. Tu fus tour à tour, cette année-là, instable, angoissé, ironique, préoccupé, calculateur, idéaliste; il m'était difficile de m'accorder à tant d'aspects divers.

A l'automne de l'année suivante, tu obtins finalement du « Père », c'est-à-dire du Parti, le droit de m'épouser. Ho était partie pour Sian, animée d'une rage folle; elle résista aux suggestions de Chou En-Lai et de sa femme qui voulaient la voir revenir à Yenan : « Qu'il la garde, sa Pomme Bleue ! » Elle commençait à développer des idées fixes, cédait à des crises de larmes interminables; sa raison s'égarait. On l'envoya se soigner dans une clinique psychiatrique en U.R.S.S. J'obtins, dans la foulée, l'éloignement de Lily Wu. Je vivais déjà avec toi en tant que secrétaire. Il n'y eut aucune cérémonie : tu annonças simplement que j'étais ton épouse. Je pris le nom de « Rivière d'Azur ».

II

Rivière d'Azur. C'est toujours mon nom, depuis plus de quarante ans. « *Tant de flots d'azur, mais à quoi servent-ils* ? » as-tu écrit dans ton poème « Débarrassons-nous du dieu de la Peste. »

1973. J'ai apporté mes affaires personnelles à la *Terrasse des Pêcheurs*, la résidence où a séjourné Nixon, ainsi que bien d'autres personnalités étrangères. C'est la fin de l'été. Etendue sur une chaise-longue, je fume, je songe que j'ai bientôt soixante ans et j'écoute le tic-tac régulier des balles sur le tennis de table où s'entraîne Tchuang Zedong, un nom qui résonne comme ce bruit léger et monotone; et ce qui martèle mon ouïe me ramène à Yenan. Yenan de ma jeunesse, où s'envolaient l'un vers l'autre nos regards, oiseaux échappés au ciel des visages.

— Cinq à un, dit Tchuang Zedong.

Un prénom qui me rappelle trop le tien. Le joueur vient à moi, me caresse la nuque, m'embrasse. « Tu es fou; on pourrait nous voir. »

— Mais le pouvoir, maintenant, c'est toi, Rivière d'Azur !

Tu attends ta fin, podagre, hargneux, plaintif. Tu m'appelleras encore pour que je te frotte le corps avec du talc. Mais pour le moment, tu refuses de me recevoir « *On s'est vus je ne sais combien de fois, et tu ne tiens aucun compte de mes remarques*... » Ton garde du corps,

Wang Tung-Hsing, m'est tout dévoué; mais autour de toi, combien de mes ennemis ? « *Tu n'as aucune considération pour moi, et j'ai quatre-vingts ans... Ah, que j'envie le ménage qu'a eu Chou En-Lai !* »

— Cinq à un seulement. Je deviens minable !

Le garçon se prépare pour une rencontre internationale, une de plus, et je fume avec indifférence.

En vareuse pantalon du même bleu sourd que depuis tant d'années, moi qui peux m'offrir de somptueux schaongsams ou des robes de l'étranger, je songe aux balles de ping-pong dorées, que j'ai obligé Wang-Mai à porter en collier, cette putain de Liu Schao-Chi, avant de la faire déshabiller par les gardes rouges vociférants. A l'époque où ce même petit bruit cadencé demeure inséparable de la chaleur et des parfums du Jardin des Poiriers, cette prétentieuse poupée travaillait comme traductrice au comité central de Yenan. Elle arborait l'hiver un manteau de vison et dédaignait toute femme.

Mon corps relâché mais encore vigoureux accueille avec gratitude l'affaissement soyeux de la chaise-longue, l'arôme du café servi sur le guéridon précieux à l'ombre du rosier en fleurs, comme mes yeux s'émeuvent de la jeune et mince silhouette bondissant en même temps que les minuscules globes de celluloïd. J'ai vaincu; je puis m'accorder ces détentes. Il fut un temps où la roue de ma vie m'a menée dans des lieux moins aimables, et où ma santé fut ruinée pour longtemps. Le chemin d'un règne passe souvent par le bagne. L'impératrice Tseu-Hi disait : « L'eau peut porter le vaisseau; l'eau peut engloutir le vaisseau ». On ne doit prendre, pour monter plus haut, que ce qui risque de vous figer à jamais dans le néant.

1939. J'ai épousé le général depuis un an. A 45 kilomètres de Yenan, Nanniwan est un terrain désolé et aride; il faut se rendre à pied à l'aube à une distance éloignée pour faire tourner la noria et arracher de ce désert quelques seaux d'eau. Cinq ou six compagnons et moi dormons dans des cabanes édifiées de nos mains et poussons la charrue attelée à un buffle. Nous faisons cuire notre riz, accroupis, nous broyons des graines, nous tissons. Telle est la volonté du grand Zedong. Et rien n'aurait pu m'en dispenser au moment où notre « mariage » provoquait le sifflement de tant de vipères.

— Eh bien, pour la première fois, tu as des ampoules aux pattes, vedette de l'écran, ricanaient mes compagnes.

Je racommodais un harnais. Je serrais les mâchoires. La nuit, les courbatures m'empêchaient de dormir. Je sifflotais en puisant l'eau. « Un jour, je vous montrerai, à tous ! » La neige commençait à tomber. J'évoquais Pékin et les jours noirs. Non, liberté, tu étais devant moi; pas derrière. J'enfourcherai le cheval pour garder le maigre troupeau. Je veux vivre, répétais-je.

Une toux persistante commença à me déchirer les côtes; le soir, mon corps brûlait légèrement, de façon régulière; ma sveltesse se fit maigreur, et mon teint clair tourna au livide. Je commençai à ressembler à Ho Tzu-Chen. Mais je persistais dans mon silence, et les plaisanteries devinrent hésitantes, puis cessèrent. Je regardai tout le monde d'un air moqueur et hautain. Un soir, sans que j'eusse dit un mot, le camarade responsable des communications télégraphia à Yenan. Le lendemain, sous une chute de neige, je ramassais du bois mort; la vieille ambulance cabossée offerte par les infirmiers communistes de New York qui servait de voiture au président — et que ses ennemis avaient travestie en « belle limousine » — s'arrêta à la lisière du bosquet et tu en descendis.

— Il paraît que tu es malade ?

Sans répondre je montrai mon mouchoir taché de rouge.

— Tu craches souvent comme ça ?

— Une nuit sur deux.

— Il faut te dispenser de tissage.

Puis, sans rien ajouter à mon sujet, tu trottas allègrement sous les flocons jusqu'à la cabane des responsables et t'informas de l'irrigation, du soin des animaux, des semences; je parvenais avec peine à allumer le fagot mouillé dans l'âtre. Tu pris un bol de soupe au soja, racontas les dernières nouvelles du Politburo, puis revins à ton véhicule en me faisant signe de te suivre. Là :

— Prends ça pour te couvrir.

C'était une petite pelisse de lièvre. Je refusai, tu t'impatientas : « Prends donc, tête de mule, tu es la femme du président, après tout. » Je protestai que je ne voulais pas de faveur et ajoutai immédiatement :

— Je préfèrerais de beaucoup avoir le droit de circuler à cheval.

— Accordé.

L'ambulance démarra.

Je gardai la pelisse, et le droit au cheval.

Je n'ai pas conservé, cependant, que de mauvais souvenirs du Nord. Sans ta brillante idée de m'envoyer faire la pionnière pour prouver ton absence de favoritisme, idée sur laquelle je me devais de renchérir, je l'évoquerais avec une poignante nostalgie; celle qui me saisit en 1948 quand j'allais chercher notre fille. Nunniwan n'était pas encore le véritable Nord; il faut traverser le Hohhot, atteindre la Mongolie intérieure pour le découvrir; si du Midi viennent les révolutionnaires, la fidélité descend de là. Mais à Nanniwan je le pressentais parfois, dans la semi hallucination que donnent la fièvre et la faim; tandis qu'à cheval je gardais nos quelques moutons tibétains, la plaine s'étendait à mes yeux comme un plateau de cuivre; et le maigre troupeau me paraissait des grains de poussière roulant sous le ciel hivernal, chassés par les ombres des aïeux qui soufflaient dans la flûte traversière des Huan. Et je pensais, et je te le dis plus tard après avoir écouté un de tes poèmes sur la pâleur glacée de ces régions : ceux dont les os gisent dans un tel crépuscule ont les premiers lutté contre la violence obsédante de cette terre nue qui donne un langage mâle et des façons carrées; car c'est d'elle que vient la race la plus vaste, la plus vieille et la plus douloureuse du monde. Je la prends en charge, pensais-je en tremblant et en brûlant; je veux vivre pour prendre en charge ce peuple. J'aurai vécu comme lui, si peu de temps que ce soit.

Mai rouvrait les bourgeons des vergers sauvages de Yenan quand j'obtins le droit d'y revenir. Une surprise m'attendait : un cinéaste russe en visite m'y photographia en me voyant arriver à cheval. J'étais guérie, ou quasiment; ma jeunesse se ranimait en moi comme un feu qui se relève sous la cendre; je riais pour un rien, fière d'avoir fait mes preuves. On me suivait d'un regard tour à tour morne, envieux ou perplexe; que m'importait, j'étais sûre de toi; de moi, je n'avais jamais douté un instant.

J'en ai fait état plus tard. Karmen, lauréat du prix Staline, n'exprimait-il pas la volonté du Kremlin d'un rapprochement entre Moscou et Zedong en venant photographier sa jeune femme caracolant dans la rouge poussière de Yenan ? En réalité, j'étais alors un « seigneur » de trop minime importance. Quelques distorsions habilement choisies sont essentielles pour rehausser une image de marque, surtout pour les Américains. De même, mon titre d'« instructeur politique » aux armées quand nous dûmes évacuer Yenan. De même, les détails pittoresques de mon ancienne arrestation à Shangaï : les premiers policiers me revêtant d'une robe de velours aux vives couleurs, les seconds me rattrapant dans la rizière où j'avalai ma demande d'inscription au Parti... Une vocation refoulée et très ancienne de romancière m'a peut-être poussée, plus qu'un souci publicitaire, à orner de ces détails fictifs une vie qui peut paraître mouvementée à une Occidentale ou à une Américaine de bon ton, mais qui me semble plus d'une fois, quand je me retourne pour la contempler, aussi grise qu'un paysage de montagne au relief torturé mais aux tons uniformes et à l'aridité poudreuse. Si j'avais pu être Greta Garbo, aurais-je voulu être conductrice du peuple ? Je ne sais, à cette heure crépusculaire de ma vie, si je dois répondre oui ou non.

J'ai gardé cette photo de ma jeunesse. Slave plus que chinoise à cause de mon teint clair et de mon petit nez droit, des nattes volant dans le dos et liées d'un seul ruban rouge, vêtue d'un vieux pardessus de l'armée, je presse le cheval de mes socques de bois en saluant le Russe d'un ample geste de poignet. Il se proclama charmé. Mais je préfère le portrait verbal que traça de moi son compatriote Vladimirov, qui vint à Yenan trois ans plus tard : « Femme mince à la silhouette élancée et aux yeux noirs, qui semble frêle près de son imposant mari, sa qualité principale est une extrême ténacité; elle est impitoyable pour elle-même et c'est elle-même qui mène sa carrière; elle veut réaliser ses ambitions tant qu'elle est jeune ».

Un certain nombre d'années plus tard ma visiteuse américaine m'a demandé :

— Comment avez-vous souffert de tuberculose juste après un tel mariage, Jiang Quing ?

Attentive, le nez pointu de curiosité, elle me suit, bloc de sténo à la main, à travers les allées de mon parc d'orchidées. Nous nous asseyons sur la véranda du dernier pavillon, au clair de lune.

— Oh ! cela ne m'a pas empêchée de donner des cours à l'Académie de Lu-Hsun. J'enseignai l'art dramatique pour les pièces exaltant la résistance au Japon.

Et je cite le grand écrivain dont tu as donné le nom à cette académie :

« C'est un fait que les souvenirs fragmentaires ressemblent aux écailles de poisson qu'on décortique. Certains remontent en scintillant à la surface de la mémoire, comme ces écailles mortes affleurent sur l'eau, mais elles sont trop souvent tachées de sang. »

Ce sang que j'ai craché, je ne vais pas lui raconter que c'est en tirant l'eau et ramassant le bois sur tes ordres, à Nanniwan.

Elle me répond à son tour par une citation, celle d'un de tes poèmes; son index désigne la pleine lune :

Sur la lune, la déesse solitaire éploie ses amples manches
Afin de danser pour ces âmes fidèles dans l'azur infini.

— Jiang Quing, pourquoi ce nom : Rivière d'Azur ?

J'explique. Etonnement yankee devant la richesse des implications de notre langue. La rivière : expression de mon amour pour les larges et longs serpents des fleuves, comme ce Yang-Tsé qui ne se rebelle que pour arracher son cours neuf fois replié par les montagnes et se nomme alors « Chagrin de la Chine »; ne m'a-t-il pas inspiré mon *Concerto du Fleuve Jaune* ? Comment oublier son embouchure, ce Shangaï où je suis née pour la seconde fois ? Pour préciser la qualité particulière de l'azur choisi, je rappelle ce vers de Tang, à écho taoïste : « *L'azur vient du bleu, mais il dépasse le bleu.* »

— De plus, la rivière est étroitement liée au *yin*. Dans la légende chinoise, les femmes sont toujours à l'origine des inondations, des raz-de-marée; nous avons conservé le proverbe : « La femme est à la *source* de toute catastrophe... ». Le sens de ce mot implique une idée d'eau, de liquide. Le *yin*...

Je trouvai en revenant de Nanniwan les cercles culturels de Yenan agités par la polémique que soulevait Ting Ling, l'incorrigible, l'éternelle rebelle. Elle se moquait âprement des révolutionnaires qui prétendaient avoir libéré les femmes; elle aussi portait le *yin* comme une blessure toujours ouverte. Dans son essai *Réflexion sur la huitième marche*, elle poussait l'audace jusqu'à déclarer, sans nommer personne, que les femmes les plus désavantagées étaient les épouses des dirigeants du Parti. Et elle observait qu'on poussait autant la célibataire à se marier que l'épouse à avoir des enfants, les deux anneaux traditionnels de la chaîne des femmes. Comment pourraient-elles mener une vie autonome sans aucune aide de l'Etat pour soulager leurs obligations familiales ? Régenter la sexualité des gens, c'était le contraire de la libération : l'aliénation. Les «causeries de Yenan » bourdonnaient de ces controverses.

Tu me fis quelques allusions en passant, dans le vivoir de notre caverne, à cette perpétuelle dispute sur un sujet si peu orthodoxe. Tu commençais à t'alourdir; je te revois, dans tes vêtements tissés à la main qui avaient enfin remplacé le vieil uniforme en lambeaux, les dents et l'index noircis de tabac, adossé au mur chaulé, et moi assise en tailleur, mon coussin sur le sol de briques, avec ma tasse de thé. Sur la table, des bougies de vives couleurs, des coupes de biscuits et de bonbons. C'était presque le confort petit-bourgeois.

Mais quand je dis : « N'est-ce pas un peu petit-bourgeois ? » c'était aux préoccupations de notre écrivaine que je faisais allusion. Tu avais, je le voyais, bien d'autres soucis en tête; il fallait organiser la jeunesse; tu pensais que la Chine en était au stade de cette révolution « démocratique bourgeoise » que la ligne Wang-Ming et Po-Ku croyaient dépassée avec Sun Yat-Sen; on attendait la signature du pacte germano-soviétique et tu t'inquiétais : « Staline veut mettre Hitler dans sa poche, mais il risque de n'y réussir qu'à moitié. « Cependant, tel Clausewitz, tu te souciais de ne pas laisser la ligne stratégique globale occulter le soin des détails. L'émancipation des femmes et la position des intellectuels, c'était plus que des détails.

Certes, lorsque j'adoptai cette attitude rigoriste, plus conforme à la morale soviétique qu'à ta sensiblité profonde, je n'oubliai pas — et même avec un intime sarcasme — les théories libéral-anarchistes que tu avais développées avec Siao-Yu sur le mariage, le sexe et l'amour; et celles du fameux éditorial de 1919. J'aurais pu facilement en ranimer les cendres. La rébellion contre tout ordre et toute image du père qui a survécu en toi jusqu'à la fin te rapprochait davantage de Ting-Ling que du puritanisme dogmatique qui devait finalement triompher dans notre monde. Et mon tumultueux passé, quelle illustration aurait-il pu fournir à une telle alliance ! Mais voici précisément ce qui m'était interdit; autant, pour moi, me jeter une pierre au cou dans le fleuve.

Bien que la prétention de mes ennemis : « Elle n'a eu d'autre mérite que d'être une maîtresse agréable dans le lit de B 52 » soit une calomnie réductrice et ridicule, il va de soi que j'ai joué cet atout et que j'ai pu à bon compte t'émerveiller de ma science, en dépit de tes deux mariages si sages et de tes quelques aventures de quadragénaire. Je n'ai jamais accepté de lire en version expurgée *Ching Ping Mei* ni *Le Rêve du Pavillon Rouge* dont les descriptions précises enseignent tant de précieux secrets d'alcôve. Ma voie fut toute tracée, dès le début, devant mon regard lucide : réserver à mon seul époux cet inestimable savoir, fruit d'expériences déjà riches, tout en renchérissant contre tout ce qui aurait pu en être la vulgarisation, indigne d'une culture prolétarienne. Ici, il s'agissait d'une réflexion au second degré : non pas pornographie, mais liberté de penser; et de penser précisément sur ces sujets interdits, sur ce possible rapport entre la libération des femmes et la liberté du sexe; le domaine le plus dangereux pour moi.

Ce n'est nullement par jalousie que j'ai élu cette attitude; certains de mes adversaires ont déploré que tu n'aies pas fixé ton choix sur Ting-Ling; l'orientation de la nouvelle société chinoise aurait changé du tout au tout et le dégel ne se serait pas confondu avec la victoire des droitiers, geignent-ils. Mais Ting-Ling avait huit ans de plus que moi et marchait comme un charretier, puait le cigare, riait comme un ogre. Imagine-t-on sous ces traits la Nora de « Maison de poupée », ou la triomphale rivale d'Ho Tzu-Chen ? Ou plutôt sous ceux de Pomme Bleue en robe blanche et les yeux au ciel, la chevelure coulant d'un seul côté, brillant ruisseau noir ?

Il ne s'agissait donc en rien de compétition féminine, mais à la fois de prudence et de lucidité. La prudence consistait à étouffer les spectres du passé, prêts à resurgir si j'attirais l'attention sur moi; ma lucidité allait plus loin. J'avais vivement ressenti la justesse des sarcasmes de mon aînée; il n'y avait point que ma taille gracile à s'effacer auprès de ton énorme stature; nos anatomies se révélaient symboliques. Moi qui rêvais de cette liberté absolue qu'est le pouvoir, qu'étais-je, réduite à cracher le sang si tu me donnais l'ordre de gaspiller mes poumons sur un terrain indéfrichable ? Mais il n'était pas question de ratifier éternellement ce diktat. Inclinée dans ton ombre massive, j'attendrai l'heure. Les branches les plus souples du pommier d'hiver se débarrassent de la neige qui les accable, tandis que les plus fortes craquent sous son poids; c'est grâce à cette observation qu'un Sage japonais créa le jiu-jitsu par une aube d'hiver.

C'est pourquoi, à la limite, Ting-Ling m'inspire une pitié un peu méprisante. La sotte, avec son extraordinaire talent d'écrivain et son caractère aussi viril qu'un Nordique « aux façons carrées » voulait plaider pour toutes les femmes; elle y perdit son enjeu individuel; c'est la conduite opposée qui me vaudra mon triomphe. Exclue des cercles intellectuels, marginalisée par sa protestation, en dépit de sa fidélité au régime, elle fut contrainte de plus en plus à écrire sur commande, et à partir des années 50 on n'entendra plus parler d'elle. Un peu grâce à moi.

Tandis qu'en utilisant les armes éternelles qui ont fait leur preuve chez les femmes d'exception, ainsi que l'a prouvé le destin de Tseu-Hi, j'ai atteint le sommet. Qu'importe donc qu'aujourd'hui, selon ta hargneuse prophétie, mes os se soient brisés dans ma chute ? Où sont-ils, à cette heure, ceux de Ting-Ling ? N'arrivons-nous pas tous au même terme, celui de la boîte noire où se rangent nos ombres après avoir gesticulé sur l'écran ? Et l'important, n'est-ce pas la voie, et non pas le but ?

III

Canton est si torride en été que malgré les ventilateurs je m'entoure la tête de serviettes-éponges mouillées pour me rafraîchir, tout en dévidant mon rosaire de confidences; de petits mouchoirs trempent, pour mon invitée et pour moi, dans des bols de glace. Par les vastes porte-fenêtres on voit la végétation tropicale et les fleurs éclatantes : bougainvillées, tubéreuses et roses autour de la piscine aux dalles d'azur; un pin immobile grave son idéogramme sur le ciel.

— Votre éventail, puis-je voir ce qui est inscrit dessus ?

Je le tends en souriant. Ce sont ces détails qui font vivre une interview.

Il est de bois de santal sculpté; d'un côté est peint sur soie un prunier rose en fleurs, (amer souvenir que celui du groupe de ce nom, qui voulait me jeter dans l'huile bouillante pendant la Révolution Culturelle); et de l'autre se lit ton poème de soixante-dixième anniversaire : « Nuages d'hiver » écrit tout entier pour ce vers :

Seul le héros peut apaiser tigres et léopards.

Je range l'objet dans son étui de brocart doré.

Tigres et léopards !

A la naissance de Li-Na, qui fut élevée avec Li-Min, la fille d'Ho Tzu-Chen, j'ai connu une sorte de dépression. Le travail de Nanniwan devait achever de ruiner ma santé pour plus longtemps que je ne le croyais quand je caracolais, défi rieur, devant le cinéaste Karmen.

Comme dans toutes les périodes d'extrême fatigue, la hantise des humiliations vécues revenait voltiger autour de moi, essaim de taons invisibles, aigus et niais. Shangaï, surtout Shangaï; la présence de tant de ses réfugiés à Yenan m'interdisait l'oubli ! Ils étaient tous là, ou presque tous.

Liao Mo-Sha, avec son hospitalité dérisoire, la petite table à dormir où je me brisais les os en écoutant les criailleries nocturnes de sa femme enceinte qui m'appelait « l'étrangère » ! J'avais dû emprunter vingt yens pour m'assurer de leur silence en partant; chacun attendait l'arrestation de « Grue des Nuages. » Le gros Chou-Yang, diffuseur de ragots, qui m'avait isolée et fait mettre en quarantaine dans les sphères communistes; ce cinéaste dirigeait pratiquement seul toute la politique culturelle de l'écran depuis 1930, jusqu'à ce que je m'en mêle; le dramaturge Tien-Ha qui, avant de m'accepter dans son groupe « Etude et Travail », attacha à mes pas pour me surveiller partout son morveux de frère, dit « Le Mauvais »; pâle gueule de vampire, réalisateur exceptionnel il introduisit en Chine le théâtre moderne qui me permit de triompher, et pourtant nous nous haïssions. Chang Keng, le metteur en scène qui se moqua de moi; Hsia-Yen, le gros petit escargot, auteur prolifique d'une imbuvable littérature « de gauche », stupidement imbu de lui-même et qui me regardait de son haut. Mes poings se fermaient, et je me jurais tout bas de leur faire mordre la poussière. Ça, des tigres et des léopards ? Même pas des loups ! La vermine de la révolution.

La guerre continuait, en 1941. « Une bataille de chiens fous » disais-tu. Peng Ten-Huai remporta une victoire en désobéissant à tes ordres; aussitôt la querelle avec les Russes se ranima. Wang-Ming, après une intoxication, t'accusa futilement d'avoir voulu l'empoisonner. Mais tu sus au même moment reconduire le vieux rêve asiatique de prouver l'autonomie vécue, l'indépendance en face de l'Occident : en 1941 tandis que l'Europe brûlait, le sanctuaire de Yenan attira l'attention du monde entier quand tu présidas le vaste congrès anti-fasciste des peuples de l'Est. Devenu par la force des choses l'allié de Roosevelt, tu savais proche la défaite du Japon; malgré tous les efforts de Staline la partie définitive allait donc se jouer contre Tchang Kaï-Chek et le Kuomintang.

C'est l'époque choisie par mon vieil ennemi de Shangaï, Chou-Yang, pour écrire perfidement à ton intention : « Chaque soleil doit avoir quelques taches... » Qui l'aurait comparé à un soleil, lui, mon permanent calomniateur ? Pas même à un lampion de la Fête des Lanternes. Tu t'en moquais; tu évaluais complaisamment les difficultés du métier de cuisinier et celui d'intellectuel :

— Lire est la chose la plus facile du monde, me dis-tu. C'est autrement difficile de tuer un cochon ! Le cochon peut courir; le livre ne le peut pas.

— Eh bien, ai-je répondu, Lénine ne déclare-t-il pas que c'est la cuisinière qui doit diriger l'État ?

Cependant, quand ma santé fut assez forte pour me permettre d'enseigner le théâtre à l'Académie Lu-Hsun, tu en tiras profit pour perfectionner tes connaissances en art dramatique et en littérature; elles étaient très faibles en comparaison de l'économie politique et de la stratégie militaire, voire de la philosophie, tes domaines favoris.

Puis ton aîné revint d'U.R.S.S. Je ressentis une vive sympathie pour ce grand gaillard d'allure plus slave que chinoise, An-Ying, l'orphelin du Peuplier martyr. Il n'avait plus revu son père depuis quinze ans; il tournait sa toque entre ses doigts, tout intimidé devant ce général dont on chantait les louanges depuis 1944 en ces termes :

A l'Est, le ciel rougit,
Le soleil se lève,
En Chine, Mao Zedong est arrivé !

— Mais tu as changé de nom, An-Ying ?

— Oui, on m'appelle Sergueï, maintenant. Mais je suis digne de toi, tu sais ! Je me suis battu sur le front de l'Est, dans les tanks soviétiques. Staline m'a donné personnellement un pistolet...

Il nous transmit des nouvelles de son cadet. Peu à peu, il s'animait en parlant, se balançant sur son escabeau. Sa tasse de thé fumait sur ses genoux, il oubliait de la boire.

— An-Ching a fait des études d'ingénieur. On l'appelle Nicolaï. Il est très beau, il est très fort aux échecs. Mais il est un peu bizarre...

Pourquoi, bizarre ? « Sergueï » restait évasif. « Oh ! il n'est pas d'humeur très égale ! » se contenta-t-il d'avouer ce jour-là. C'est plus tard que nous sûmes la vérité. Les crises d'euphorie et d'activité débordante d'An-Ching succédant à un abattement profond avec fantasmes suicidaires. Moins solide que son aîné, An-Ching semble avoir gardé les traces profondes du drame de leur enfance, et de la misère à Shangaï où les deux gosses volaient aux étalages et portaient les valises des Européens.

— Eh bien, mon garçon, dis-tu à notre visiteur, tu es un peu trop russifié pour mon goût. Tu vas faire une cure de Chine. Il est temps que tu te mettes au travail. Je vais t'envoyer donner un coup de main au camarade Wu. Un vrai héros de la productivité socialiste, celui-là ! Il a transformé son petit lopin de terre en une superbe exploitation de palmiers-dattiers.

J'aurais préféré garder quelque temps ton fils et le traiter en grand frère de notre Li-Na; mais il n'était guère possible, à cette époque, de discuter tes décisions, même familiales. « Sergueï » n'approuva pas beaucoup plus cet ordre; plus tard, nous apprîmes qu'il traita Wu de « koulak » et déclara qu'il ne voulait rien apprendre de lui. Tu ne fis qu'en rire : « Il a de la personnalité, le gamin ! » Ta longue haine de ton père t'avait appris à apprécier la rébellion des fils.

La rupture était consommée avec le Kuomintang, en

dépit des efforts de ce monde soviétique qui avait fait, d'un An-Ching, un Sergueï. Le 12 mars, sous une tempête de neige, l'aviation de Chang Kaï-Chek bombarda ce bon vieux Yenan. Nous dûmes le quitter cinq jours plus tard, avant l'invasion immminente de l'ennemi. Derrière nous, les cavernes vides, les murs fracassés, les ruines de l'Académie Lu Hsun, les miettes de la pagode historique disparaissaient peu à peu sous le linceul des flocons. Nous avions tous deux passé là onze ans. C'est ainsi que débuta l'année 1947, la trente-quatrième de ma vie.

Nous n'avions roulé que quelques kilomètres quand un sifflement bref, conclu par un fracas, retentit juste au-dessus de nos têtes. Ton ordonnance qui conduisait la jeep hurla, le véhicule fit une embardée et se retrouva couché sur le côté contre le talus transformé en colline de neige. Le prototype qui nous avait attaqués en piqué s'éloignait en striant le ciel d'hiver comme un bâton de craie se casse sur un tableau noir, avec un bruit grinçant et horrible. Déjà s'affairait autour de nous une fourmilière; des blindés de la colonne jaillissaient tous les évacués, les soldats rouges, à peine deux ou trois femmes sur l'ensemble, qui grouillaient à la façon de mille signes noirs sur la blancheur d'une page.

— Camarades, êtes-vous blessés ?

Il n'y avait qu'un trou dans le toit de la jeep. Gros comme le poing. On le regardait, on s'exclamait. L'horizon grondait avec des lueurs. Piétinement fou dans l'air à dureté de glace.

— Apportez des feuillages, dis-tu, (ni trop fort ni dans un souffle), il faut boucher ça. Vite.

En quelques instants des ramilles cueillies, fournies en brassées de jeune feuillage, avaient fait l'affaire. J'étais assise au bord de la route, indifférente au froid, les deux poings sur la tête. Le choc m'avait écorché le cuir chevelu. Je regardai tomber sur tout ce blanc quelques gouttes, pétales de coquelicot. Personne ne se souciait de moi.

— Il faut remonter, me cria l'ordonnance au volant. Ces assassins pourraient bien revenir.

— Et quelle cible nous offrons, tous arrêtés ! observa quelqu'un.

Je me levai péniblement :

— Li-Na ! Où est Li-Na ?

Notre fillette avait disparu.

Wu, qui se trouvait près de nous, examinait les nuées, main en visière :

— Ces salopards ! Des B 25 et des P 52 américains. Que dites-vous, Jiang Quing ?

Le « koulak » dut me croire folle en me voyant courir et battre des bras, appelant ma fille d'une voix rauque. Une nouvelle rafale me jeta ventre à terre et je me relevai, la figure saupoudrée de blanc comme une boulangère, hurlant toujours : « Li-Na ! » On me prit le bras en le secouant.

— Elle s'est échappée, criai-je.

Ma voix n'était qu'une vocifération aiguë. Tu me pris par l'épaule, prévenant une crise de nerfs; tu donnas des ordres. C'est une des deux ou trois occasions de ma vie où j'ai senti craquer ma résistance. Des larmes commençaient à rouler de mes cils blancs de givre pendant que tu m'entraînais vers la jeep percée lançant deux ou trois hommes à la recherche de l'enfant, avec ordre de nous rejoindre au plus vite : on ne pouvait attendre davantage. Je criais toujours, mais je pris place.

Li-Na fut retrouvée dans l'heure suivante. Elle s'était présentée devant la masure de paysans, au village de Lu-Cha-Chiü tout proche, et quand les soldats rouges la découvrirent, elle venait de boire un bol de thé chaud et riait aux éclats en jouant avec un petit chien qu'elle fit une scène pour emmener, se roulant avec lui sur la terre battue de la cuisine, enchantée de l'aventure.

— Est-ce que ça va recommencer, la vilaine pluie ? demanda-t-elle avec inquiétude.

Pendant les trois jours qui précédèrent l'évacuation, j'espérais l'avoir endurcie contre cette averse de feu. Les champs avaient été bombardés jusqu'à huit kilomètres de la ville. Du fond de l'abri, ma fille dans les bras, je regardais les obus exploser dans leurs bouquets de feux et sentais la terre vibrer sous mes pieds, attendant que l'illumination s'estompe pour regagner la grotte où tu travaillais toujours, indifférent aux supplications de Chou En-Lai et de Jen Pi-Shin. En traversant les espaces au sol retourné comme par un tracteur géant, jonché de moutons et de chiens abattus, j'apprenais à Li-Na des chants de marches. Elle les reprenait d'une voix menue, sans grand enthousiasme. Le tir de la mitrailleuse aérienne dans notre toit de voiture l'avait tellement effrayée qu'elle avait pris ses jambes à son cou. Le couple rustique qui lui avait ouvert la porte et l'avait assise au coin de l'âtre aura de quoi en raconter jusqu'à la fin de ses jours. *Sa* fille !...

Je me souvins que quand j'emmenais Li-Na au cours de mes missions de travail politique et que nous devions traverser des endroits difficiles ou des rivières à fort courant, la petite pleurait et me suppliait de la ramener à la maison. A l'étape suivante, je la fis conduire chez la femme de Chou En-Lai, Teng Yin-Chao qu'elle appelait « maman Teng. » Je n'irai la rechercher qu'un an plus tard.

La capitulation du Japon deux ans auparavant nous avait laissés dans une position extrêmement critique en face du Kuomintang, ce parti traître que seule une intermittente solidarité contre l'ennemi commun avait empêché de nous exterminer depuis quatorze ans. Leurs troupes étaient le triple des nôtres, leur armement cinq fois plus important. Ils possédaient l'aviation et les forces navales. Nous n'avions pas un seul avion, et sur mer, à l'occasion, quelques-uns des derniers pirates qui devaient disparaître après la victoire avec leurs vapeurs camouflés en jonques et leur cargaison d'opium.

La marche ressembla à une nouvelle version de ce qu'avait été ton exploit de 1936. Il fallait se reposer de jour et avancer de nuit à un rythme de plus en plus accéléré pour échapper au bombardement des avions américains vendus à Tchang. Le troisième jour, nous campâmes à Kao-Chah Hsien pour te permettre d'organiser un *Comité du Front* qui comprenait à tes côtés, Chou En-Lai et Liu Schao-Chi en qui tu voyais ton successeur éventuel en cas de malheur. Pour attaquer l'ennemi qui tenait l'arrière des monts Wu-Tai, nous dûmes doubler les étapes, faisant halte dix minutes par heure, en direction de l'ouest de la Grande Muraille. Plus d'un d'entre nous, surtout les adolescents, tombèrent d'épuisement dans la nuit et moururent sur le chemin obscur qu'éclairait à peine le blanc du verglas, la bouche enfouie dans la neige ou brûlée contre la glace; le matin trouvait leurs jeunes corps raides et légers, leur visage de pierre, leurs cils mués en épines d'argent. Il fallait continuer, continuer sans tourner la tête. Moi, je connus ce privilège : avancer à cheval.

C'était un petit tibétain avec des touffes de poils au-dessus de chaque sabot. Une des rares photos de cette fuite me laisse à peine apparaître derrière la monture et l'énorme carrure en premier plan du chef de file, mon époux. Serrée dans ma vareuse, ma casquette repoussée sur le front, j'ai l'air d'un blême et jeune fantassin qu'on aurait perché, par aventure ou par faveur, sur un des chevaux de troupe. Un page d'un quelconque « seigneur de la guerre », personnage pâli d'une estampe ancienne.

— Camarade, murmurait de temps en temps une voix suppliante, laisse-moi m'accrocher à la queue de ton canasson !

Et un enfant de quatorze ou quinze ans, pour ne pas se perdre, l'empoignait de sa main gonflée d'engelures. Je l'entendais trébucher derrière moi et haleter. Parfois il dormait debout, marchant toujours. J'évoquais mon enfance, ma fuite sur le dos de ma mère à la figure sanglante, et mon refus définitif des démons, des dragons et des créatures nées des cauchemars de la nuit.

De temps à autre, un bombardement lointain arrachait

au ciel un éclatement, la grande lueur crispée des orages; le ciel tremblait, livide, puis retombait à sa marée d'encre. Nous allions, allions toujours. Et l'avenir de la Chine avançait avec nous.

Marche !

Répétition de l'Histoire. Deuxième version de la Longue Marche, en plus petit. La précédente épouse l'a terminée sur une civière; la seconde la commence à cheval. S'y endormir, ce serait en choir, perdre la face, se blesser peut-être; pour rester éveillée, je chante à perdre haleine des chants révolutionnaires. Cependant que ces maux d'estomac dont je souffre depuis l'enfance me torturent. Parfois j'ai l'impression que mes intestins veulent fuir comme des serpents enfermés dans un sac...

Fin du mois de mars. La neige fondue ruisselle sur les pentes. L'aube grise dessine les lignes des reliefs cassurés, minéraux. Ton cheval et le mien, balançant leurs têtes d'hippocampes, images mythiques pour paravent de mandarin, longent une piste qui contourne des croupes granitiques, des bosses que le temps a adoucies, de sombres tétines de pierre. La végétation est hargneuse, touffes d'épines et d'herbe sèche qui cliquètent au vent des cimes. De clairs torrents à reflets bleus hachent la solitude de ces sites. Le froid râpe la joue. Tournoiement d'aigles. Je tremble sous ma fourrure. Un vétéran fait circuler une gourde d'alcool de riz. Début d'avril : la montagne longée débouche sur les plaines. Le 5, nous arrivons à Ching Yang-Cha. Nos genoux tremblent, même au repos; nos visages sont blafards et nos yeux brillants.

— Nous camperons trois jours, décides-tu. Le temps de rapporter les Trois Trésors de la guerre.

Qui sont : les peaux de bêtes, le sel, les herbes médicinales.

Ce sera fait.

Une plus longue halte : Wang-Chia-Wan, où nous passerons tout le printemps. C'est à dix kilomètres à peine des lignes ennemies : un village de douze familles nichées comme des nids de rapaces à flanc de montagne, dans des alvéoles néolithiques. Les dirigeants s'empilent dans la grotte du vieux Wang, où des jarres de légumes au vinaigre empestent l'air. Quand se tient une conférence entre les hommes du Comité du Front, je dois me réfugier dans l'écurie des ânes pour les laisser à leurs importants entretiens dans ce placard de pierre; je serai dévorée par les punaises et couverte de vermine. Eux, ils font et défont les plans de bataille comme une femme recommençant sans cesse le même tricot. Jen Pi-Schin veut qu'on se retire au-delà du Fleuve Jaune; tu t'y refuses avec fureur; je ne fuis la morsure des parasites que pour retrouver un homme irritable et tendu, qui se défoule en m'agressant verbalement. Je ne riposte pas; mon heure n'est pas encore sonnée. Je joue vaguement à l'instructeur politique auprès de la population, et m'ennuie de Li-Na, et je me gratte jusqu'au sang. La colère d'être tenue à l'écart me ronge plus que les poux.

Un jour, notre hôte demande devant un poste de radio : « A quoi ça sert-il ? » Tout le monde d'éclater de rire. Il ignore qui il loge; tu as pris le pseudonyme de « Décidé-à-la-victoire. » En t'entendant questionner sévèrement : « Qui est capable d'expliquer la chose au grand-père ? » tes compagnons baissent le nez et font silence. Alors, redevenu l'instituteur rural, tu prends, l'objet entre tes mains et commences à donner avec minutie les renseignements désirés par Wang qui t'écoute en grattouillant sa barbe rectangulaire.

— Tu vois, vieillard, c'est pour capter les sons. Tu sais comme ils portent sur la montagne où l'air vibre ? Tu sais ce qu'est un écho ? Eh bien, cette machine sert à t'apporter l'écho des mots et des bruits les plus lointains. La science qui étudie cela nous apprend les lois électro-magnétiques...

— Electro-magnétiques ? répète le paysan charmé.

Nous t'écoutions tous nous aussi, pénétrés par la simplicité de la leçon et la profondeur de la minute. Wang comprenait tout, avec un air d'écolier ravi. Il manifesta une joie de lutin :

— Ah, quel plaisir de t'entendre, Décidé-à-la-victoire ! Avant ça, moi, j'aurais jeté cette chose au feu pour me chauffer, stupide tête de lézard. Maintenant, je sais, je la garderai, je m'en servirai, c'est un trésor !

— Qu'est-ce que tu désires tant écouter, grand-père ?

— Eh bien, je pourrai entendre parler le Président Mao...

Nous nous regardâmes tous, et personne n'osait plus prononcer un mot.

Plus tard, le Kuomintang devait reprendre cette région et envahir le minuscule village. Wang Chia-Wan avait appris qui nous étions. On le tortura pour lui faire dire notre route, notre armement, nos projets. On lui trancha le médium et l'index. Celui qui désirait tant entendre « parler la radio » se tut; la science du transport des paroles, tenue de toi, lui avait appris la loi du silence.

Lorsque l'ennemi s'avança vers notre repaire, nous reprîmes la route. Juin est le mois des orages.

Il fallait suivre une voie parallèle à la Grande Muraille. L'armée de Tchang nous poursuivit le long de cette corniche pendant vingt-quatre heures. Une singulière couleur bistrée envahit l'horizon, craquelée de noir ça et là. Les nuées ressemblaient aux blocs de pierre d'une avalanche prête à crouler, si les rocs de la montagne prenaient l'aspect fumeux et arrondi d'un nuage.

De ces ventres boursouflés dégringolent soudain divers fracas : ronflements, coups de gong, grondements de tambours, toute la musique d'une armée de fantômes. Puis elle devient cacophonie, avec dominance de claquements secs et répétés, le bruit soufré des éclairs. Des fourches rouges surgissent entre les pitons, clins d'un œil de feu géant, pétrifiant en une ou deux secondes les moindres détails, veines du minéral, caillou isolé, contours d'une feuille, et tout roule à la pénombre subite, dans le sifflement des rafales, dans les cataractes de la pluie. Notre course tourne au naufrage, l'eau ruisselle sur les cheveux, les pelages des bêtes, les fourrures des toques, l'échine des hommes et des animaux, nous cingle, nous chasse, poussant notre troupeau en fuite plus vite. que ne nous talonnent les forces de l'ennemi. Sous l'averse furieuse, nous courons, vêtements plaqués, paupières aveuglées, hagards et frissonnants : des damnés de légende, punis par une fuite dans l'éternité.

Le guide avait perdu le chemin. Quand le soleil brilla à nouveau sur une montagne pacifiée où chantaient les oiseaux, il fallut revenir sur nos pas. Nos vareuses fumaient en séchant sur notre peau; nous essorions nos chevelures en les tordant entre les doigts. Vapeurs, voiles diaphanes, chatoiement des couleurs incertaines qui se fondaient les unes dans les autres au creux des abîmes que longeaient nos montures. Le crépuscule allait tomber quand nous nous trouvâmes si près des troupes du Kuomintang que le moindre bruit aurait pu les alerter; pour ne pas signaler notre présence, nous ne communiquions que par des signes de main, comme des sourds-muets. L'arc-en-ciel n'était qu'un rictus pour notre dérision.

Au-delà des vallons fleuris de lis sauvages et d'énormes rhododendrons bleus tu retrouvas Hsiaho-Ho au nord de Shenxi, l'ancien but de la Longue Marche. La Mongolie intérieure était proche; nous nous dressions au seuil du pays des sauvages énigmatiques et des dieux millénaires. La neige en fondant avait détrempé la terre et nous pataugions dans une fange gluante; j'avais fini par descendre de cheval et je conduisais ma bête par la bride. Les hommes se tenaient par la main ou par un pan de la vareuse pour ne pas s'égarer à nouveau. A l'aube, je n'étais plus qu'une statue marchante qui soulevait à chaque pied un kilo de boue. Avec les premiers rayons me vint un billet de ta main : tu m'ordonnais de te rejoindre à l'avant. Je remontai en selle. Mon premier soin fut de t'obliger à prendre sur tes épaules mon manteau de pluie, même encore humide. Au moment où je sentais venir la syncope d'épuisement, une rasade d'alcool de riz me rendit la possibilité de cheminer. Tandis que nous trouvions une grotte, deux éclaireurs s'assurèrent que l'ennemi n'avait pas découvert notre piste. Je m'endormis, ce matin, comme on tombe dans le coma. Au réveil, je m'étonnai de vivre encore.

Août. Nouvelle confrontation avec le Fleuve Jaune. Pour pouvoir le traverser tandis que l'ennemi nous menace d'encerclement de trois côtés à la fois, il faut détruire en toute hâte un petit temple et construire un pont. Si étroit qu'il ne pourra être franchi qu'en file indienne.

Le ravin, au-dessous de nous, dans un à-pic vertigineux, se tord comme un boyau; l'eau jaunâtre y bouillonne avec férocité. Ah ! vieux Chagrin de la Chine ! Les hautes berges sont découpées en lamelles d'éventail, en fissures biscornues, résultat de la force démentielle qui rue les eaux écumantes à travers cet étranglement. Autour des grandes pierres plates affleurant à la surface se forment des tourbillons, des explosions mousseuses, des entonnoirs. Une humidité âcre monte, incessant brouillard, des entrailles de ce gouffre.

Plus vite, toujours plus vite, car les traqueurs sont sur nos talons, les poutres arrachées aux pentes recourbées du toit, les piliers métalliques de ses colonnes pour le soutènement, les tuiles polychromes pour renforcer le tablier. Je fais la chaîne, je transporte des débris pesants, je perds le souffle, je continue. Nous entendons déjà le sol vibrer sous l'approche des avant-gardes. Tu places à l'arrière les quatre mitrailleurs qui passeront les derniers. Ils s'allongent à plat ventre, l'œil à la mire. Nous nous élançons sur ce pont fragile qui ploie sous nos pieds. L'avant-garde se rapproche. Une colonne de poussière se lève sur le chemin. La file indienne est passée. Les mitrailleurs se relèvent et courent, leur arme sur l'épaule. Le dernier se retourne et lance la grenade nécessaire; le pont s'affale doucement dans un nuage qui fait tousser et le voilà replié comme un grand éventail. Les drapeaux du Kuomintang apparaissent devant le Fleuve Jaune, à nouveau infranchissable. Alors nous hurlons ensemble nos hourrah et un jeune sous-officier s'approche de nous, tenant à la main un bol avec une boule de riz :

— Camarades, enfin ! Nous allons pouvoir manger le riz sur la rive Est !

La première phase de cette guerre est finie.

IV

Le privilège du prisonnier, comme celui du mourant, est de pouvoir occuper son temps — rétréci comme un fil dans le cas du second, absurdement élargi dans l'autre — à voyager à son gré par bonds successifs dans le passé, tantôt en avant, tantôt en arrière.

Je me suis revue, dans ma résidence de Canton, voici à peine huit ans racontant cette marche après la chute de Yenan. Sur un axe double, j'étais à la fois trébuchante à travers la nuit de la fuite et me pressant de petits mouchoirs mouillés contre le front, sur cette terrasse torride, entourée de mes gardes du corps, de mes dames de compagnie; et en réalité j'étais ici, sur ce bat-flanc; je n'avais ni les trente-quatre ans du passage du Fleuve Jaune, ni les cinquante-huit de mon interview; j'en avais, j'en ai soixante-six, et je vais mourir, non d'une défaillance de mon corps si longtemps et durement surmonté, mais par la volonté des contre-révolutionnaires qui m'accusent d'en être une.

1972. Hauteur du plafond peint, bols vert céladon sur la table basse, infusion parfumée, canicule. Sur les plats précieux s'offraient les tiges de lotus tranchées et leurs graines grosses comme des billes, les châtaignes d'eau aux épines roses, les « yeux de phénix » qui sont d'énormes graines noires, symboles impérial du *yin* dans la Chine féodale; ces pupilles qui semblaient me regarder fixement comme pour dire : « Oui, tu te prends pour Heu-Tsi, et un jour tu le paieras ! » Alors je les croquais pour les faire taire, et je me remettais à tresser de très petites couronnes de jasmin pour mon éventail. Tel était Canton, au murmure de la Rivière des Perles. J'avais la puissance dans le creux de la main.

Je n'ai sans doute pas encore assez souffert; je n'avais pas suffisamment accumulé d'épreuves, subi l'horreur de la maladie et les dangers de la guerre, le gonflement venimeux des outrages accumulés qu'il faut garder secrets; je n'ai pas traversé suffisamment d'enfers puisque on me reproche, aujourd'hui, cette résidence, ces interviews, ces fleurs, cet éventail, cette étrangère, cette puissance.

C'est grâce à ton stratagème de déclancher une fausse attaque que tu pus, à Sachiatien, écraser la 126e division ennemie, juste après le passage du Fleuve Jaune. Après ta capture de six mille hommes, tu te consacras à un ouvrage de stratégie militaire dans ce Tan-Chia-Ping où l'on te reçut comme un dieu. Dans toutes les rues, dans les allées du parc central, partout, les gens venaient nous embrasser les mains, pleuraient de joie, t'acclamaient. Les ouvriers de la papeterie affirmèrent qu'ils mourraient heureux puisque ils t'avaient vu. Mais il n'y avait que des haricots verts pour se nourrir. Je partis rechercher Li-Na, confiée à « maman Teng »; de quelle nostalgie ne me suis-je pas senti poignée, ce jour d'automne, sur le mur d'enceinte, en contemplant les ruines de ce Yenan où j'avais passé le tiers de ma vie, à l'ombre du Pouvoir et en attendant de le partager ? Mais ma roue n'avait pas encore suffisamment tracé son sillon dans la poussière du chemin.

C'était un an après avoir abordé la caverne du vieux Wang, presque jour pour jour; ayant franchi la Grande Muraille dans des jeeps récupérées sur l'ennemi, nous pûmes tenter l'escalade des Monts Wu-Tai saisis de neige à trois mille mètres d'altitude et y découvrir un temple coiffé de céramique, encore plus beau que ceux de Pékin;

il avait échoué là comme un colossal lotus bleu, parmi les glaces des cimes et les pentes archaïques aussi plissées qu'un derrière d'éléphant.

Nous arrivâmes à Cheng-Nan-Chuang, et l'enfer s'y déchaîna.

Chapelet de bombes. Bonds de la terre et du ciel. Un rideau de feu convulsif hachure le sol, le laboure, le retourne motte à motte en faisant jaillir les cailloux et éclater la pierre, projetant les branches, et parfois les troncs des aulnes qui bordent les champs, comme autant de membres géants sectionnés. Tandis que tu prends la radio émettrice et appelles, questionnes, transmets, commandes, je suis ratatinée en position fœtale et la vieille, l'immonde douleur gastro-intestinale de mon enfance me défriche les entrailles comme le bombardement le fait de la terre. Mes poignets collés contre mes tempes assourdissent à peine le fracas horrible. Mère, mère, où es-tu ? Je n'ai pas peur. Je ne suis qu'attente animale de la mort, préoccupation obsédante de cette souffrance en moi. Et mes mâchoires se serrent si fort que je crois sentir mes dents prêtes à se briser.

Ce fut une marche de cinq jours sous le déluge d'acier, jusqu'au Mont Sacré des taoïstes. Nous découvrîmes le traître qui renseignait l'ennemi par radio, et il fut exécuté. J'arrivai mourante; tu ne t'en doutais pas, et moi non plus. Le sort de la guerre, celui de la Chine se jouait. Je baignais dans l'hémorragie et la diarrhée; j'ai pourtant survécu. Je n'étais même pas blessée. Je vis toujours. Pour peu de temps, mais je vis.

Trois campagnes décidèrent de la fortune des armes. Celle de Huai-Huai vint à bout de trois corps d'armées; celle de Pin-Ching fit cinq cent vingt mille prisonniers; le général commandant en chef des forces du Kuomintang vola au secours de la victoire en passant dans notre camp. L'armée de Liu Po-Cheng put attaquer enfin l'ennemi au centre. Partout, à notre passage, les masses se soulevaient; Tchang savait désormais que ses jours étaient comptés, et son avenir derrière lui. Le 25 mars 1949, tu quittas le front pour Pékin. En automne, toute la Chine était à nous, sauf Taiwan.

Promue au Secrétariat du Parti, poste plus honorifique que réel, et qui n'empêchait point les dirigeants de ne même pas me soumettre les télégrammes de quelque importance tant ils me dédaignaient, je quittai les grottes, les punaises, le cheval, l'épuisement et les périls pour l'ancienne Cité Interdite qui avait abrité sept siècles de pouvoir impérial. Au cœur de cette capitale que, petite pouilleuse de seize ans, j'avais abordée nue sous une couverture, claquant des dents, tandis que les glaçons pendaient aux courbes des pagodes et que les cinéastes me refusaient un rôle ou tentaient de coucher avec moi. La roue nouvelle avait tourné, et gravé un peu plus profondément ma voie.

Au temps de la Triade, l'âge d'or était figuré par « La Cité des Saules » où tous seraient égaux.

TROISIÈME ROUE

Le rêve de la Cité des Saules

I

Il est difficile d'imaginer dans quel état d'exaltation frisant l'hystérie se sont trouvées les masses paysannes de 1949. Dans le secteur qui m'était imparti pour la réforme agraire, la joie de ces pauvres gens me fit parfois peur; on sait combien l'enthousiasme populaire est prêt à se muer en tempête; ils m'assourdissaient avec leurs gongs et leurs tambours, avec leurs réclamations irréelles; ce fut au point que je n'assistai même pas à la dernière réunion de la communauté de Wu-Han en 1951, le « comté modèle » à en croire le Kuomintang.

Quelle stupidité de sa part ! Tout le monde y jouait aux dés, aux cartes, au mah-jong; le brigandage y sévissait; femmes et jeunes gens y étaient en butte au harcèlement sexuel; et les ouvriers ne montraient aucune ardeur au travail. L'un deux s'y était même brisé volontairement la cheville pour obtenir un congé maladie. Pour couronner le tout, des tigres y rôdaient; un de ces fauves faillit dévorer le chef de district. Voici de quel Eden j'avais hérité pour mon travail politique de propagande ! Et cet ensemble de joueurs, de voleurs, de déserteurs de la production, le visage inondé de larmes, me disait avec ardeur, au cours des meetings en plein air :

— Ah, camarade Jiang Quing ! Est-ce enfin la « Cité des Saules » ?

Car la Triade avait regroupé là, comme partout ailleurs, des adeptes de l'utopie. Une des femmes qui m'aida le plus à expliquer la réforme appartenait à cette société secrète; malgré notre bonne entente, elle ne m'en souffla pas un mot de plus que le vieux Wang, le radiophile, au Kuomintang. Le secret semble un des plis millénaires de notre vaste peuple.

Puis éclatèrent d'étranges dilemmes. Les gardiens de troupeaux, des nomades presque tous musulmans, furent stupéfaits de se voir attribuer des abris; ils ignoraient à quoi servait une maison; ils ne connaissaient que le firmament pour toit. Il semblait déshonorant d'accepter un objet venant d'un autre foyer que le sien. De même, pour la distribution et le repartage des buffles; comment faire ? En tout et pour tout, dans ce secteur, il n'y en avait que deux ! Voici à quels casse-têtes j'étais confrontée journellement. Ce qui faillit plus tard me brouiller avec la femme de Lin-Piao qui prétendit qu'aucun travail n'avait été effectué, par ma faute, à Wu-Han. Je rentrai épuisée à Pékin. Cela n'empêcha pas cette personne qui devait un jour t'appeler « B 52 » d'obtenir le grade de général.

Quand je m'étais installée au palais trois ans plus tôt, ma santé déjà à demi ruinée m'incitait peut-être à voir les choses sous un aspect sombre. Epouse de l'homme le plus puissant et le plus adulé de la nouvelle République Rouge, je me sentais niée, en surplus; parente pauvre du pouvoir, concubine de l'empereur. Tout en errant dans les labyrinthes d'un des plus vieux palais du monde, en caressant des yeux l'or, la turquoise et le violet pourpre des murs de ces lieux où s'étaient signés tant de décrets, décidées tant de guerres et nouées tant d'intrigues, je me demandais si ma place était bien au secrétariat du Parti ou dans un gynécée ? C'était pour moi l'époque du travail en coulisse, de l'influence, de la menée souterraine; non pas de l'autorité reconnue dont j'avais rêvé. Il me fallait partir, pratiquement, de zéro.

Ainsi, je tentai de chercher des tâches dans la Chine de l'Est où je n'obtins, du responsable, qu'une chambre sans chauffage à l'hôtel Victory Mansion; puis à Wusih, à cent kilomètres de Shangaï, pour constater les dommages terribles qu'y avaient subi les industries du thé et de la soie; et je revins encore à Pékin qu'heureusement tu n'aimais guère, toi non plus, en dépit de la fortune des armes qui t'en avait fait le rayonnant cadeau en cet an 1949.

Nous nous étions pourtant aménagés une habitation agréable dans une petite partie du palais du Peuple. Derrière les murs rouges de la Cité Interdite, nous avions élu un simple bungalow entouré de pins parasols et que bordait un fossé qu'on appelait « Le Parc du lac du Sud ». J'aimais les piliers sculptés et peints dans le style Ming qui encadraient le portail. Mais tu préférais une autre villa minuscule, sur la colline de l'ouest, près de la pagode de la Fontaine de Jade; je commençai à y faire du jardinage, à y planter des herbes aromatiques, du riz et du tabac; les bosquets, les massifs de fleurs me furent l'objet de charmantes photographies en couleurs. Cependant, ma maigreur effrayait tes proches; quand tu t'aperçus que je ne pesais plus que quarante-deux kilos, tu te décidas à m'envoyer me soigner en Russie méridionale. Li-Na et sa demi-soeur Li-Min ne se préoccupaient pas plus que toi de ma santé; elles s'étaient toquées de l'opéra *La Jeune fille aux cheveux blancs* et ne parlaient que de ballets et de ballerines.

Toi, dans l'euphorie de ta victoire et de l'immense travail qu'elle entraînait, tu continuais pourtant à composer des poèmes et manifestais par à-coups une exubérance de gamin. Beaucoup se souviennent de toi à cette époque, surtout les hommes de l'unité militaire 8341 que commandait Wang Tung-Hsing; tu venais les voir dans leurs dortoirs, t'informant de leur courrier, de leurs problèmes de famille, leur distribuant des billets pour assister aux opéras révolutionnaires, inspectant les cuisines et discutant de leurs problèmes de chauffage. Puis sans crier gare tu quittais les visites officielles et les écrasantes besognes du pouvoir pour aller bavarder avec ton coiffeur personnel, près de la tour du Tambour, et faire avec lui une partie de ping-pong. Et tes filles n'ont pas oublié comment, en hiver, tu courais avec elles dans la neige en y donnant de grands coups de pied comme si c'était l'affaire la plus divertissante du monde.

Cependant, ton tempérament aussi méridional que le mien supportait assez mal cette capitale énorme et rigoureuse, glaciale en hiver et balayée de vents de sable en été. Au début, tu exprimais par bouffées ta joie enfantine : « Ici, j'ai l'impression d'être devenu empereur... Au fond, je suis bien une espèce d'empereur ? » disais-tu en riant. On te le permettait; que ne t'aurait-on permis ? C'est à moi qu'on s'en prendra plus tard pour avoir manifesté la même allégresse naïve d'apprendre qu'on venait de découvrir le sceau de jade de l'impératrice Lü ! Le même dazibao qui le révèle me prête ces paroles :« A l'étape des communistes, il y aura aussi des impératrices ! » Vermine, vermine, avez-vous vaincu aujourd'hui ? Non, c'est notre ennemi commun qui me tient dans ses griffes après votre destruction.

La nouvelle de la mort d'An-Ying te donna le prétexte de te retirer quelque temps; tu pus m'emmener vers un climat moins rude, à Hangschow. Ce deuil t'affecta plus profondément que je ne l'aurais prévu; pour moi qui avais si peu connu ton fils, le coup fut également rude, ce qui m'étonna. Qu'est-ce qui avait bien pu me donner, inconsciemment, tant d'intérêt pour ce grand gaillard calme, à l'allure robuste et timide, qui buvait à petits coups son thé en racontant comment Staline lui avait offert un pistolet ? Après avoir travaillé la terre selon tes ordres, il avait occupé quelque temps la place de traducteur politique, puis était parti combattre en Corée. Un raid américain avait eu raison de lui. Son frère An-Ching vivait toujours à Harbin, instable, névrosé, jouant au joli cœur et agaçant tout le monde par son don juanisme. Si la disparition de ton aîné me fut cette blessure, c'est sans doute en raison d'une évidence qui venait de me frapper tout à coup : je n'aurai jamais droit, même après la victoire, à cette vie de famille dont rêve sans doute, sans même se le formuler, toute Chinoise. Je ne me verrais pas conversant ou cousant à la lampe avec autour de moi nos enfants, au soir d'une longue journée de travail ou de réunions politiques, au retour d'une tournée d'instructions pour la réforme agraire; notre couple ne ressemblait plus qu'à une association; le temps des amours était passé, celui du solide tissu de la vie conjugale ne serait pas mis sur le métier. Je regardais bondir et virevolter dans les couloirs fastueux Li-Min et Li-Na; elles s'entraînaient au « jeté-battu » elles avaient déjà leur ambition, moi les miennes. Je fis les malles pour le Sud.

J'ai gardé le souvenir du thé de Canton
Et des vers que tu me réclamais à Chungking en automne.
Absent trente et un ans de notre vieille capitale,
J'y goûte sous les fleurs printanières tes vers éblouissants,

écrivais-tu alors à ton vieil ami, le poète Lui Ya-Tsé.

Cette époque fut aussi assombrie par le retour de tes sempiternelles querelles avec Wang-Ming. Ce n'était plus l'époque où, en riant avec sa femme, nous vous séparions tous les deux : « Sont-ils assez insupportables, ces animaux-là ! A peine on les laisse ensemble, ils recommencent à se prendre aux cheveux. Allons, venez plutôt dîner, c'est l'heure. » Après sa ridicule accusation d'empoisonnement, ton éternel adversaire idéologique donna des signes croissants de déséquilibre. Il t'accusait à présent de l'avoir intentionnellement envoyé sous les bombes qui pilonnaient la voie ferrée de la Chine à l'U.R.S.S. A Moscou, il ne cessait de dresser contre toi la liste des griefs dont il harcelait le Kremlin. Les vaincus comptent toujours plus de malades mentaux que les vainqueurs.

Plus tard, nous apprîmes également le départ de ton cadet, An-Ching, pour un hôpital psychiatrique soviétique. Curieux destin; c'était dans un autre établissement du même Moscou, que l'on soignait ta deuxième femme. A bien y réfléchir, il y aurait à projeter peut-être une étude sur un fléau peu connu : l'extension des maladies mentales à la fin de notre révolution ?

C'est un sujet sans doute trop délicat pour qu'on l'ait traité; mais je n'ai pu m'empêcher d'en être agitée lorsque j'ai entendu nos ennemis murmurer : « Un des fils de Mao est mort, l'autre est devenu fou. » An-Ching tenait-il son déséquilibre des malheurs dûs à cette ère de bouleversement ? Pourquoi ces préoccupations ? Parfois, moi aussi, j'ai senti comme une aile noire effleurer ma tempe; peu avant mon arrestation, l'angoisse me tenait éveillée chaque nuit, j'errais de pièce en pièce, je guettais les ténèbres. Ne nous arrêtons pas à ces souvenirs.

J'avais obtenu, miette à miette, quelques parcelles de pouvoir dans le domaine culturel. Ce fut Chou En-Lai qui m'aida à obtenir un siège au Comité de Direction du Cinéma. Mon premier acte fut de m'opposer à la projection d'un film à morale paternaliste et confucéenne, *La Vie de Wu-Hsun.* Cette histoire douceâtre de bon mandarin distribuant ses biens aux pauvres me retournait les ongles. Comme Chou-Yang, avec le mépris coutumier qu'il me manifestait et que je devais lui faire payer cher un jour, ne tenait pas le moindre compte de mes objections, je partis me renseigner sur place; j'allai dans le district de ma région natale où avait vécu le véritable Wu-Hsung. A ton grand étonnement, je pus au retour brandir mes preuves : l'excellent philanthrope avait soutenu les grands propriétaires terriens ! Ce fut pour moi une victoire locale que de te voir écrire au *Quotidien du Peuple* pour tirer les leçons de cette affaire : « Où est-il sur cette terre, ce marxisme que certains communistes disent avoir assimilé ? » Je crois que beaucoup de gens se sentirent soulagés quand je partis pour l'U.R.S.S. tenter une cure médicale; je souffrais du foie, terriblement.

Je rentrai en 1953 sans être guérie. Au cours de ma convalescence, tu vins longuement me tenir compagnie chaque jour, avide d'apprendre ce que j'avais pu voir, comprendre, deviner de cette déconcertante alliée, la vieille Russie. Couchée, je te lisais des journaux, du courrier,des passages de livres. Je triais tout avec une patience de fourmi. Il me parut qu'en fin de compte tu commençais à prendre garde, de plus en plus, à mes opinions et à mes commentaires. Petit à petit, j'émergeais de mon impuissance et de ma solitude. Mais c'était encore dans l'ombre, sans aucune reconnaissance publique de l'extérieur. N'importe; je savais qu'un jour viendrait où je pourrais me venger de la vermine.

A la même époque, je vis disparaître un autre de mes instincts les plus refoulés, et tout à fait opposé à celui de ma vindicte; ce besoin jamais tout à fait maîtrisé d'une vie de famille banale, celle que ni l'enfance ni le mariage ne m'avait fait connaître. Auprès de Li-Na et de Li-Min, belles adolescentes toutes pénétrées de leur culte de la danse, j'avais tenté d'élever un petit garçon pâle et doux, un peu attardé, le fils de Ho-Tzu Chen. Elle l'avait renvoyé à son père lorsqu'elle-même avait été hospitalisée à Moscou. Cet enfant me bouleversait par son éternelle expression de tristesse et par la tare navrante dont il souffrait : toujours occupé à se balancer de droite à gauche, tombant pour un rien, silencieux. Je m'étais éprise de lui et je me détendais en le promenant par la main pour lui montrer les fleurs, les poissons précieux des bassins, en lui faisant de la musique; il avait une oreille très juste, et répétais en chantonnant tous les motifs de mélodies. J'avais inventé, pour lui sauver la face, que les personnes à qui il avait été confié l'avaient maltraité, ce qui expliquait son état. En réalité, j'ignore ce qui avait pu lui arriver; je craignais qu'on dise, du côté des vermines : « Il est possible que ce soit le président qui ait rendu fou son fils cadet; ou bien, il y a un mal héréditaire dans la famille, voyez, l'autre est idiot ! » J'ajoutai ce trait imaginaire : le petit avait été très intelligent, à trois ans il chantait l'*Internationale* en entier, sans sauter un seul vers ! Je ne sais si l'on me crut.

Or, cette joie si isolée, ce pauvre plaisir de ma vie de termite ambitieuse me fut ravi. Tu ne supportais plus la vue de celui qui te faisait si peu honneur, et qui de plus, en grandissant, rappelait les traits délicats et inflexibles de Ho Tzu-Chen. Quand à mon retour de Moscou tu décidas que je passais trop de temps à ses côtés, ce qui nuisait à mes activités de secrétaire — car j'étais ta secrétaire particulière, beaucoup plus que ta femme — tu le fis placer dans un établissement spécialisé. Les portes se refermèrent comme la dalle d'un tombeau sur le dernier souvenir de cette seconde épouse que j'avais chassée de ta vie. Et plus jamais je ne sus faire vivre en moi cette fibre que j'avais tenté jadis d'endurcir; l'enfant malade fut la dernière occasion que j'eus de la sentir vibrer. Je jurai que ces larmes-là seraient les dernières que je pourrais verser pour semblable motif. Dès lors, la seule frustration que je ne m'interdirais pas de ressentir, c'était celle du pouvoir sur ma propre vie. Et l'on n'acquiert celui-là qu'en anéantissant celui des autres.

Pourquoi tant d'efforts, de courage, d'ingéniosité, de souffrance et de patience pour aboutir à ce sombre matin d'automne où j'entendis un bruit de pas dans le couloir et vis s'ouvrir ma porte sous la poussée de l'homme en qui je plaçais le plus de confiance, celui-là même qui m'avait aidée à recevoir ma future biographe ? L'aurai-je assez entendu pourtant dans mes cauchemars, cette simple phrase qui devait tomber comme une hache sur ma vie : *Camarade Jiang Quing, veuillez nous suivre…*

II

Dans les six à sept années qui suivirent la victoire, j'assistai en spectatrice muette et attentive à l'écart grandissant entre les illusions des masses et la réalité de l'appareil d'Etat; entre le discours tenu, et que je brûlais de reprendre — non pour le modifier, mais pour le renforcer en le faisant mien — de ce même Parti qui constituait l'Etat, et l'organisation du monde que ce discours prétendait traduire. En d'autres termes, la bataille féroce des factions rivales qui, tout autour de toi, se déchiraient pour accéder au trône, me semblait parfois un paravent où se convulsaient, *tigres et léopards.* Moi, je n'étais qu'un détail décoratif dans le coin de ce même paravent; mais derrière l'imagerie on pouvait entendre souffler et parfois gémir le peuple travailleur; ces fameuses « masses » dont l'évocation revenait sans cesse dans les textes et les paroles des orateurs, et qui n'avaient jamais la parole.

Sans doute avaient-elles cru, au moment de la réforme agraire, qu'on assistait enfin à la descente du paradis sur terre; la fameuse songerie de Sun Yat-Sen, la *tsé-tché,* ou démocratie directe, qui s'assimile peu ou prou à la Cité des Saules. C'est cette conviction pathétique qui m'effrayait à travers le tapage des gongs et des tambours, dans le « comté modèle » des joueurs et des brigands; toutes ces clameurs de bienvenue traduisaient un tel quiproquo que je tremblais à l'idée qu'un incident pouvait dévoiler la profondeur du malentendu.

Comment aurions-nous pu expliquer à ces gens semi-barbares, directement issus du féodalisme médiéval (et parfois encore à l'âge de pierre, comme ces pâtres qui n'avaient jamais vu une maison), que les livrer à eux-mêmes aurait été aussi criminel que de laisser un enfant à la mamelle prendre soin de lui ?

C'est pourquoi, sans m'en indigner le moins du monde, ne m'irritant même que contre la maladresse de leurs distorsions, j'ai vu les groupes ennemis s'affronter autour de toi; tous avides de te remplacer ou de te succéder, ils tenaient tous les mêmes propos en renchérissant des flagorneries sur la « pensée maozedong. » Les différences de leurs analyses ne remettaient jamais en question cet appareil d'autorité qui te permettait, ainsi qu'à tes proches, de gérer le vaste peuple de Chine; tel le système soviétique, celui-ci édifiait une *représentation du peuple*; comment représenter une collectivité petite ou grande sans se substituer à elle ? Staline se devait de ravaler sa fureur devant ta victoire; à travers les messages fleuris que vous échangiez, un enfant de sept ans aurait pu entendre crépiter les grêlons de haine informulés; mais il avait bien tort, le Géorgien. Aucune différence sensible n'existe entre notre Parti et celui des Soviets; le seul écart fut celui de la stratégie, l'appui sur les campagnes plus que sur les couches urbaines; par ailleurs, nous n'avions pas été obligés, comme les bolcheviks, de rallier la majorité dans des organes démocratiques comme ils durent le faire en 1917; ces organes n'existaient pas chez nous ! Le Parti put rétablir en toute sécurité, avec le consensus des travailleurs jamais encore regroupés (sinon en sociétés secrètes éparses), une autorité absolue qui fut la base de notre totalitarisme de type nouveau.

Du brillant sommet où tu te trouvais, il t'arriva d'exprimer pourtant d'étonnantes bouffées de regrets qui faisaient écho aux miennes; mais moi, je ne pouvais me le permettre. C'est ainsi que tu dis un jour à un ministre français en visite que tu ne composais presque plus de poèmes, parce que ceux-ci correspondaient à l'époque où tu vivais pratiquement à cheval, pouvant t'abandonner à la méditation et au rythme. « C'était bien, cette vie à cheval. J'y pense parfois avec nostalgie. » L'occasion de ces aveux se présentait, d'ordinaire, par une réception et un entretien avec les étrangers. Pourquoi, vingt ans plus tard, devais-tu me faire un tel grief de quelques confidences à une Américaine ?

J'éprouvais à nouveau de vives difficultés, pour imposer au septième art ma ligne culturelle. Mon projet de soutien à la « pensée maozedong » était simple : n'admettre la projection que de films exposant sans équivoque des thèmes patriotiques ou révolutionnaires. La qualité d'une bande, son esthétique, son art n'entraient pas en ligne de compte pour sauver de ma censure une histoire trop flatteuse pour le camp adverse, ou exaltant les niaises vertus du passé comme celles de mon fameux mandarin. C'est pourquoi, malgré son très beau style d'écriture cinématographique, je fis interdire *l'Histoire secrète de la cour des Tching*.

Ma tactique dans cette affaire est une bonne illustration des procédés qui régnaient des premières aux dernières instances du Parti. J'avais réuni pour décider du sort de ce spectacle des écrivains, des historiens et des administrateurs culturels. Sans doute par crainte de déplaire à Liu Schao-Chi qui l'admirait passionnément, ces nigauds décidèrent que le film était « patriotique », en dépit de mes attaques. N'ayant pu les convaincre, je pris donc sur moi de l'interdire purement et simplement. A quoi bon, dans ce cas, cette consultation ? aurait pu me demander un benêt d'Occident ou d'Amérique. Or, c'est ce qui se passait à tous les échelons de notre appareil; si l'alibi démocratique ne fonctionnait pas, on faisait tranquillement acte d'autorité. La valeur artistique du film ne présentait d'ailleurs qu'un intérêt secondaire; il s'agissait surtout d'un test pour évaluer la cote des puissances respectives; en ce cas celle de Liu et la mienne.

J'avais une autre raison de refuser le visa d'exploitation

à cette œuvre venue de Hong Kong, refuge des capitalistes chinois; non pas tant cette origine qu'une certitude : celle que le public établirait un jour peut-être proche des comparaisons fâcheuses entre moi et cette Tseu-Hi, la dernière impératrice de Chine, qui crut sauvegarder son pouvoir en s'alliant quelque temps aux rebelles avant de rejoindre le rang des oppresseurs. Et les dazibaos qui ont précédé et salué ma chute prouvent, plus de vingt ans plus tard, à quel point j'ai eu raison.

Mais il était d'autres œuvres inmontrables au peuple et que j'ai chéries intimement, au point d'en faire l'acquisition plus tard, pour ma résidence de Canton et en goûter cent fois les projections privées. Il était impossible d'envisager, même en rêve, le visa d'exploitation, d'une *Christine de Suède* qui reste, avec *Camille*, le plus somptueux triomphe de Greta Garbo. Cette Suédoise d'Hollywood qui interprète avec un génie proche du divin les œuvres démocratiques bourgeoises m'avait déjà fascinée quand, maigre petite louve aux dents longues, j'errais en suppliant Chou-Yeng ou quelque autre satrape du septième art de m'accorder un pauvre bout de rôle. Le modelé lumineux de ce visage, la paix lacustre de ces yeux sur lesquels se casse un feutre blanc, l'arc des sourcils merveilleux et symétrique à celui de la bouche, cet ensemble me portait toujours un coup au cœur; au fond des salles obscures me poignardait une douleur délicieuse comme celle qui fond sur l'amant ou le chasseur à la vue de sa proie. Car elle fut bien la proie de mes yeux, dévorée par eux comme un festin toujours ressuscité ! Je pleurais encore, à soixante ans, en regardant la reine travestie en cavalier, caracoler sur l'écran ainsi que moi devant Karmen, ou le joyau d'ivoire de ce profil à l'avant du navire, tandis que la côte recule dans la brume...

La Chine entière t'encensait; tu recevais les chefs d'Etat étrangers, tu abaissais et élevais à ton gré, commandais à l'économie, à la justice, à l'armée; tu rédigeais tes plus importants essais politiques. Cependant, quand s'ouvrit le huitième congrès du Parti, il apparut que tu prenais une position plus modeste que les années précédentes, après l'échec du « petit bond en avant ». Moi, je l'analysai sans gêne aucune, mais évidemment en silence. J'attendais toujours. Et cette patience me mettait un sourire aux yeux, malgré le retour de la souffrance physique.

Pour la dernière fois, je devais entendre parler de Tin-Ling. Depuis « Les Causeries de Yenan », elle avait repris du poil de la bête en obtenant, après la victoire, le prix Staline. Son livre, *Le soleil brille sur la rivière Sangkan* rappelait parfois les qualités de Cholokov, et éclipsait le roman de Galina Nicolaïevna sur le même sujet, les vertus d'un kolkhoze du côté russe. Mais ces considérations esthétiques me laissaient de glace. Je subodorais chez cette féministe une tenacité, une esprit de raillerie qui pouvaient la rendre un jour fort dangereuse. Il me déplaisait qu'après ses textes et déclamations sur la liberté de l'amour elle dirigeât encore la prestigieuse *Gazette littéraire de Chine*. Il fallut la cerner par une campagne d'attaques de plus en plus précises pour saper cette importance menaçante qu'elle prenait dans le domaine de la culture. Peu auparavant, avec l'aide de ce même Chen Po-Ta qui attend dans sa cellule de comparaître devant les mêmes juges que moi, j'avais créé des ennuis à Chou-Yang pour son film, *Garçons et Filles de Chine*; lorsque Ting-Ling, réduite *à quia*, fut de plus en plus contrainte par la nécessité à écrire des textes et des interventions de dirigeants, elle m'offrit de rédiger une critique de l'attitude négative de Chou-Yang. Je compris fort bien cette tentative pour rentrer dans mes bonnes grâces; ce fut sans déplaisir que je lui répondis à quel point je croyais inutile de taper sur les doigts des gens de son espèce à lui, autant que de son espèce *à elle*. L'obscurité recouvre aujourd'hui celle qui m'avait précédée dans ton lit et m'aurait peut-être supplantée au pouvoir.

III

« Avoir peur de la grande démocratie, c'est aller contre la révolution. Les gens du village disent : *Si vous prenez un long bâton et si vous décrochez le nid en haut de l'arbre, les oiseaux ne manqueront pas de piailler.* Les ouvriers doivent avoir le droit de faire grève, les manifestations de masses doivent être autorisées. Le droit de défiler et de manifester est inscrit dans la constitution. »

Ce discours qui dura quatre heures, je crois l'entendre encore, je te revois debout, le dos tourné aux deux lampes qui éclairaient la tribune, un peu penché en avant et les mains derrière la ceinture, ton lourd visage éclairé en plein; je revois ceux des dirigeants perplexes, attentifs, indignés, aucun indifférent. Quand tu en arrivas à la conclusion : « Que cent fleurs s'épanouissent, que cent écoles rivalisent », certains avaient déjà quitté la salle pour exprimer leur opposition. On entendait chuchoter dans les couloirs : « Il est fou ! Que cherche-t-il ? » Moi, j'écoutais en silence, comme toujours, mais souffrant si fort que mon sourire disparaissait. Peu après, j'entrai encore en clinique.

Cette campagne des Cent Fleurs qui fut comme une préface de l'autre, la mienne, celle qu'on a intitulée « Révolution Culturelle », je l'avais pressentie sans trop y croire; je voyais la marée descendante de ton prestige sans beaucoup m'en émouvoir, supposant que de deux choses l'une; ou le reflux aurait lieu et te ramènerait au pinacle, ou au contraire, de ton abaissement je pouvais faire une chance de surgir au monde, grâce à une habile alliance avec un nouveau leader.

Je redoutais beaucoup plus cet ennemi intérieur logé dans mon maigre corps que tous ces petits et grands chacals occupés à flairer autour de toi l'odeur de la puissance pour y chercher quelque relent d'agonie.

Certes, ton prestige, sans pâlir, ressemblait de plus en plus à celui d'une pièce de musée, plutôt qu'à la gloire légitime d'un chef respecté et suivi. L'échec économique du « petit bond » et les tristesses de la répression qui l'avait conclu dans les campagnes avaient porté un coup à ta popularité. Chou En-Lai, un des très rares ministres à te vouer une fidélité sincère qui n'excluait pas la critique, s'était opposé à l'aventurisme du « petit bond » et en avait convaincu le huitième congrès. Liu Schao-Chi et le général Peng Te-Huai, l'ancien vainqueur du Kuomintang, s'abstenaient désormais de faire référence à ton nom et à la « pensée maozedong ». Enfin, la déstalinisation s'amorçait, et c'était l'exemple des journées de Hongrie qui t'avait incité à ce discours pour beaucoup scandaleux, préambule aux « Cent Fleurs » : « La Russie soviétique, pays socialiste, tente de grignoter le territoire d'un pays frère ! C'est tout à fait contraire à la doctrine socialiste ! » Les auditeurs ne savaient plus où se fourrer.

Cinq ans plus tôt, gisant entre deux draps, me convulsant de douleur, je répétais : « Non, c'est trop, je ne peux pas, je ne peux pas le supporter. » Le médecin hochait la tête et se grattait le menton. L'idée de rater ma guérison et de rendre au président une épouse mourante lui donnait un teint vert-de-gris. Les larmes roulaient sur mes joues. « Je vous le jure, c'est affreux, c'est impossible. » Ma longue résistance avait craqué et me laissait faible comme un poulet. « Mais comment voulez-vous pouvoir vous rétablir ! Vous, si courageuse... » Je hurlais. Le traitement au radium était déjà atroce; celui au cobalt était pire.

— Mieux vaut consulter ceux qui vous ont naguère soignée à Moscou, dans ce cas !

— N'importe quoi, je m'en fous, mais arrêtez ce supplice.

J'avais reculé jusqu'à la dernière limite l'obligation de m'aliter. Tant de choses nouvelles se passaient autour de moi; la lutte pour le pouvoir avait pris une tournure à la fois si complexe et si âpre, pareille aux stratégies du jeu de *gau* ! Je maudissais ma faible chair. Volontiers, je l'aurais battue et mortifiée, comme une de ces saintes bouddhistes dont les fariboles historiques font si grand cas. Mais le cheval qu'on veut faire galoper sans le nourrir s'abat. Une fièvre terrible me desséchait; je me décharnais comme au temps de Pékin où je me nourrissais de deux crêpes par jour en pleine adolescence. Dans la légende grecque que me racontait l'érudit Grand Frère, un voleur de feu est condamné par les dieux à être enchaîné pendant qu'un vautour lui dévore le foie; dans l'avion, allongée entre des draps brodés de roses dont je me souciais fort peu, mes yeux suivaient machinalement les cimes neigeuses au-dessous du hublot; j'évoquais cette légende. J'ai voulu donner le feu aux hommes, moi aussi, quitte à le voler aux dieux, songeais-je en me roulant d'un bord à l'autre. L'infirmière épongeait la sueur de mon front. Le feu, c'est l'enthousiasme qu'on inspire et qui vous permet de vous arracher aux chaînes. J'enfonçais mes deux poings dans mon côté droit, mais le vautour dévorait toujours. Je cédai finalement, je réclamai une piqûre de morphine. Je m'endormis.

Qui allait servir de secrétaire au Zhuxi ? me dis-je avant de sombrer dans le néant où me poursuivait le cinglement d'un bambou fantôme. Les docteurs russes exploraient mon foie; malgré ma résistance, on m'avait envoyée en chirurgie. Impossible, me déclara-t-on, de me débarrasser du liquide accumulé dans ma vésicule biliaire. Les outrages de jadis, les ricanements, la poursuite sexuelle de la petite actrice pauvre et désirable, le silence et l'inattention bien plus méprisants encore, étaient-ce là les véritables responsables qui avaient gonflé cette poche de venin ?

Yalta ne me rétablit pas. J'y contemplai d'un œil morne ce passage assez semblable, sur certains points, à mon cher Canton : flore bigarrée, arbustes aux feuillages épais et luisants ou aux piquants aigus, rochers aux formes bizarres, jours d'azur et nuits claires. Ce n'est pas là que j'appris la mort de Staline mais de retour à Moscou, à l'hôpital du Palais, réservé aux plus hauts fonctionnaires du régime. Une doctoresse de grand renom améliora mon état et s'assura que ma vieille tuberculose était complètement guérie. Mais mon foie dépassait de deux doigts ma cage thoracique. Je finis par obtenir en automne la permission de revenir chez moi, toujours malade.

« C'est un cancer, elle est perdue. » Je les avais bien entendus, ces maudits chuchotements ! Mais je ne voulais pas faire un tel cadeau à mes ennemis. De 1953 à 1958, j'ai pratiquement vécu alitée. Avant et après le discours des Cent Fleurs, j'ai recommencé mes cures d'hôpital. Mais je ne mourais toujours pas.

La dernière, la plus terrible épreuve. Le traitement consistait à me plonger dans une atmosphère de vingt degrés au-dessous de zéro. Mon corps se couvrait de sueur, ma vue se troublait, mes jambes ne me soutenaient plus. Ne sachant plus comment se débarrasser de moi, les médecins soviétiques diagnostiquèrent burlesquement « rachitisme », m'opérèrent des amygdales et me renvoyèrent à d'autres sommités. L'horreur du cobalt recommença. J'avais constamment besoin d'oxygène; un jour qu'on m'appliquait le masque, je tombai dans le coma. Au réveil, je hurlais : je veux rentrer, laissez-moi rentrer chez moi. Mourir à l'étranger me semblait le comble de l'horreur.

Mais ce que n'importe qui, — et à plus forte raison une épouse de haut personnage, — aurait obtenu sans peine en régime bourgeois, il était exclu qu'en pays socialiste on l'exauçât immédiatement. Incapable de manger, je m'affaiblissais rapidement; néanmoins, tu me déléguas Chou En-Lai avec l'ordre pour moi de rester là jusqu'à ma guérison. On me transfusa du sang; après chaque transfusion, je tombais engourdie, pénétrée d'un froid intense. Un jour, je fis une hémiplégie qui effraya tant mes savants bourreaux qu'ils me remirent en hâte dans l'avion. En cours de vol, tous les pores de ma peau se mirent à suinter rouge; j'arrivai à Pékin pareille à un animal dépecé qu'on s'apprête à suspendre au croc du boucher. C'était ce sang russe que tout mon corps chinois rejetait, à la façon dont notre patrie rejetait maintenant Kroutchev, sa grossièreté légendaire et son révisionnisme sans détours.

Je trouvai de grands changements amorcés depuis mon départ. La déstalinisation battait son plein, préparant par contrecoup l'inévitable attaque « droitière. » Elle allait être noyée comme moi dans son propre sang. Mais elle en étoufferait, et moi j'allais me redresser à nouveau, indestructible, et préparant mon avenir grâce aux leçons atroces du passé.

(Ag. CHINE NOUVELLE)

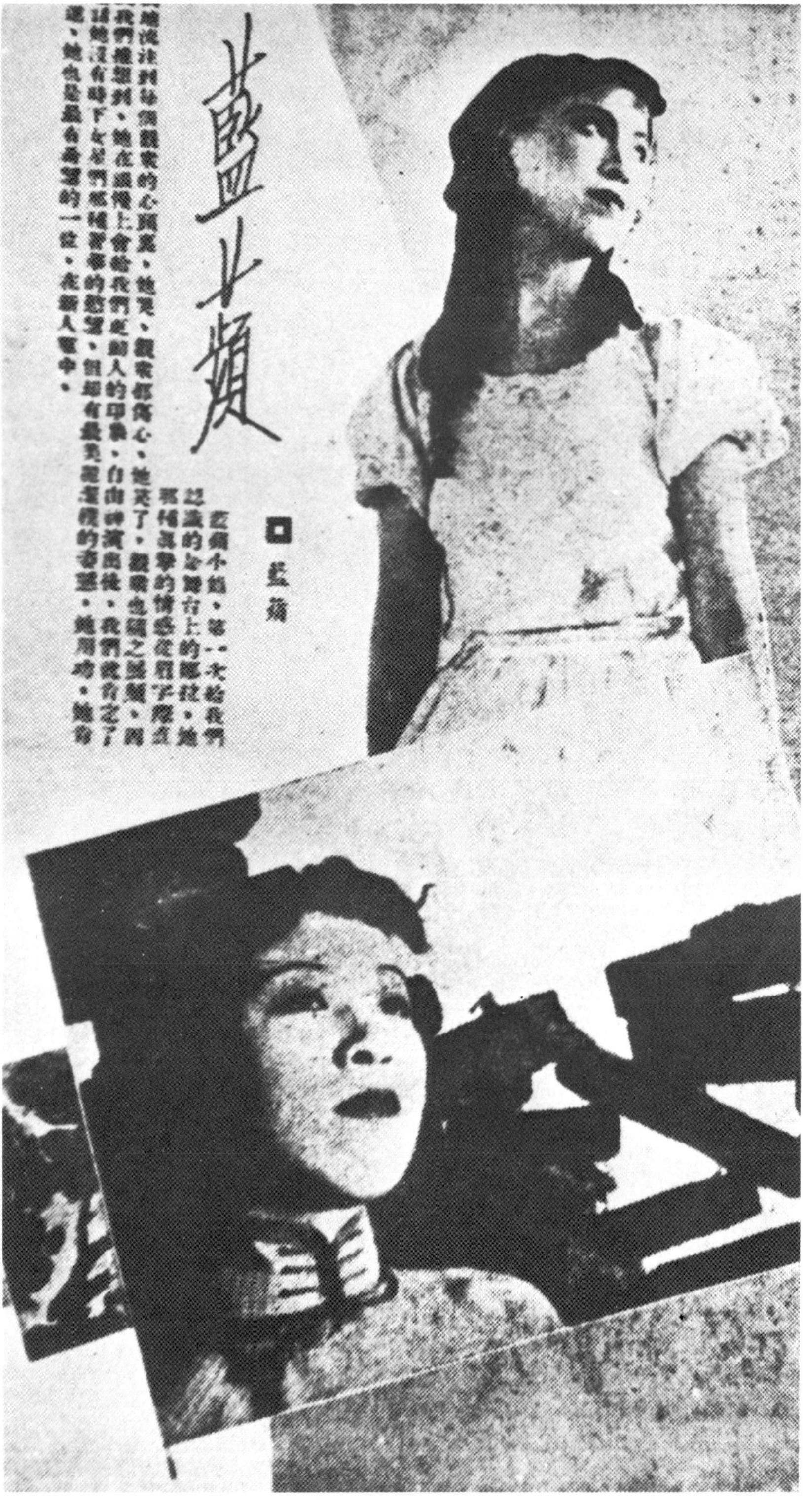

1935. A Shangaï, Jiang Quing interprète Ibsen (Maison de poupée). *(TIME LIFE)*

1949.
Jiang Quing devait, à la mort de Mao, inscrire sur sa couronne mortuaire ''De la part de votre élève''. *(D.R.)*

1947. Jiang Quing et Mao à Yenan. Ils sont mariés depuis neuf ans. *(D.R.)*.

Mars 1947. Fuyant Yenan bombardé, Jiang Quing chevauche derrière Mao. *(DR)*.

1967. Porte de la Paix Céleste.
Jiang Quing à la tribune entre Chou En-Lai (à sa droite)
et Chen Po-Ta (à sa gauche). *(WIDE WORLD)*

NOUVELLE UNIVERSITÉ DE PÉKIN
mars 1967

Couverture de la brochure des Gardes Rouges.
Jiang Quing brandit le livre ; Mao rayonne au-dessus. *(D.R.)*

1971. Jiang Quing au 1er mai de Pékin. *(A.F.P.)*.

1971. Mao vieillit. Jiang Quing est en pleine ascension. *(A.F.P.)*.

Septembre 1973.
Réception à Pékin de Georges Pompidou,
au centre, à sa droite, Chou En-Lai,
à sa gauche Jiang Quing. *(A.F.P.)*

1972. Entre Nixon et Jiang Quing, Nancy Tang, interprète. Elle doit tout à la femme de Mao. Elle sera témoin à charge à son procès. *(V.P.I.)*.

Février 1976 à Pékin. Jiang Quing entourée de l'ancien président des Etats-Unis Richard Nixon et de sa femme. *(A.F.P.)*.

四人帮作恶图
既定
纺织局

Jiang Quing, maquillée, ongles vernis, fume une cigarette et a le corps d'un serpent. Wang Hung-Wen lui offre une couronne décorée de têtes de mort. Pile de chapeaux destinés à coiffer les diffamés. *(D.R.)*.

Page de gauche

Jiang Quing porte son portrait dans son sac et sa couronne sur la tête. Sa longue jupe à l'occidentale dénonce son goût pour ses vêtements (qu'elle n'osait porter que dans le privé). Ses complices portent des chapeaux empilés pour coiffer les gens de leurs étiquettes. *(D.R.)*.

1976. Affiche de Canton. Les secrets du Parti sont offerts par Jiang Quing à l'Américaine Roscane Witke contre une couronne. *(N.Y. TIMES).*

IV

« Il est matériellement possible d'empêcher le peuple de se heurter à la fausseté, la laideur, la haine, ou de se familiariser avec l'idéalisme et la métaphysique, ou de connaître les niaiseries de Confucius, Lao-Tse, Tchang Kaï-Chek. Mais c'est une politique dangereuse. Elle fabriquera des déficients mentaux; les gens auront des idées tout d'une pièce et ne seront pas préparés à affronter le monde et ses défis... »

Ce discours qui semblait pulvériser toute ma conception politique de l'art, du film et du livre, tu le prononças en janvier devant les cadres du Parti, tandis que je rentrais plus qu'à demi mourante et que Chou En-Lai accomplissait une tournée dans les villes en crise, Budapest et Varsovie. Mais c'est en février que tu définis, dans une intervention retentissante, les nécessités des « Cent Fleurs »; mille huit cents personnes composaient le public; cette fois, tu t'adressais à des sans-parti; et le Parti, du coup, s'inquiétait et s'interrogeait de façon croissante, tour à tour bougonne ou attentive, parfois avec une colère véritable mais qui n'osait pas encore se manifester. La question générale volait de lèvres en lèvres : « Mais enfin, pourquoi ? que veut-il ? »

Lin-Piao était malade, et non par diplomatie; mais parmi les manquants on pouvait relever les noms de Liu Schao-Chi, des généraux Chu-Teh et Peng Ten-Huai. Ces vides montraient la dimension de la mésentente. Aucun de ces noms n'échapperait, le moment venu, aux conséquences de cette attitude; sauf Chu-Teh, totalement dépourvu d'ambition politique, les vétérans de la guerre contre le Japon devaient subir la sanction de leur désaveu; au passage, on écarta également Po-Ku, ton ancien et opiniâtre critique, qui s'était joint aux protestataires.

Ce mécontentement provenait d'une analyse entièrement différente de celle que tu exposais : les émeutes qui venaient d'agiter les pays de l'Est auraient dû, selon eux, renforcer l'union entre les Partis frères et l'U.R.S.S. Seul Chou En-Lai partageait ton opinion, au retour de son voyage : des troubles étaient dûs à des défauts internes et non à l'action extérieure de l'ennemi impérialiste; il était urgent d'y porter remède. Ne poussas-tu pas l'audace jusqu'à conclure paisiblement : « Si la vie présente des complications, c'est bien; autrement, elle serait trop monotone ? »

Cette déclaration toute personnelle rejoignait sans doute ta nostalgie de chevauchées et de poèmes. Peut-être exprimais-tu par là, à ton insu, une satisfaction paradoxale de voir le destin relancer les dés, et remettre en question une victoire si difficilement acquise ?

Les jours suivants, toute la Chine se précipitait sur les enregistrements de cette voix lente et calme qui proférait des propos si scandaleux. La « campagne de rectification du Parti » était commencée. Trois mois plus tard, le texte paraissait dans *Le Quotidien du Peuple*. Mais la version en avait quelque peu changé. Les critères définissant la liberté des critiques demandées par le Zhuxi atténuaient fortement le péril si menaçant pour les cadres du Parti; pour discerner les « fleurs embaumées » des « herbes empoisonnées », le distinguo était des plus simples : ces reproches et revendications devraient « contribuer à fortifier l'autorité du Parti communiste, pas à l'écarter ou à l'affaiblir. » Il suffisait d'y penser !

La crise hongroise avait fortement impressionné le peuple; on en parlait dans les assemblées populaires, on se posait des questions; tantôt on craignait l'emprise de la droite et les ruses de l'impérialisme, tantôt on s'écriait : « Le Zhuxi a raison ! Soyons vigilants, mais n'hésitons pas à critiquer, c'est rendre service au Parti. » Dans l'ensemble, les débats étaient beaucoup moins passionnés à la base qu'au sommet; c'est qu'au sommet il était question de pouvoir, tandis qu'à la base, comme toujours, on ne pensait qu'à améliorer le quotidien ou à s'y résigner.

Moi, j'avais retrouvé mon sourire imperceptible; je te connaissais si bien, et depuis si longtemps ! Volontiers j'aurais pu dire, aux notables du Parti qui s'inquiétaient, cette citation du *Rêve du pavillon rouge* : « Tout le monde traite l'auteur de fou; personne ne comprend son message secret... »

A la grande consternation de tes pairs, tu allais jusqu'à permettre, en principe, de critiquer le marxisme; puisque c'est une vérité scientifique, comment craindrait-elle les critiques ? Si les critiques pouvaient l'abattre, il n'aurait aucune valeur, déclarais-tu bonnement. Devant une telle confiance, qui pouvait se permettre d'avancer la moindre objection ? Du reste, tu n'étais plus à Pékin. Fidèle au précepte éprouvé depuis l'empereur français Napoléon : « Celui qui frappe et qui fuit compte le plus grand nombre de victoires », tu t'étais retiré à Hangchow, comme après la mort de ton fils; tu avais porté le coup calculé, et en grand stratège, tu te repliais, attendant le résultat.

Pourtant, quand nous arrivâmes dans la résidence de la dynastie Song, au sud de Shangaï, la vue de ce parc aux magnolias et aux orchidées resplendissant autour des pagodes dorées, au lieu de te réjouir, ranima en toi de tristes évocations. Je te vis étouffer un sanglot tandis que tu me rappelais combien ton Peuplier avait caressé de rêves pour ses beaux enfants, sa fierté de voir grandir vos garçons, son courage et son amour; tu murmuras, les yeux fixés sur la pièce d'eau où tournoyaient les cyprins : « An-Ying était un bon fils. » Et tu n'en parlas plus jamais. Peut-être que pour toi aussi les joies et les soucis du pouvoir servaient en partie à combler le vide affectif d'une vie si peu riche en joies familiales, malgré une épouse-secrétaire et deux fillettes occupées sans cesse de pointes et de jeté-battu ? De toute façon, tu me resteras toujours secret dans ce domaine.

Marinant dans la chaleur humide de ce climat tropical, tu dirigeais pourtant de loin les «Cent Fleurs », critiquant avec véhémence une presse qui la soutenait sans aucun enthousiasme. Je te représentais l'anxiété où tu plongeais les dirigeants. Tu répondis en haussant l'épaule :

— Est-ce que j'encourage le peuple à faire de l'agitation ? Je ne tiens pas des réunions poussant à l'émeute !

— Tu as dis autrefois que la révolution durerait mille ans, protestai-je.

— Qui sait ? Elle durera peut-être dix mille ans !

Un éditorial du *Quotidien du Peuple* aborda enfin le fond du problème. Les têtes du Parti n'étaient pas les seules à concevoir quelque frayeur; les intellectuels aussi se posaient plus d'une question. Ceux-là même qu'on invitait à s'expliquer hésitaient à répondre : et si c'était un piège ? S'il s'agissait seulement de découvrir la profondeur ou la légèreté de leur adhésion idéologique personnelle ? Ne risquaient-ils pas la répression en s'exprimant ouvertement ?

Ce fut un rude travail, de ta part, de faire accepter au Comité central l'entreprise de « rectification idéologique. » Liu finit par proposer de l'organiser comme une chasse à trois fléaux :

— Le subjectivisme, le sectarisme et le bureaucratisme...

— Mettons en priorité le bureaucratisme !

C'était précisément ce que craignait le Comité Central. Tu ajoutas cette métaphore qui portait la marque de nos journées semi-tropicales à Hangchow :

— Ce sera là une façon de placer notre entreprise sous le signe de la douce pluie et de la brise bienfaisante.

Je ne crois pas que cette image fleurie plut ou rassura; on dut penser ça et là que la publication enfin décidée de tes poèmes te montait quelque peu à la tête. Moi, comme toujours, j'attendais la fin de ces événements; je croyais déjà la deviner.

Le 19 mai, les premières des Cent Fleurs s'épanouirent sous la forme de dazibaos qui enflammèrent les murs de Pékin. Les étudiants de l'Université s'étaient brusquement décidés à ouvrir leur cœur; une longue et âcre accumulation de griefs contre le Parti et les dirigeants nourrissait cette littérature. En la lisant, je me félicitais presque d'être un incognito, même si mes fonctions de secrétaire me plaçaient le plus près du centre de cette sphère, le Zhuxi mon époux. Un des rédacteurs de ces affiches, à ma surprise, ne citait aucun classique chinois mais un Grec, Héraclite, et signait en latin; il formulait effrontément : « A Ephèse, tous les hommes adultes devaient mourir et le gouvernement passer aux mains des jeunes encore imberbes. » Je me souviendrai au moment de la Révolution Culturelle (et de la menace qu'on m'adressa de me faire frire), de ce *Puer malitiosus sed robustus*. Il devait devenir mon plus frappant souvenir de l'opposition extrêmiste. Bien loin de la douceur de la pluie et des brises, j'ai puisé dans cette expérience ma plus âpre leçon de politique.

Il est des moments où il faut descendre en soi-même, aux racines obscures de son être, et se poser les questions que l'on évite et redoute le reste du temps.

Je m'étais une fois de plus accordée le plaisir d'assister, dans ma petite salle privée, à la projection solitaire de *Christine de Suède*. Ce moment toujours neuf d'émerveillement avait réveillé en moi la nostalgie de la photographie. Je commençai à m'y adonner, d'abord à titre de détente, puis peu à peu de passion. La vivacité de cette manie me surprit moi-même. J'avais abandonné le piano après avoir composé quelques œuvrettes sans valeur comme mon *Concerto du Fleuve Jaune* en souvenir du redoutable passage de ses eaux et du choix de mon nom, Rivière d'Azur, à l'époque tourmentée et épuisante de ma jeunesse. J'avais dit également adieu à la torture des traitements et à la science des docteurs, me soignant moi-même par l'acupuncture, une gymnastique appropriée, et un régime alimentaire basé sur les recettes millénaires de nos herboristes; le lent retour de ma santé avait coïncidé avec cet incoercible besoin d'enfermer des fragments du monde dans ma petite boîte noire, souvenir lointain du cadeau de David Yu. Sans doute mon besoin d'expression personnelle était-il violemment frustré par mes uniques fonctions de secrétariat, malgré l'influence grandissante que j'avais acquise sur toi. Sans musique, sans vie familiale, sans pouvoir réel, où donc existait Jiang Quing ? Et puis il y avait cette menace universelle, mais que je ressentais si personnellement, le passage du temps, bien plus redoutable que le flux du Fleuve Jaune; ma beauté devenait lentement souvenir, tandis que mon ambition personnelle demeurait, soif jamais étanchée à côté de la fontaine. Garbo chevauchait ou s'éloignait sur le navire, éblouissante pour l'éternité; il suffisait de mettre en marche un projecteur dans une cabine noire; moi, je changeais d'aspect sans changer de statut. Je photographiais comme on renvoie son regard au monde.

Ta calligraphie « semblable aux sursauts du dragon surpris » n'avait pas fini d'émouvoir et de questionner la Chine. Ce fut la même époque où tu composas ton poème, *Les Immortels*, à la gloire de ce « fier Peuplier » dont les rameaux venaient de s'enfoncer dans deux nuits, celle du trépas et celle de la démence.

A la mi-mai, tu décidas de reprendre le timon et de donner le coup de barre que je t'avais suggéré de ne pas trop tarder à admettre. Les commentateurs gloseront longtemps sur la part qui m'en revient, et sur l'astuce « naïve » selon les uns « diabolique » selon les autres, que tu aurais mise dès le départ à provoquer une très courte campagne d'expression, quelques semaines à peine, pour ensuite annoncer à haute voix que la récréation était finie et qu'il fallait passer au bilan des jeux. En réalité, je fus comme toujours témoin — et légèrement incitatrice — d'une action qui reflète le balancement de ton caractère et de ta politique; non pas hésitation, doute, mais flux et reflux, à la façon dont tu laissais monter en toi pendant la chevauchée cette cadence binaire d'où naît le poème.

Pourtant, il y avait quelque chose de très petit et de décisif : sur lequel des deux temps ce balancement prendrait fin ? La libéralisation, ou la répression ? Je crus devoir intervenir dans le sens de la seconde, tout en méditant sans le dire sur les possibilités d'une deuxième campagne de ce type. Car je sentais le danger croître à chaque nouvelle virulence; le grain pouvait devenir tempête, et emporter non seulement tes adversaires, mais toi-même. Si je m'étais tue en écoutant tes discours sur la conception culturelle qui reniaient apparemment tout ce que j'avais tenté jusqu'alors, et rouvraient imprudemment la porte au formalisme et à l'esthétisme d'une Ting-Ling, c'est que j'attendais mon heure; celle des concubines assises à l'ombre du trône, mais sachant formuler au bon moment une observation, fût-ce avec le sourire et les mains jointes sous le menton.

— Regarde comme les attaques deviennent personnelles, dis-je. Cet ancien général du Kuomintang ! Ne se permet-il pas de t'attribuer « un caractère impétueux et téméraire », et qui aurait entraîné « de graves perturbations sur l'application des décisions gouvernementales ? » Que se passera-t-il si tu laisses les anciens adversaires t'insulter de la sorte ?

Tu affectais d'en rire, mais je te savais atteint. Tu reparlais de la Hongrie sur un ton nouveau. Ce n'était plus le point crucial d'Europe de l'Est où s'étaient révélés les défauts du socialisme, mais l'endroit où les forces ennemies avaient su profiter d'un mécontentement pour ébranler les bases du régime. Tu dis un jour : « Il semblerait qu'il y ait quantité de petites Hongries en Chine... » Je me gardai bien de te rappeler que tu avais affirmé, en début de campagne : «Dans un grand pays comme le nôtre, ce n'est pas dangereux si quelques franges des populations créent du désordre. »

— A présent qu'on a si bien critiqué le dogmatisme, peut-être faudrait-il passer à la critique du révisionnisme ?

C'était là une fin décente, politiquement parlant, à la campagne des Cent Fleurs. Dès lors que la définition du dogmatisme était l'œuvre de ceux qu'on pouvait accuser de détenir le dogme, et celle du révisionnisme le fait de ceux qui, précisément, devaient par définition « être révisés », le dialogue s'interrompait sans qu'on pût accuser personne de la sphère dirigeante. N'était-ce pas elle-même qui s'était offerte aux coups ?

Plus d'une personnalité prit peur, bien entendu. Plus d'un intellectuel voulut revenir sur ses propos imprudents. Mais tu leur déclaras, avec ta célèbre malice :

— Non, ça ne se passera pas ainsi ! Vous avez montré que vous partagiez l'idéal de l'Occident, le prétendu monde libre. Eh bien, vous n'avez plus rien à faire en République Populaire.

Beaucoup partirent donc. Je regrettai Fou-Tsong; c'était un pianiste admirable. Mais les quelques milliers d'autres mécontents qui s'expatrièrent, ce fut à mes yeux un bon débarras. En fin de compte, c'est « ma » ligne qui l'avait remporté; elle avait uni la prudence à l'apparence de la plus spectaculaire audace.

— On nous a pris au piège ! entendait-on geindre de tout côté.

On ne peut s'empêcher de rire en voyant ainsi le chasseur tomber dans sa trappe, ou le pêcheur devenir petit poisson. Finalement, une telle leçon porterait-elle ses fruits ?

Le mois de mai se terminait; à l'arrêt de la campagne succéda, en toute logique, la réponse répressive. Les officiels du Parti, accablés de critiques et d'agressions verbales, suppliaient d'interrompre les frais; leurs télégrammes tombaient sur ton bureau comme les flocons de neige en hiver sur le sol. En tant que ta secrétaire, je les classais et lisais, choisissant soigneusement les plus percutants. Au début de juin, tu ordonnas qu'on prît des mesures contre « les attaques furieuses des gens de droite. » La campagne dite anti-droitière allait se déchaîner; serait considéré comme de droite tout auteur d'une critique acerbe du Parti ou de ses représentants. Il n'était plus question, certes, de formuler même une remise en question de tel ou tel principe du marxisme.

C'est en souriant que nous relisions, sans nous parler, les termes les plus désespérés de ces nombreux télégrammes. En fin de compte, je savais très bien que tu ne les prenais pas avec autant d'émotion que tes nouveaux et sévères discours le laissaient à entendre; l'opération était payante : d'un côté tu avais mis dans le plus grand embarras ceux qui commençaient à contester ton pouvoir et en étaient réduits à t'appeler au secours, de l'autre tu avais démasqué ceux qui n'étaient pas des inconditionnels et pouvaient rêver d'une démocratie à l'occidentale. J'avais donc calculé juste; ton prestige remontait en flèche, et il n'était pas question de séparer mon char du tien.

Mais tandis qu'on exécutait les chefs d'une insurrection d'étudiants de Wuhan, ta majorité au Politburo restait instable, de même que deux ans plus tôt après l'échec de ta politique économique. Le maire de Pékin, Peng Chen, t'insultait en te comparant à Staline dont la statue déboulonnée venait de s'abattre avec fracas aux yeux du Parti et des peuples. Fous d'amertume, les étudiants de Pékin renchérirent : « Nous avons été trompés ! »

— C'était jouer franc jeu, ripostais-tu. Nous l'avons clairement exprimé à l'ennemi avant de commencer : c'est en laissant les esprits malins et les monstres venir s'ébattre en plein air qu'on peut les éliminer.

Là-dessus, tu partis pour Moscou. Les étudiants chinois d'U.R.S.S., eux, t'acclamèrent. Tu pus, en allumant un cigare, leur citer *Le Rêve du pavillon rouge*, où j'avais appris à lire à Li-Na : « Aujourd'hui, le vent d'ouest ne l'emporte plus sur le vent d'est. »

Celui qui fut chargé de la répression des « droitiers » fut Teng Hsiao-Ping, le fidèle lieutenant de Chou En-Lai, le ministre de la Sécurité Publique.

V

Teng Hsiao-ping.

Lui seul, avec Liu Schao-Chi, t'avait soutenu devant le Politburo après le second échec, celui du « Grand bond en avant. » Bien qu'il t'ait ensuite indisposé par ce programme en soixante points qui te fit t'exclamer : « Mais quel empereur est-ce là ?» tu intervins pour lui faire rendre sa part à la direction du pays après la Révolution Culturelle où, déclaras-tu, il avait payé largement ses fautes.

— Ce petit homme est très intelligent et a un grand avenir devant lui !

Au fond, tu ne t'en étais méfié qu'en raison de ses liens étroits avec Chou En-Lai; la fidélité de ce dernier devait t'étonner comme un miracle, et tu ne pus la reconnaître qu'au moment de le suivre dans la tombe.

Moi, je haïssais ce minuscule sournois de Teng. Je savais qu'il ne me pardonnerait jamais de l'avoir publiquement traité de traître et d'agent du capitalisme international. C'est pourquoi, lorsque la foudre tomba sur moi, ma stupeur fut totale : c'était l'ennemi de Teng, c'était Hua le responsable. Bien entendu, ils se sont réconciliés sur mon cadavre anticipé. Ce n'est plus Hua, c'est Teng, le maître actuel de ce pays. Les deux tigres face à face ne se battent plus s'ils rencontrent une juteuse proie.

Sans la trahison de Wang Tung-Hsing, j'aurais pris des

précautions plus radicales, ce mois d'octobre 1976. Le conflit qui avait éclaté entre ton héritier Hua Gofeng et moi, dès le lendemain de ta mort, était plus qu'une sonnette d'alarme; mais j'imaginais précisément que la menace toujours présente de Teng tournerait d'abord la répression contre lui et ses partisans. Le terrible séisme de Tangschan qui avait entraîné la proclamation de l'unité nationale en faveur des sinistrés donna à la clique du « petit homme » le temps de se réorganiser. De plus, la prise de pouvoir que nous avions méditée, ce 1er octobre, avait échoué. Malgré leur intelligence, Wang Hung-Wen, Chang Chung-Chiao et Yao Wen-Yuan n'avaient pas prévu qu'au moment de commémoration du Zhuxi, ce jour de la fête nationale, les dirigeants ne se rendraient pas dans différents quartiers de Pékin pour organiser la cérémonie mais demeureraient au siège du Comité central sous la garde de la fameuse unité militaire 8 341, celle que commandait mon traître. Nous fûmes pris de vitesse.

Je venais à peine de me lever et je donnais par téléphone les derniers ordres concernant la projection du film que j'avais commandité, *Contre-Attaque*, quand j'entendis dans le couloir leur bruit de bottes. Ce titre, quand j'y repense, est une ironie du sort. La porte s'ouvre sans violence excessive, le seuil déborde de gens armés, et Wang Tung-Hsin, ton ancien garde du corps, que nous avions mis dans le secret et qui était allé le vendre à Hua, le président tout neuf, me dit avec tranquillité ces mots que j'avais déjà tant de fois entendus dans mes cauchemars :

— Camarade Jiang Quing, veuillez nous suivre.

Je le revois, tout sourire tandis que je serrais la main de l'universitaire américaine à qui j'expliquais comment, après trente ans de lutte, j'étais devenue la femme la plus puissante de cette planète. Et l'hypocrite serpent louait ma résistance acharnée à la maladie :

— La camarade Jiang Quing soutient une lutte acharnée contre son état de santé, et le surmonte !

Mais cette attitude, il l'affichait de ton vivant, toi que sous le nom de code de B 52 les ennemis voulaient abattre comme ils sont parvenus à le faire pour moi-même.

J'ai jeté un dernier regard sur les gros fauteuils rembourrés, les petites tables, les légères chaises de bois qui composent l'austère mobilier de mon appartement privé depuis 1949, l'année où il était le nôtre, c'est-à-dire le tien. Près du téléphone raccroché, le service des bols faux Song, et le mien distinct des autres par le petit ruban rouge noué autour de lui. Je voulus penser à une roue devenue énorme et qui avançait en marquant lourdement la terre, celle où je dois marcher jusqu'à ma tombe; mais c'est le sifflement du bambou paternel qui résonna dans mon esprit, et je ressentis une vive douleur dans tous les os. Je suis prête, dis-je.

Un esprit noble et ambitieux enfermé dans un trop humble corps,
Votre charme, votre esprit, ont causé votre perte;
A la fin les calomniateurs ont causé votre mort,
La sollicitude de votre doux seigneur étant restée vaine.

Cinquième chapitre du *Rêve du pavillon rouge.*

— Si après ma mort il doit se produire du désordre, autant qu'il se produise toute de suite pendant que je suis là !

Voici ce que tu crias, le visage enflammé et ruisselant de sueur, à cette mémorable réunion du Comité Central de Wuchang qui devait se terminer en décembre 1958 par ta démission en faveur de Liu Schao-Chi, ton vieux camarade d'école.

Les lois économiques, aussi impitoyables que celles de la biologie qui ont établi la sénescence et la mort, s'étaient opposées au « Grand Bond en avant. » Ton extraordinaire optimisme, ta conviction que 30 millions de tonnes d'acier pourraient être obtenues en 1959, ton lancement de communes populaires avaient obtenu pour résultat des milliers de trépas par la famine. Les technocrates regroupés sur la ligne de Chou En-Lai brandissaient des statistiques désastreuses. Il fallait d'urgence arrêter la construction des dortoirs pour hommes et femmes qu'avaient commencée les communes radicalisées; il fallait rétablir la propriété privée des maisons, des jardins, du petit élevage. Tu avais voulu atteindre l'étape du communisme en six ans; tu avais perdu ce pari, tout comme un enfant qui gratte la terre pour faire pousser la fleur plus vite, et voir périr la graine.

Il est significatif qu'en donnant ta démission que personne n'osait te demander, et en soulignant bien que tu avais l'orgueil de l'offrir le premier, tu fis allusion pour la première fois à ta mort. « Ma santé n'est plus très bonne... » Tantôt tu prédisais, tantôt tu niais qu'il se passât quelque trouble à cette date.

— Une mort, ce n'est pas une pure perte, cela produit de l'engrais. La mort est inévitable. On ne peut pas vivre dix mille ans.

Tu remémorais ce discours amer à Hangchow où nous avions retrouvé l'humide chaleur tropicale et moi mes travaux de jardinage tandis que Peng Te-Huai, pour t'avoir critiqué sur un ton acerbe, perdait son poste de ministre à la Défense Nationale où le remplaçait Lin-Piao.

— Je n'aime pas être traité comme une vieille baderne ! fulminais-tu sur la chaise-longue; je promenais lentement mon arrosoir, épuisée par la seule vue des feuillages et des corolles se balançant sous le poids de l'eau.

— Ta mort est loin, dis-je.

— Tous les individus finissent par mourir, Jiang Quing. Mais l'humanité, elle, continuera toujours d'exister. Oh, je voudrais encore consacrer quelques années au socialisme ! A Wuchang, je n'ai rien pu faire pour maintenir des objectifs élevés, des projets ambitieux...

Tu n'étais pas beau joueur, tu détestais perdre; c'est en quoi je me reconnaissais. J'aurais pu dire, comme dans le

Livre de la Jungle : « Nous sommes de même race, toi et moi. » Nous étions plus frère et sœur qu'amants ou époux, comme jadis il en alla en Egypte pour les mariages pharaoniques.

Tes objectifs élevés, tes projets ambitieux, je les connaissais; une anecdote de ta jeunesse me revint en mémoire. Quand à dix-sept ans tu parvins à force de supplications et de ténacité à te faire admettre à l'école et à y conquérir les premières places, exerçant un ascendant incontestable sur tes condisciples et même tes professeurs, un jour tu rencontras une vive résistance, à ta grande surprise et à ta plus grande colère. De quoi s'agissait-il ? De rédiger une pétition pour chasser un enseignant. Quel était donc son crime ? D'avoir osé déclarer que ton roman favori, le livre de chevet que tu emportais partout, *Les Trois Royaumes*, était un roman historique et non de l'Histoire ! Tu ne voulus jamais l'admettre, éclatant en sanglots et en transes devant le refus des camarades à se liguer avec toi dans cette affaire. Telle fut sans doute, toute ta vie, ta grandeur et ta faiblesse : remplacer l'histoire par le roman et l'économie politique par l'utopie. L'âge ne t'avait en rien instruit là-dessus.

Ma démarche était différente. Moins géniale, plus lucide, j'avais déjà commencé à méditer sur ce qui allait m'ouvrir les portes de ce pouvoir tant attendu; en tirant leçon de tes échecs et en flattant ta manie par une proposition qui irait apparemment dans son sens tout en envisageant la fin inéluctable, et sa double conséquence : une épuration des adversaires encore cachés, et un retour de prestige, ainsi qu'au moment des Cent Fleurs et des vastes sanctions confiées à Ten Hsiao-Ping.

La pensée des Cent Fleurs me fit contempler plus attentivement le jardin qui macérait dans la brume ardente et que je parcourais à pas lents tandis que tu t'assoupissais sur la terrasse avec de confus murmures. Tes appréhensions de voir Lin Piao au ministère de la Défense Nationale me semblaient fondées; en Chine, qui tient l'armée tient la puissance; mais l'armée la tenait-elle réellement ? Tout valait mieux que Peng Te-Huai, du reste. Cent Fleurs... Une roue de jeep détachée grondait en s'abattant près de moi sur le sol labouré de bombes, j'étais une jeune cavalière de Sachiatien, et les flammes formaient d'énormes bouquets épanouis par centaines. Non. Bougainvilliers grimpants, lotus posant leurs cupules teintées de rose à la surface du bassin, hibiscus aux vifs coloris, voici ce qui m'entourait; entre les pins tordus flottait une pénombre bleu vert qui me rappelait ma photo la mieux aimée : celle d'une grotte de Lusnan, ancien sanctuaire taoïste qu'on appelait Caverne des dieux.

La Caverne des dieux est née dans le ciel, as-tu écrit au dos de ce cliché.

Je te regardais dormir; des gouttes luisantes roulaient sur ton front haut, tes joues flasques, comme les perles de mon arrosoir sur les corolles fléchissantes. J'ai pensé que j'approchais de la ménopause, mais que toi tu étais déjà un vieil homme.

La disparition progressive de mes règles s'accompagnait de syncopes et de nausées très pénibles; je refusai de me livrer encore à la Faculté, soit chinoise, soit russe; je poursuivis l'acupuncture et fis chaque jour vingt minutes de *chi-chuan*, notre gymnastique traditionnelle basée sur l'imitation des animaux et des fleurs. Je devais déclarer à ma journaliste que je voulais garder ma jeunesse politique; l'autre ne pouvait durer plus que le corps, mais se maintenir le plus longtemps possible, surtout à présent que je voyais se raccourcir le fil de tes jours. Et c'était sur la jeunesse des masses que je songeais déjà à baser ma propre jeunesse politique, donc mon entrée en scène. Le projet de la Révolution Culturelle allait mûrir encore pendant sept ans.

VI

Cette année 1959 se reflète dans celle de 1966 à la façon dont un arbre s'inverse dans l'eau plane. Mais pour qu'un objet se répète en se mirant, il faut un certain degré de lumière; je fus cela. J'éclairai, le moment voulu, la scène historique.

Quatre ans plutôt, je t'avais entendu me demander de cette voix aiguë que te donnait l'extrême colère maîtrisée :

— Tu as pour domaine le secteur culturel, n'est-ce pas ? Alors, c'est l'instant de t'y manifester en écrivant une série d'articles critiques là-dessus !

Sur ton menton, ce grain de beauté qu'ont reproduit toutes les photos de la presse mondiale frémissait comme une fève dans l'eau bouillante.

En effet, pendant les années soixante, j'avais repris la haute main sur le théâtre, et je censurais avec ardeur. La vie du livre et du spectacle, toute nourrie de passé féodal, se trouvait à mes yeux dans un état lamentable; peu de productions pouvaient obtenir leur grâce devant ma sévérité idéologique. Chou-Yang et Cie ressentirent péniblement les effets de mon rigorisme. Mais jamais je n'avais vu sur mon bureau provocation plus effrontée que cette pièce d'un adjoint du maire de Pékin, *Le Renvoi de Hai-Jui*.

Wu-Han, l'auteur, sous un prétexte historique, y attaquait très clairement le Zhuxi assimilé à un empereur

Ming, à propos de l'affaire Peng Tai-Hui de 1959. Travesti en ministre Hai-Jui, celui-ci interpellait ainsi le souverain :

« Vous croyez avoir toujours raison et vous refusez les critiques. Vos fautes sont trop nombreuses. Le pays est trop mécontent de vous, et depuis trop longtemps. »

Sans doute, l'affaire n'était pas neuve. Déjà en 1960, le poète Deng-Tuo avait publié une impertinente *Ode au lac Tai-Hui* où l'empereur Ming se voyait déclarer :

Ne croyez pas que les gens de plume ne s'entendent qu'en vains bavardages
Sous la hache du bourreau ils prouvent le rouge de leur sang.

Le journal qui avait publié ces vers déplaisants s'était vu sanctionner pour une autre bonne raison, mais ton prestige rafraîchi par la publication de tes propres œuvres poétiques, et l'alibi de ta démission (« que suis-je aujourd'hui ? ») t'avaient dissuadé d'aller plus loin. Cette fois, c'était trop.

Depuis 1960, je me battais pour introduire une analyse de classe dans toutes les manifestations du théâtre et du cinéma; je morcelais et épurais impitoyablement les publications littéraires; mais ma position restait fragile, les détenteurs des postes culturels ne passaient que trop souvent outre à mes diktats. Je te répondis avec la plus grande douceur :

— Que puis-je faire, Zedong ? On se rit de moi, on me regarde comme un vieux soulier usé. Quand j'ai essayé d'expliquer à Peng-Chen la nécessité de m'envoyer la troupe de l'opéra de Pékin pour la réformer. Qu'a-t-il fait ? Il s'est mis en colère, il m'a arraché des mains le texte de mon intervention et m'a conseillé sardoniquement de « prendre une position plus forte » si je voulais être écoutée. Suis-je ta femme et ta secrétaire, ou une liaison de passage ?

— Il a fait cela !

Tu hurlais, tu serrais les poings. J'obtins davantage ce jour-là en dix minutes d'entretien qu'au cours de plusieurs années de travail de sape.

Tandis que je préparais, pour l'entrevue suivante que j'estimais définitive, un plan de bataille consistant en une nouvelle campagne reprenant le thème des Cent Fleurs — ce que j'attendais depuis si longtemps — je consultai, par curiosité, dans les archives littéraires, la signification rattachée à ce lac Tai-Hui que Deng-Tuo avait utilisé pour prétexte, ce que l'insolence de Wu-Han me remettait en mémoire. Et j'appris que ce lac — que j'avais déjà longé en voiture et survolé en avion — à l'embouchure du Yang-Tsé demeurait, pour les ultimes vétérans de la révolution bourgeoise, relié au souvenir d'une héroïne de Sun Yat-Sen, Qiu Jin, décapitée par les Mandchous peu avant le soulèvement de 1911. C'était une lettrée, enseignante et professeur d'arts martiaux, qui avait fondé le premier mouvement féministe chinois. Je me souvins qu'en effet Ting-Ling la plaçait sur un socle. Bon, une pionnière du Kuomintang, décidai-je en prenant note. Cela suffisait pour classer Deng-Tuo parmi les réactionnaires. Il y aurait beaucoup de comptes à régler au moment de la vaste campagne culturelle que j'entrevoyais, et dont les outrages d'un Wu-Han rendaient l'entreprise de plus en plus nécessaire.

Ce ne fut pourtant pas ainsi que je te présentai les choses. Il fallut que les quatre saisons reviennent encore deux fois avant qu'il me fût permis d'entrer avec éclat sur la scène politique en amorçant, avec ton consentement, la révolution dans la révolution.

— La contre-attaque est impossible à Pékin, Zedong. La clique devant qui tu as dû te replier a instauré ici sa dictature, dis-je en revenant de Shangaï.

Je préparais en parlant mon médicament quotidien, graines de lotus et herbes médicinales. A nouveau, l'avion m'avait rendue malade. Tu m'écoutais en jouant avec tes lunettes bombées à monture de plastique que depuis peu tu portais dans l'intimité mais retirais en public. Ton bureau, comme toujours, était une tabagie.

— Mais même à Shangaï, sais-tu que nos ennemis me surveillent ? Ils installent des micros partout, ils me font suivre. Il y a plus d'un Hai-Jui chez les partisans de Liu Schao-Chi ! Il faut nous appuyer sur Lin-Piao pour organiser une leçon qui sera donnée au pays... en dehors des heures de salle de classe.

Tu approuvas. Entouré d'un nuage de fumée, tu ressemblais alors à ton portrait le plus populaire : vêtu d'une robe d'érudit et marchant, parapluie à la main, au sommet d'une montagne où montait la brume.

— Eh bien, c'est entendu !

Peng-Chen, le maire de Pékin, ne sacrifia pas son adjoint; il soutint Wu-Han; était-ce grandeur d'âme ou croyait-il notre étoile décidément éteinte ? Officiellement, Li dirigeait la Chine, mais Lin tenait l'armée, et la fameuse unité 8341 t'était entièrement dévouée; elle était composée de tes gardes du corps personnels. Ils vérifièrent minutieusement l'espionnage dont j'avais ressenti les effets jusqu'à Shangaï. Je préparai avec toi le fameux discours de Hangchow où tu attaquais ouvertement Wu-Han, appelais à une réforme des arts et des lettres dans le sens que j'essayais obscurément d'imposer depuis cinq ans et tu abordais enfin la grande question de l'envoi des jeunes intellectuels et des étudiants à la campagne pour y aider la réforme agraire et y acquérir l'expérience concrète sans laquelle le plus brillant esprit n'est rien.

— Mais, dit ici un des auditeurs, ne parlons-nous pas tous comme des étudiants ?

— Pas le Zhuxi, répondit Chen Po-Ta.

Tu repoussas la flatterie d'un geste de la main :

— J'ai participé à divers mouvements, paysan, étudiant, ouvrier, voilà seulement pourquoi je vaux un peu mieux ! Un homme doit avoir des contacts différents et rencontrer toutes sortes de gens, sinon il se sclérose; c'est tout.

Cependant, les dirigeants demeuraient sceptiques. Ils écoutaient avec respect, mais « ils me trouvent démodé », te plaignis-tu. Ce n'était nullement du découragement. La Révolution Culturelle ? Une graine jetée par un discours; elle allait pousser et devenir un arbre immense dont les racines bouleverseraient le sol chinois.

Chargée par Lin Piao des tâches concernant la littérature et le théâtre aux armées pour les militaires cantonnés à Shangaï, j'adoptai désormais la vareuse à col droit et le pantalon de la même étoffe bleu gris qui, complétés par la casquette, deviendraient mon uniforme pour les années à venir. Dans cet attirail, parlant avec une feinte humilité devant une marée humaine de soldats, je devins « la lune qui réfléchit l'éclat du soleil »; quand le soleil se coucherait, qui éclairerait la terre ?

Pendant que Li-Na sortait avec son demi-frère An-Ching revenu de son hôpital psychiatrique et tout jeune marié, et que tu saisissais joyeusement ton pinceau pour écrire un poème en l'honneur de ces enfants, Li-Min se passionnait avec moi pour la Révolution Culturelle entreprise. Nous chantions en chœur le *témoignage véridique*, la *large voie du socialisme,* la *création du personnage moyen*. Nous nous dressions avec exécration contre « la ligne noire des années 30 » telle que l'avaient définie des rénégats ou des corrompus par l'esprit petit-bourgeois qui avaient nom Chou-Yang le commissaire à la Culture, Hsia-Yen le cinéaste, Tien-Han le dramaturge, ces maîtres à penser d'une Ting-Ling. Ce n'était pas une simple vindicte qui m'agitait contre ces personnages; ils étaient les vieux témoins d'un passé qui, évoqué, aurait pu briser ma carrière politique; s'ils tentaient de le faire, il semblait urgent qu'ils fussent totalement déconsidérés devant le peuple pour que personne n'ajoute foi à leurs possibles révélations.

Mais mon dessein était plus vaste, plus exaltant. Il impliquait ma vengeance, mais ne s'identifiait pas à elle. Je rêvais ardemment d'un art prolétarien comme on n'en avait jamais vu sur terre, et surtout pas chez les soviétiques, ces déviationnistes. Le marquer de mon empreinte singulière me semblait le plus bouleversant des projets. Qui ne tente pas d'imposer à l'univers et aux hommes une image gravée de lui-même qui lui est plus chère que sa propre vie ? Ce corps en partie détruit savait de toute façon ses jours comptés; mais l'esprit qui l'animait, lui, était le lotus intérieur dont l'épanouissement permet à la force de traverser le sol, puis l'eau, et d'aller du feu à l'azur dont je porte le nom.

Le Politburo se défendit. En ton absence, il décida d'un train de mesures destinées à nier toute notre action de réforme de la culture. Tu pris la parole contre lui à Hangchow. Puis, fidèle à ton principe de frapper et de fuir, tu te retiras dans une station thermale près de Canton pour y attendre la suite des événements. C'est là qu'une délégation japonaise en visite, t'apprit que sans t'en avoir averti, le Politburo acheminait vers le Viet-Nam du nord du matériel militaire soviétique. Ta colère fut mémorable. Tu renversas des meubles, déchiras des papiers, et crias : « Vous autres, gens du comité de Pékin, vous vous traînez aux pieds de n'importe qui ! » La phase offensive allait commencer; cette révélation avait mis le feu aux poudres : et quel feu !

— Camarade général, suppliait le Japonais inquiet, je te jure que nous sabotons de notre mieux ces envois afin que le Viet-Nam ne puisse croire plus tard qu'il a remporté la victoire grâce aux déviationnistes russes...

Rien n'y fit. Dans la journée, tu résolus de dissoudre tambour battant certaines instances qui relevaient encore de ton autorité, et de lancer un appel à la jeunesse chinoise sous forme d'une demande de bouleversement culturel pour atteindre le but final : abattre le comité de Pékin. J'appuyai chaudement cette idée et te présentai quelques suggestions pour les modalités d'application; je savais qu'il me serait possible de prendre la tête de cette croisade. Cette perspective m'enivrait.

La réunion du Politburo convoquée en mai, mois des fleurs multiples et des révolutions diverses, se termina par notre victoire; elle fut pour moi un triomphe personnel : le renvoi de Cheng-Pen l'insolent et d'un groupe de ses partisans droitiers, et l'élection d'une équipe chargée de la Révolution culturelle : moi et mes amis Chen-Pota, Chang Chun-Chiao, Yao Wen-Yuan. Un peu plus tard, on y adjoignit Kang-Cheng, le chef communiste qui m'avait inscrite au Parti de Shangaï dans les années trente. C'était lui qui, en 1938, avait favorisé notre mariage en obtenant l'accord du Parti pour ton divorce. Et ce fut lui à qui tu télégraphias le 25 mai l'ordre de publier dans le *Quotidien du Peuple* le texte de la première affiche de la Révolution culturelle placardée à l'université de Pékin.

Chen Po-Ta avait été ton secrétaire particulier au Yenan. Il appartenait à la seconde génération des dirigeants comunistes. Grand, sec, flegmatique, il impressionnait dans les réunions les plus orageuses par son laconisme et sa ténacité.

A l'époque du Grand Bond en avant, il avait défendu l'idée des coopératives sur le modèle de cette Commune de Paris qui t'avait toujours si fortement impressionné. Depuis que l'âge affaiblissait ta main, tu avais parfois recours à ses services pour écrire à ta place.

Chang Chung-Chiao, le nouveau maire de Pékin, ton partisan inconditionnel, appartenait à la troisième génération des dirigeants. Dans les années cinquante, il avait lancé une proposition de salaire égal pour tous comme il en avait été à Yenan, et tu avais contresigné cette suggestion. Il me plaisait par son éloquence et sa personnalité énergique.

Yao Wen-Yuan avait fait partie des quelques rares camarades qui soutenaient mon attaque de Wu-Han pour son « péché littéraire » et avait contribué à la faire paraître dans la presse de Shangaï. Il y était un des leaders du Parti. Son meilleur camarade, le fringant

Hung-Wen, simple ouvrier d'une usine de textile, devait devenir grâce à son appui dans notre nouvelle campagne vice-président du Parti. Et lui aussi devait partager ma chute.

Ta circulaire à l'adresse des dirigeants des comités locaux souleva une émotion pareille à une lame de fond surgissant d'une mer tranquille.

Tu annonçais, comme au temps des Cent Fleurs, que le Parti avait grand besoin d'une sévère critique en raison des représentants de la bourgeoisie qui s'y étaient infiltrés progressivement ainsi que dans le gouvernement et dans l'armée. « Des personnes dans le style de Kroutchev sont là à se blottir contre nous ! » Qui donc ? Mais qui donc ? demandaient, à cor et à cri, l'étudiant, l'homme de la rue, le militant de base. On leur répondit sans détours : les partisans de Liu Schao-Chi.

Lin-Piao appuya ardemment; des coups d'Etat contre-révolutionnaires se préparaient, avec pour but un vaste massacre :

— Pour s'emparer du pouvoir politique, il faut des barils de poudre et des encriers. Le Zhuxi Mao vit encore ? Nous pouvons donc nous réfugier, pour notre sécurité, à l'ombre d'un si bel arbre !

Cet été-là, tu t'inquiétas toi-même des proportions que prenait ta déification. Le *Drapeau Rouge* allait jusqu'à te comparer « au mouvement de la lune et du soleil, au flux et au reflux éternel des fleuves. »

— Est-ce que les quelques petits livres que j'ai écrits ont un pouvoir aussi surnaturel que le prétend Lin Piao ? m'écrivais-tu.

Je souriais en lisant ta lettre à Shangaï. Je te connaissais trop bien, vieux gourmand, pour prendre très au sérieux tes protestations devant un tel afflux d'éloges. Mais, en paysan que tu étais, tu connaissais ce que dissimule l'art de la flatterie hyperbolique; tu savais également qu'en Chine une des méthodes traditionnelles pour abattre un adversaire est de le porter aux nues : plus on tombe de haut, plus la chute est profonde. « J'ai toujours pensé que lorsque le tigre est loin des montagnes, le singe s'y proclame roi... Ce qui est grand est facile à briser; ce qui est blanc est facile à tacher. » Plus loin, tu te comparais à une de ces effigies qu'on colle sur la porte le jour de l'an pour se protéger des fantômes.

Dans la stratégie, tu te mouvais parfaitement à l'aise; c'était là ton domaine, ta science. Loin des utopies fantastiques de ton économie, tu retrouvais dans l'art de combattre, de reculer, d'avancer, de tromper l'ennemi et de renverser les alliances le plus puissant des réalismes et une lucidité qui, du premier coup d'œil, te faisait juger des mouvements et de l'importance du camp d'en face. J'ai beaucoup appris à ton école, et tout d'abord à garder la tête froide dans la victoire autant que le cœur ferme dans la défaite. Je touchais au but de ma vie : j'étais à présent une personnalité officielle, secrétaire du Comité Permanent du Bureau Politique, conseillère culturelle de l'Armée; je marquais point sur point après une si longue attente; j'étais sortie du tunnel. « Ne te laisse pas griser », m'avertissais-tu.

On te savait affaibli; on parlait partout, avec sensualité, du moment proche où tu allais rejoindre Marx. Mais tu savais ménager tes effets. Après être demeuré longtemps invisible et retiré, tel le dieu qui se cache derrière le nuage, tu traversas le Yang-Tsé à la nage le 16 juillet; porté par les courants, tu couvris quatorze kilomètres en une heure cinq minutes. Après l'avoir fait savoir à la Chine, tu rentras à Pékin. Génial.

Sun Yat-Sen a dit : « En Chine, tout le monde pense à être empereur, rêve d'être empereur. »

Tu avais vingt-sept ans. Tu déjeunais avec un ami. Tu lui demandas s'il y avait eu en Chine quelqu'un qui, parti de rien, avait dirigé la Chine ? Il te répondit; « Il n'y en a que deux : le premier fondateur des Han, et Sun Yat-Sen. » Tu donnas un tel coup de poing sur la table que l'alcool de riz éclaboussa les crevettes, et tu déclaras : « Il y en aura un troisième : moi. »

(Tu distribuais alors des tracts contre la décapitation de deux anarchistes.)

...Le vieux coursier qui git dans l'étable
Aspire toujours à courir;
Le héros, au soir de sa vie
N'abandonne pas son noble idéal.

Ainsi parla Tsao-Tsao : ainsi j'avais juré de remonter, moi aussi, le cours du fleuve.

« Nous devons transformer la critique littéraire en poignard et en grenade à main ! » déclarai-je à mon public militaire transporté d'enthousiasme.

Ah, pourquoi ne pouvons-nous revenir à travers les paysages du temps ? Pourquoi n'étais-je plus la jeune cavalière qui avait ébloui le cinéaste soviétique avec un vieux pardessus, deux socques de bois et un seul ruban rouge dans les nattes ?

Au moment où, à peine essuyé des eaux du Yang-Tsé, tu téléphonais aux étudiants contestataires pour les féliciter de leurs premiers dazibaos, la situation avait connu en deux mois de fièvreuses péripéties. Depuis le 18 mai 1966, Lin-Piao, d'allié inconditionnel de notre entreprise pour ressaisir le pouvoir, s'était transformé en adversaire masqué; il avait prononcé un des discours les plus stupéfiants de l'histoire chinoise sur l'historique des coups d'État. Tandis que je m'occupais d'interdire un film sentimental intitulé *Epouser une fée céleste* et qui était une adaptation moderne (malheureusement adorée par le peuple) de la très vieille légende chinoise sur le Bouvier et la Fileuse, ce renégat de Lin s'employait à saper la Révolution culturelle en feignant de la servir.

— Le pouvoir politique est un instrument qui permet à une classe d'en opprimer une autre, déclara-t-il mielleusement. A mes yeux, le pouvoir politique est le pouvoir d'opprimer les autres !

Cet audacieux amalgame mettait sur le même plan l'oppression de classe et le pouvoir, quel qu'il soit, exercé par des dirigeants comme ceux de notre Parti ! Ce qui pouvait passer pour une maladresse n'en était pas une, pensai-je avec souci. Mais il était trop tôt pour réagir.

Bien entendu, le coup d'encensoir au Zhuxi suivait immédiatement ces paroles ambiguës. Il semblait indiquer ainsi : « C'est Liu Schao-Chi que je vise, et non Zedong ni Jiang Quing. » Mais ce n'était pas de tout repos de constater que si j'étais maîtresse de l'encrier, du *wen,* lui l'était du baril de poudre, du *wu.* Si ces deux pouvoirs allaient s'affronter, qu'en résulterait-il ? Tu t'étais montré perplexe dans ta lettre sur le tigre et les singes, et je partageais cette anxiété sans le dire.

Pendant ce temps, le mouvement embrasait de plus en plus de villes; partout, jeunes pionniers et gardes rouges apposaient des affiches, occupaient les espaces scolaires, tenaient des meetings toute la nuit ou se répandaient dans la rue en chantant. L'enthousiasme et l'agressivité, si facilement allumés dans les cœurs juvéniles, formaient un brasier crépitant au cœur de la Chine et l'épanouissait, la transformait en un énorme chrysanthème d'or aux pétales convulsifs. On critiquait avec colère les parents, les enseignants, les petits chefs et les cadres du Parti. Un slogan circulait : « A papa héros, fils vaillant; à papa réac, fiston taré » Une bonne comédie se joua chez Liu Schao-Chi qui se sentait visé; il suggéra à sa fille de participer aux dazibaos de l'université, et d'aider à balayer, pour rehausser son propre prestige; celle-ci, qui militait avec enthousiasme pour la Révolution Culturelle, l'envoya paître. Sa mère alors se mit en colère : « Ton père travaille au Comité Central ! Il en sait plus que toi ! Mais tu essayes toujours de faire pression sur lui ! » Le chef d'Etat aux cent coups offrit à sa fille argent et liberté. Peu après, il fit son autocritique. Il avait compris que tu ne le laisserais pas longtemps occuper la place qui te revenait de droit. Dès le mois d'août, Liu et Teng Hsiao-Ping furent destitués de leurs fonctions.

Mais moi, je me méfiais de plus en plus de Lin-Piao et

de l'influence qu'il avait acquise sur Chen Po-Ta; je surveillais, sans faire encore mine de rien, l'orientation extrêmiste que prenait sous son influence le mouvement étudiant nommé « Groupe du 16 mai »; je n'aimais guère cette exaltation de la lutte armée et de la violence physique comme substitut de la bataille d'idées; je te persuadais de nuancer tes encouragements par certains appels au calme et à la tolérance. Le *Puer malitiosus* du temps des Cent Fleurs avait reparu, auteur de nouvelles « herbes empoisonnées », et semblait multiplier ses jardiniers imitateurs.

Cependant, je ne prévoyais guère que dès novembre l'extrêmisme d'où allaient naître les « Fleurs de Prunier » et autres « Foudres » se tournerait contre Chen Po-Ta lui-même, autant que contre moi.

Tu maugréas tout d'abord devant mes recommandations d'atténuer les incitations à la révolte :

— Laissons les étudiants aller dans la rue ! Qu'y a-t-il de mal à ce qu'ils descendent dans la rue, apposent des affiches ?

— Mais les étrangers prennent des photos !

— Eh bien, qu'ils en prennent. Même si c'est pour nous faire passer pour des sous-développés et qu'ils déblatèrent là-dessus, les impérialistes, ça n'a aucune importance.

J'expliquai que déjà les étudiants se permettaient de poser des questions, de demander si ce n'était pas un piège, si l'on ne risquait pas de revoir la répression qui avait suivi la campagne des Cent Fleurs ?

— Il faut leur faire savoir que les gens qui ont été accusés étaient des droitiers jusqu'à la moëlle. Ils auraient été accusés même s'ils n'avaient pas collé la moindre affiche !

Cependant, tu consentis à déclarer, après un discours de félicitations et d'encouragement :

— Nous vous demandons de trouver un accord avec tous ceux qui acceptent votre aide. Ceux qui ont fait des erreurs, il faut leur donner une chance de les réparer, non ?

C'était un appel indirect à la tolérance. Dans leur joie de briser des contraintes, de manifester leur existence et de prendre la parole, les jeunes révoltés ne semblèrent guère y porter attention. Ils affluaient à Pékin de tous côtés, brûlant de faire la révolution dans la révolution, agitant des drapeaux rouges, occupant des locaux, tenant des sessions partout, jusque sur le marchepied des locomotives. Ces flots grossissant posaient de graves problèmes, de ravitaillement d'abord, de rapatriement ensuite. Le 8 août, notre groupe central de la Révolution Culturelle proclama la « Décision en Seize Points » qui définissait les objectifs généraux, et dix jours plus tard, le premier défilé des jeunes gardes rouges sur la place de la Paix Céleste déclencha la mobilisation des masses. A la fin de l'année, le mouvement avait gagné les usines où les ouvriers reçurent l'ordre de mener le combat.

Qu'y a-t-il de plus désirable, pour celui qui a perdu sa jeunesse, que de manier et brasser celle des masses ? La Chine était devenue ce vaste fournil dont j'étais la boulangère; je pétrissais le pain de la révolution qui a nom avenir. Appesantie par mon passé, je devenais la maîtresse du futur. Moi qui avais tant aimé avant ta rencontre les jeunes corps mâles et qui portais au cœur, à cause de ce goût, trois ou quatre blessures secrètes, j'avais à force de patience obtenu mieux qu'une étreinte de bien-aimé ou de quelques bien-aimés : c'était une foule d'amants qui m'acclamaient et hurlaient ton nom, puis : « Vive la camarade Jiang Quing ! Soutenons le groupe central de la Révolution Culturelle ! ».

Les mégaphones rugissaient; le cri unanime et les battements de main répondaient par leur fracas dans la lumière où dansait une poussière blanche. Paroles, oiseaux envolés à tire d'aile. Bruissement du sang dans les veines, les oreilles. Une roue d'or, invisible, tournait avec lenteur et gravait si profondément la route de ma vie qu'elle la labourait avec la puissance de l'homme pénétrant la femme. Cette roue, c'était le soleil, ce rouge soleil tournoyant qui parcourait le ciel et semblait me sourire et m'inonder de gloire aux beaux soirs de cet été, nimbant d'ambre et de rose la poudre soulevée par ces milliers de jeunes pas, tandis que vers lui montait la vocifération qui répondait à mes harangues. Vin des paroles illustres, coupe renversée, victoire momentanée et définitive sur la mort...

Etait-ce là ce que tu avais attendu depuis ta naissance, Jiang Quing ?

Mais rien ne reste jamais à sa place; de l'échec sort le triomphe, du triomphe l'épreuve; du doute la certitude, et de la certitude un doute nouveau.

Comme pour l'amour, le visage d'une révolution se transforme insensiblement : après les séismes adorés de l'orgasme viennent, trivialement, les soucis du ménage.

Il m'avait suffi de proposer comme modèle ta chère Commune de Paris pour trouver en toi un écho jubilant à ma propre ivresse, malgré ta recommandation « ne te laisse pas griser. » Tantôt c'était moi qui te demandais quelques nuances dans tes discours pour atténuer la fièvre des jeunes, tantôt c'était toi qui me conseillais la prudence; mais tous deux nous finissions par nous laisser emporter, comme des amants de la même passion, par l'immensité de ce que nous avions nous-mêmes déclenché et mis en place; sans doute l'astronaute doit-il ressentir cette émotion plus sublime que n'importe quelle autre joie, en dépit du péril, à bord de la fusée qu'il fait de son propre chef mettre à feu. Mais sur quelle planète inconnue allions-nous débarquer ?

« Quand le méchant est persécuté,
Dieu est avec le méchant ».
Proverbe juif

QUATRIÈME ROUE

La ceinture de jade

I

Novembre 1980

C'est donc aujourd'hui la séance préparatoire. Où suis-je exactement ? On m'a fait passer par une sorte de tunnel. Ce tribunal se tient dans un endroit qui doit rester secret aux Occidentaux, visiteurs et journalistes; du reste, c'est pour moi une question de peu d'importance. Quel que soit le gouvernement, le goût profond du mystère qui a suscité chez nous tant de sociétés secrètes se maintient d'âge en âge.

Qui me dira pourquoi, au moment où je devrais être occupée de mon seul destin, la tête pleine du fracas de la dernière roue qui tourne pour mon unique vie, c'est le souvenir de mon ancien amant de Shangaï qui s'impose à ma mémoire ?

J'ignore dans quelle prison j'ai attendu ce jour, puisqu'ils m'ont bandé les yeux; en sortant de ma cellule, on m'a entraînée dans un corridor obscur et peut-être souterrain, comme dans mes vieux cauchemars. Et c'est du fond de cette nuit où j'écarquillais les yeux que j'ai vu, avec une telle netteté, le délicat visage jamais oublié de Zheng-Junli, le jeune communiste rencontré chez mon premier protecteur. Pourquoi lui ? Pourquoi pas Tsang-Min ? Tsang-Min, que je voulais épouser et qui m'a quittée ? Pourquoi pas David Yu, mon ex-mari, qui doit tenir encore son restaurant à Paris ? Pourquoi pas Tang-Na, qui tournait avec moi ce film débile où nous jouions une scène d'amour dans une maison de thé, quand je m'appelais Pomme Bleue ?

Peut-être parce que Junli était un homme du Nord exilé à Shangaï et que j'ai dit mon goût pour ce peuple dur et secret, moi, la méridionale. Mon dernier amant, le champion de ping-pong, avait vécu longtemps lui aussi en Mongolie Intérieure, cette zone étrange que je n'ai pu découvrir qu'à travers un brouillard d'épuisement, en fuyant paniquement devant l'ennemi qui avait détruit Yenan. Je songe, à présent que ma vie va se terminer, davantage aux voyages que je n'ai pas faits qu'aux espaces que j'ai parcourus. Les plus importants de mes trajets se situent sous le signe du péril, de la terreur, de la mort toujours et partout présente, pareille au bambou paternel qui me cinglait le dos. Ensuite ce ne furent que des déplacements : de Pékin à Hangchow, à Shangaï, à Canton. Je ne veux même plus me souvenir de mes horribles vols aériens vers Moscou, ou retours.

C'est une entrée remarquée que je fais dans cette salle où deux jeunes filles à allure de starlettes en uniformes m'ont encadrée dès le petit vestibule. Il n'y a personne d'autre que le tribunal et les gardes des deux sexes; la salle est vide.

J'ai eu tout le temps de m'y préparer. Dans la solitude de cette cellule d'où l'on ne m'a extraite que pour me faire signer que je reconnaissais la juridiction de mes ennemis, j'ai mille fois imaginé cette minute, surtout depuis mon bref entretien avec ce gardien mourant d'envie de m'annoncer la nouvelle. Je me suis consacrée depuis une semaine à évoquer mon passé, tantôt emportée par le flot du souvenir comme toi par les courants du Yang-Tsé où tu nageas pour la dernière fois avant la Révolution Culturelle, tantôt dirigeant avec méthode le cours de ma mémoire pour chercher l'endroit de la faute, l'instant précis où la lucidité m'avait quittée — où la chance m'avait trahie ? Mais à présent, après la courte et fulgurante apparition, que je ne m'explique pas, du visage de Junli, il n'est plus temps de vivre en arrière; je me redis en me dirigeant vers ma place d'accusée : « *Tang koh* ! » En avant !

Ce que je vais faire, je me le suis promis depuis toujours. Depuis, je pense, l'instant où le traître Wang Tung-Hsing m'entraîna hors du palais de Pékin; moi disant : « Je suis prête, » je vivais déjà cette minute. Mais je l'ignorais encore. Et maintenant, c'est ceci. Je le dois, je suis Jiang Quing et je ne vais pas me laisser pousser par deux donzelles en uniformes et en gants blancs. J'avance.

Au tribunal, derrière le micro, un large visage rose et dodu sous des cheveux couleur d'aluminium, le président; à côté, front ridé, bajoues et lourds sourcils noirs, un babouin, le vice-président. Devant moi, une barrière légère formant rectangle, et des sièges : ceux des co-accusés, mes fameux « complices ».

Je prends place. Et tout de suite, je commence.

C'est un récit des derniers procès de Moscou, dans les années soixante, qui m'a inspirée. Un des condamnés, London, qui a écrit *L'Aveu,* a assisté au geste d'un accusé juif qui avait fait tomber son pantalon en pleine audience. Tandis que le gros épanoui à tête de goret digne lit la liste des charges ridicules retenues contre moi, je déboutonne posément ma vareuse, puis mon pantalon, et je les fais glisser à terre. Me voici nue.

Ces gestes sont le rappel et la caricature de ceux que j'ai accomplis il y a près d'un demi-siècle, et qu'ensuite j'aurais tant voulu effacer sur la pellicule qui les a fixés; je luttais contre l'obsession d'un passé de misère où j'avais dû jouer de mes atouts sexuels, dans la crainte que sa découverte soit un jour ma condamnation; et voici, je suis devant ceux qui m'ont déjà condamnée d'avance, et les mêmes gestes serviront par bravade non à une défense inutile mais au seul défi qu'il me reste à porter.

Le juge lit toujours d'une voix criarde que j'ai conspiré, appelé Shangaï à l'insurrection armée, attenté à ta vie — à ta vie ! il fallait qu'ils trouvent cela ! — quand soudain la rumeur, puis la clameur des gardiens, lui fait lever les yeux et ensuite les sourcils.

Je reste debout, tête haute, dos tourné aux spectateurs qui s'agitent à la façon d'un laitage en ébullition. Je croise les bras.

Corps dont la beauté fit ma honte. Que tu étais élancé, gracile. Presque androgyne avec tes seins légers et tes petites fesses garçonnières sous la robe blanche de Nora dans *Maison de poupée,* ou dévoilé devant l'objectif du minable photographe au fond de l'impasse; quels doux reflets huilaient le satin de ta peau ! Ce souvenir m'éveillait parfois la nuit, ce spectre d'une jeunesse que la famine avait faite déshonneur. Et aujourd'hui, déformé et appesanti, le ventre pendant comme un sac, les cuisses rosacées de varices, la peau jaunie et blême, mais le dos toujours droit comme un arbre de bonne race et les épaules noblement tombantes, je te dresse malgré ta révolte, à la façon d'un bon cheval bien maîtrisé, je te cabre face à tous ces singes pourris qui s'effarent.

Dans le tapage devenu indescriptible, deux gardes se sont élancés vers moi et l'un d'eux me secoue par le bras; je le repousse avec une telle violence qu'il trébuche; je me retourne vers l'autre et lui applique un soufflet. Et je crie :

— Je demande la comparution de Hua Guofeng, le responsable des troubles de la place Tienamen en avril 1976 !

Les membres du tribunal quittent leur place en hâte et piaillent en se voilant la face. Ils se dirigent vers la sortie comme si j'avais mis le feu à la salle. Seul demeure le président, blême comme la mort; le vice-président, celui à tête de babouin, revient sur ses pas et lui parle à voix basse avec affolement. Les gardes, indécis, attendent les ordres.

Je continue :

— Ainsi, vous demandez à l'épouse de payer les dettes de son mari ? Je ne suis qu'un chien, n'est-ce pas ? Eh bien ! si vous devez battre le chien, pensez à son maître !

J'exulte. C'est une minute qui me paye des milliers d'autres occupées à évoquer mon passé dans ma cellule.

Que va faire monseigneur le Président ?

Il suce l'intérieur de ses joues, signe de perplexité puis il donne un ordre inattendu :

— Arrêtez le chauffage !

Voilà qui n'est pas sans finesse. Depuis mon premier hiver à Pékin je hais le froid comme un ennemi personnel; c'est pourquoi le traitement de réfrigération qu'on m'a appliqué à Moscou me fut impossible à supporter. Je me penche et, toujours sans un mot, me rhabille, gardant aux lèvres le même sourire de mépris.

Babouin et Goret se consultent encore à mi-voix. Puis le second reprend les paroles pour m'annoncer qu'en raison de mon attitude criminelle on va me ramener dans la cellule. La répétition générale est finie.

J'entends ronronner des caméras. La télévision, les actualités ? Il est bien possible qu'on permette à l'étranger de produire quelques instants de cette comédie inepte et féroce qui commence aujourd'hui. Mais je n'éprouve pas le moindre doute : mon bref strip-tease n'en fera pas partie. On ne le conservera même pas en archive; on détruira le film. J'ai envie de rire à gorge déployée, jusqu'aux larmes. Mais non; pas une seconde je ne dois manifester le moindre signe d'hystérie. Une impératrice, une héroïne n'est pas hystérique. Tout se permettre; rien ne se passer.

A nouveau l'obscur parcours incompréhensible, entre mes gardiennes. On ne prend même plus soin de me bander les yeux. Étais-je au I de la rue de la Justice ? A nouveau mes quatre murs, mon bat-flanc, ma table à écrire où je n'écris pas puisque on m'a pris jusqu'à mon stylo et ma montre, mais je n'en ai aucun besoin. Il me suffit de me tourner contre la cloison et de la fixer de toutes mes forces, comme un écran de télévision au moment où il s'allume. Et en effet le défilé des images recommence, docile et formidable. C'est la marée des enfants de Chine levés pour assaillir le vieux monde;

milliers de garçons et de filles marquant le pas, frappant du pied, scandant leurs slogans en agitant le poing droit fleuri de cette pivoine de papier, un petit livre rouge. Le plus puissant partage de ma route sous le poids de la roue : 1966...

La prison s'assoupit. En haut des escaliers métalliques s'allonge le couloir sans fenêtre, aux ampoules livides. Bientôt je le suivrai à nouveau; sous le doigt des gardiens, la double porte blindée s'ouvrira avec un déclic; le système de fermeture fera sa vibration de flèche Hi-Wei le long de l'allée cimentée. Voici ce qui remplace ma villa de Canton au bord de la rivière des Perles, et mon bungalow de Pékin parmi les pins de la Cité Interdite aux murs rouges.

II

Les pires grincements du char de triomphe furent perçus fin 1966 quand, suivant la prescription de mener le combat dans les usines contre l'appareil du Parti, les ouvriers commencèrent à exprimer leurs doléances.

Nous avions demandé des critiques, des revendications; nous recevions un déluge « de sang et de larmes », tel était le titre le plus couramment adopté. Veuves d'ouvriers, orphelins, vieux travailleurs rivalisaient de révélations horribles. C'était un terrifiant constat d'échcc. Bien au-delà de cette sphère dirigeante que nous voulions supprimer pour reprendre les rênes avec nos partisans, c'était toute la responsabilité d'un régime que tu avais si longtemps dirigé qui risquait d'être remise en question, en dépit de la fidélité absolue que manifestaient, à la fin de ces suppliques, toutes les proclamations de ces pauvres gens.

Zao, cinquante-neuf ans, de la Compagnie de roulage, a commencé à cracher le sang à cause d'inhumaines normes de travail; mais on ne lui a pas permis de se soigner, on l'expédia à une équipe où les prolétaires « étaient traités comme du bétail »; il fut renvoyé parce qu'il ne pouvait plus accomplir sa tâche. *Li,* de la même Compagnie, a vu battre à mort le nommé *Yong* parce qu'il n'avait pu venir travailler, étant souffrant; lui-même a été rationné de nourriture, puis renvoyé, parce qu'il crachait aussi le sang. *Jiang,* ouvrier à la IVe brigade, a enterré son plus jeune fils mort de faim, et en dépit d'un grave accident de travail qui lui a défoncé la poitrine, n'a reçu ni soins ni dédommagement; son salaire est réduit à un yuan par jour et on l'a privé de tabac, d'alcool et de chaussures. *Liu,* veuve d'un ouvrier de cinquante-trois ans qui a travaillé toute sa vie, l'a remplacé quand après un accident de travail il ne pouvait plus tirer la charrette de minerai, et l'a vu crever faute de soins; puis elle a dû arrêter, ce travail excédant ses forces de femme, et d'ailleurs sous-payé parce qu'elle était une femme. *Wang,* ouvrier à la IIIe Brigade, raconte comment celle-ci s'est engraissée en détournant les rations des ouvriers et en altérant la farine de leur pain à la vapeur. Un autre *Wang,* de la Compagnie de roulage, voit dépérir femme et enfants, sans vêtements et sans riz, parce qu'il est trop malade pour tirer les charrettes; et à chaque fois qu'il réclame un travail moins dur, on l'insulte et on le frappe. *Chen,* de la même Compagnie, raconte comment il a été obligé de transmettre sur le registre de l'économat sa ration d'huile et de céréales (au nom du slogan « Ma maison, c'est la Brigade ») après avoir été enfermé cinq jours, mourant de faim; une seconde fois, il sera mis au cachot pour avoir volé le légume d'un camarade et l'avoir fait cuire pour calmer sa famine; il n'a pu obtenir un congé pour soigner sa femme, gravement malade, et a été renvoyé sans aucune formalité. *Yu,* parent de la victime dont il conte l'histoire, rapporte que *Yu Laixi,* privé de nourriture au point d'être un squelette, a échangé ses chaussures contre des tickets de rationnement; pour ce crime, on l'a suspendu et battu jusqu'à ce que son corps ne soit plus qu'une plaie; on l'affama jusqu'à ce qu'il en meure, malgré le secours des autres ouvriers qui lui portaient de la bouillie en cachette. Et toutes ces abominations se terminaient de la même manière : « J'accuse, j'accuse, j'accuse ! Je porte plainte ! Signé avec du sang et des larmes ! Masses révolutionnaires, sachez notre situation ! »

Sur quelle planète notre glorieux astronef à remonter le temps vers la Commune de Paris nous déposait-il ?

Mais ces accablantes missives qui nous parvenaient à jet continu n'étaient pas les premiers signes d'une tournure inattendue de notre entreprise. Le mois de novembre 66 avait déjà donné au G.C.R.C. des occasions d'inquiétude. Ainsi que Chen Po-Ta l'avait redouté au point de vouloir le devancer, l'extrêmisme de la bruyante jeunesse étudiante et lycéenne campant à Pékin ou occupant les lieux scolaires de toutes les grandes villes avait commencé à se croire la seule force populaire valable; on envisageait froidement de se passer de nous, le comité directeur; on tentait de me faire jouer le rôle ridicule de l'apprentie sorcière qui ne sait plus comment maîtriser les puissances obscures qu'elle a invoquées. Un nouveau slogan apparaissait : « *Pas besoin de nounou pour faire la révolution* ! »

Il pouvait sembler aisé de la condamner comme du déviationnisme gauchiste. Mais les gardes rouges ne formaient pas un bloc monolithique. Tandis qu'un certain « Groupe des Sept », à Ting-Hua, une de nos plus grandes universités, se moquait des dithyrambes que t'adressait Lin-Piao : « Etudier la pensée du président 99 % de son temps n'est pas juste », un autre groupe, à l'Aéronautique, déclarait que notre pouvoir central ne respectait pas les « seize points » :

— Camarades du G.C.R.C., nous considérons que le mouvement actuel ne se développe pas d'une manière saine et profonde, mais se fige et glisse sur une mauvaise pente !

En décembre s'était levé « le Vent Noir. » Un garde rouge, Li, alla plus loin que tout le monde. Il m'accusait, ainsi que Chen Po-Ta, « d'envoyer des hommes partout avec tout pouvoir, et de duper les gens. » Et son slogan couvrit toute la capitale jusqu'à la place Tianamen :

FOUTONS EN L'AIR LE G.C.R.C. ET FAISONS LA REVOLUTION NOUS-MÊME

Cette fois-ci, je retrouvai le malaise et l'effroi que tant d'années plus tôt j'avais ressentis au début de la réforme agraire, en écoutant dans le « comté modèle » les gongs et les tambours des paysans à la joie frisant l'hystérie, qui m'acclamaient et que je savais imbus de leur illusion pathétique : la *tsé-tché,* la démocratie directe à Sun Yat-Sen.

Le vieux rêve de la « Cité des Saules » avait abordé une étape imprévue, à travers une violence jamais connue depuis les Taïpings — même en tenant compte qu'il n'y avait pas de massacre, rien que des exécutions hasardeuses ça et là. Heureusement, songeais-je, que ces excités n'ont pas connaissance des critiques, présentées sous une forme littéraire, de Deng-Tuo et de Wu-Han... C'était en germe le pire des périls : celui de s'en prendre à toi-même, qui faisait encore figure de chef adoré pour eux. Ainsi roulais-je de nouvelles pensées en saluant de la main ces vagues de flammes, les étendards rouges, tandis que de la forêt de petites têtes sombres montaient ces cris : « Faire la révolution n'est pas un crime ! » « On a raison de se révolter ! » « A bas le révisionnisme ! ».

Refusais-tu vraiment de partager mes appréhensions, ou par orgueil et entêtement avais-tu résolu de taire les tiennes ?

— Les jeunes font des bêtises, bougonnais-tu. C'est normal. Mieux vaut laisser aller.

Des bêtises ?

J'avais lancé certaines consignes : « Attaquer, frapper les gens, c'est s'en prendre à la peau et à la chair, mais le raisonnement transforme l'âme ! ». Ceci glissa sur les gardes rouges comme gouttes d'eau sur les plumes du canard. Le recteur de l'université de Wuha était une ancienne connaissance, un des fondateurs du Parti; il t'appela au secours; on le persécutait et il n'osait plus sortir de chez lui. Tu formulas une interdiction officielle. Ta réaction ne connut pas plus de succès que mes instructions; quelques jours plus tard ce vieux militant n'était plus. Roué de coups, inondé de pisse et d'encre son cœur usé n'avait pu résister bien longtemps.

Bon. Les ouvriers *Yu Laixi* et l'époux de *Liu* étaient morts de faim et de mauvais traitements; je n'allais pas pleurer sur le meurtre d'un intellectuel âgé, et qui n'avait pas su se faire aimer des jeunes. Mais leur mépris de tes défenses et de mes recommandations m'apparut comme un indice des plus graves. Tes propres amis n'allaient pas tarder à être en grand danger quand ils tombaient entre les mains de ceux dont tu disais : « La majorité est bonne; seule une minorité est mauvaise; nous devons laisser le chaos aller encore son cours quelques mois ». Que d'événements peuvent arriver en quelques mois !

Comme les télégrammes de supplications volaient jusqu'à toi plus nombreux encore qu'au temps des Cent Fleurs, quand Hu Hsiang-Schien, un des vétérans les plus célèbres de la Révolution te fit part de sa détresse tu l'invitas, ainsi que d'autres menacés, à habiter notre résidence de Chungnanhai. Sur le même ton de tolérance optimiste, je t'entendis les rassurer :

— Allons, il n'y a rien de « chaotique » à Pékin ! C'est une ville trop civilisée, voilà. Les étudiants ont simplement tenu un meeting de 100 000 personnes et découvert quelques assassins. Alors, ce fut la panique...

Pour moi, j'avais passé l'été à haranguer les masses et à analyser le développement d'une situation que je craignais de ne plus pouvoir contrôler; j'en avais négligé mon travail culturel. Lorsque je vis surgir les premiers slogans contre mon G.C.R.C. je repris du service à la censure; mieux valait me faire oublier quelque temps pour échapper à l'accusation de vedettariat. L'Opéra de Pékin fut ma première cible. Qu'avait-il fait, en quoi avait-il prouvé sa conscience prolétarienne ? le semonçai-je. Je mis fin à ce qui lui restait d'indépendance en le plaçant directement sous la coupe du G.C.R.C. Je déclarai à ses membres — silencieux et montrant un certain embarras — qu'ils s'étaient laissés contaminer par une singulière forme d'idéologie dont je rendis responsable, sachant fort bien sa disgrâce imminente, Liu Schao-Chi. Pendant ce temps, tu gourmandais tes collègues de la direction et leur demandais s'ils étaient prêts à diriger « le feu contre leur propre corps ? » A quoi ils te répondirent, aussi mornes que mes artistes de l'Opéra :

— Si nous ne sommes pas à la hauteur, nous démissionnerons. Ce n'est pas notre genre de vouloir une bonne vie entourée de sofas et de ventilateurs !

Mon plus grand souci restait de te voir perdre peu à peu tout empire sur Lin-Piao qui, te déifiant de la façon la plus délirante, remettait en question ton pouvoir en établissant le sien pas à pas. Pour tenir tête à l'ennemi intérieur du Parti et aux excès des gardes rouges, force était de t'appuyer sur lui et de consolider ainsi, par ta caution, une puissance qui du jour au lendemain pouvait se retourner contre toi. De plus, les intellectuels, furieux de ma prise de parti et de la mort du recteur de Wuha, désespérés de me voir prohiber tout ce à quoi ils se cramponnaient dans leur nostalgie passéiste, s'écartaient de plus en plus de « la pensée maozedong. » Ces reliquats de l'époque féodale et bourgeoise, formalistes décadents, ne pouvaient supporter ma condamnation sans appel de « la ligne des années 30 », cette école occidentalisée et mièvre qui restait pour moi rattachée à des souvenirs d'horreur : ma recherche d'un rôle, ma pénurie, mon humiliation d'être désirable et jeune, et d'en être avilie au lieu d'en être glorifiée. Les écrivains, les cinéastes, les peintres se lamentaient secrètement; un seul osa rompre le silence : ce fut le poète Lao-She qui, à la première chute des feuilles jaunes, se suicida en t'écrivant une lettre amère.

Au moment où montait la marée toujours furieuse du désordre et de la violence juvéniles, tu pus enfin placer la réplique préparée de longue main; lorsque, à Canton, au cours d'une session, le dirigeant local gémit :

— Le pouvoir nous a échappé !

Tu répondis avec promptitude :

— C'est parce que j'y ai renoncé délibérément !

Bien sûr, la conclusion s'imposait. Cette démission que tu avait offerte spontanément pour ne pas te la voir demandée, tu la faisais payer cher à ceux qui l'avaient acceptée. Tu manifestais ainsi que seul tu pouvais ramener l'ordre et la sécurité, et que cette inflation de prestige dont tu supportais avec impatience les excès dûs à Lin-Piao devait faire place au retour concret du pouvoir, et du pouvoir absolu.

C'est ainsi que tu goûtas le plaisir de clore par ces mots cette réunion consternée :

— Je regrette d'avoir résilié mes fonctions à la tête de ce pays.

Il était temps de faire sentir le mors aux gardes rouges. Le 25 novembre eut lieu leur dernier rassemblement massif. Le système ferroviaire était complètement perturbé; vu la gratuité des transports, des centaines de milliers d'adolescents et d'enfants bondaient les convois, embouteillaient les gares, à la grande terreur des habitants de la capitale. Cette fois, tu t'adressas sévérement à ces dirigeants du mouvement par nos soins déchaîné :

— Vous m'avez déçu, camarades ! Mais ce qui est plus grave, c'est que vous avez déçu les paysans, les ouvriers, les soldats.

Puis tu partis, selon ton habitude, après avoir frappé ce coup. L'hiver glacial de Pékin, dont j'avais tant souffert jadis, allait commencer. Pendant que tu regagnais Hangchow, je demeurai seule avec Chen Po-Ta, face à la grondante marée humaine; tu avais soixante-treize ans et ta santé déclinait. J'allais, en ton absence, assumer la responsabilité de régler son compte à notre ancien vieux complice, Liu, seul obstacle entre le retour du pouvoir et toi, donc entre le pouvoir et moi. Le tour de Lin-Piao pourrait venir plus tard.

Ce fut plus facile que je ne l'espérais. J'étais aidée au G.C.R.C. par Li-Min et Li-Na qui avaient depuis longtemps abandonné leur rêve de devenir ballerines et, comme le reste de leur famille, se donnaient corps et âme à la fiévreuse reconstruction du monde. Jeunes militantes, chargées de responsabilités, elles se trouvaient en prise directe avec les révoltés universitaires, leurs camarades; Li-Na avait du reste élu Yao, mon fidèle Shangaïen, pour partager sa vie; elle occupait le poste de rédactrice en chef du *Quotidien de l'Armée de Libération,* tandis que Li-Min, en qui l'on retrouvait la figure ronde et pâle et les articulations menues de sa mère Ho, dirigeait le comité de Contrôle de la Science et de la Technologie. Toutes deux connaissaient la fille de Liu.

Celui-ci avait rompu son ménage et épousé depuis peu la fameuse Wang Kuang-Mei, celle que j'avais connue autrefois à Yenan où elle traduisait des textes; elle y paradait dans des toilettes occidentales et même portait l'hiver un manteau de vison, tandis que je crachais le sang à faire la pionnière quelques kilomètres plus loin, à Nanniwan. La fille de Liu n'avait pas pardonné ce remariage.

— Je t'interdis de revoir ta mère qui ne cesse de te monter contre moi, lui avait déclaré ce père imprudent.

Il me fut facile, avec l'aide de Li-Na, d'organiser une rencontre entre la jeune fille et sa mère. Ce fut une débâcle de larmes, un chœur de malédictions contre l'infidèle. J'approuvais et jetais de l'huile sur le feu. Par gratitude autant que par colère contre Schao-Chi, la jeune fille consentit à me faire officiellement cette déclaration :

— Mon opinion est que mon père est effectivement le principal dirigeant du Parti à suivre la voie capitaliste ! Pendant plus de vingt ans, il s'est toujours opposé au Zhuxi et à sa pensée. Il ne travaillait pas à promouvoir le socialisme, mais le capitalisme.

Il existe autant de fructueux renversements d'alliance dans les familles qu'en politique. La mère de cette étudiante l'avait souvent grondée, l'accusant d'exercer des pressions sur son père; à présent, réunies par la présence de Kuang-Meï au foyer, les deux femmes s'étaient liguées contre l'homme.

— Je vous le promets, dis-je, cette Kuang-Meï ne l'emportera pas au paradis. Les gardes rouges s'en chargeront, le moment venu.

Quand tu revins de Chungnanhai où les jeunes assiégeaient le Politburo pour « poser des questions », le désaccord avait grandi entre eux et le fidèle Chou En-Lai. Semblable à un marin expérimenté dans la tempête, il leur tenait tête avec compétence :

— Avez-vous fini de passer votre temps à hurler vos slogans avec vos haut-parleurs ? Notre grand leader et nos camarades ont besoin de calme pour délibérer !

— Bon, ils sont seulement un peu arrogants, répondais-tu.

Je pense que le comble fut atteint le jour où tu trouvas inaccessible ta résidence où s'étaient réfugiés des personnalités en difficulté. Une foule de jeunes, les uns gardes rouges, les autres accoutrés bizarrement avec lunettes de soleil, bottes noires et matraques, campaient sur les pelouses à l'ombre des saules et autour des bassins; ils s'exerçaient au *kong fu,* tenant de petits meetings épars, ou jouant des clochettes et de l'harmonica, parfois s'isolant par couples pour échanger des baisers, mais exhibant avec arrogance des couteaux à cran et des pistolets sans perdre de vue les fenêtres closes. C'était parmi ces éléments inquiétants qu'on commençait à chuchoter le nom d'un meneur de vingt ans : Kuai Ta-Fu.

L'insolence de ces mutins dépassait l'imaginable. Les signes les plus fâcheux s'accumulaient à l'horizon de cette campagne qui avait commencé de façon si éclatante. Au début de 1967 nous devions voir le journal mural *Le fer de flèche vole et siffle* publier une caricature représentant un étudiant au poing levé, ligoté par la ceinture à un personnage sournois, coiffé d'une opulente toque de fourrure et lui tendant un sceau; le braillard intimait cet ordre :

— *Nous voulons nous révolter ! Nous allons prendre le pouvoir ! Livrez-nous immédiatement les tampons officiels !*

Et le personnage ainsi désigné : « Autorité suivant la voie capitaliste » répondait en souriant :

— *Je soutiens votre action révolutionnaire* !

C'était un sketch joué par les comédiens du groupe du 16 septembre.

Des contradictions inévitables pratiquaient des fissures dans le bloc de la révolte; ces jeunes gens se réclamaient du nom de « conservateurs », d'autres allaient jusqu'à se proclamer partisans de Liu, injure sanglante pour les autres. Ce qui, heureusement, limitait le danger amorcé par les manifestations d'irrespect à l'égard du Zhuxi et d'hostilité à mon égard; ces dernières restaient le fait d'une minorité, mais dont l'influence pouvait toujours s'étendre par l'activité de petits leaders comme ce Kuai Tai-Fu qui ne cessait de téléphoner aux membres du Polituburo pour, ensuite, publier leurs réponses contradictoires et se moquer d'eux autant que de ceux du G.C.R.C.

Les écoles d'Aéronautique et de Sylviculture se distinguaient par ce penchant à l'extrêmisme, en dépit de tes mises en garde et de tes froncements de sourcils. Dès le début de décembre 66, on avait pu lire sur les affiches du second : « Certains camarades fixent des limites aux masses et les ligotent sérieusement... » Les appels à « foutre en l'air le G.C.R.C. » fusaient de ces groupuscules : Solidarité Totale, Foudre, Fleurs de Prunier. Cette dernière appellation provenait d'une vérité bien connue en sylviculture : le prunier fleurit en plein gel, avec bravoure. Tu lui consacras toi-même un poème, « Neige, » jadis. Ce rappel littéraire ne me charma aucunement.

Chou En-Lai, selon l'habitude, trouva la réplique imparable :

— Le G.C.R.C. est du côté de Mao, donc, il est impossible de l'attaquer !

Mais que pèsent les mots les plus habiles en face d'un raz-de-marée ? Par quel argument apaiser un volcan ?

Le plus légalement du monde, je fis arrêter un des gardes rouges les plus en vue, le 17 décembre. Ce meneur avait fait crier des slogans hostiles au G.C.R.C. par trente mille personnes sur la place de la Paix Céleste qui jamais n'avait moins mérité son nom. Les gens de la Sécurité publique s'en emparèrent sans difficultés; avec Chen Po-Ta j'organisai la contre- attaque, en toute hâte. L'inculpé, nommé Li, restera trois ans en prison; j'en fis envoyer les complices, tous Cantonnais, dans une sévère maison de correction intitulée « classe d'études de la pensée Maozedong. » Mais Kai Ta-Fu demeurait encore insaisissable.

Après cet événement, pendant que les minorités bouillonnantes et convulsives que je viens d'évoquer braillaient sur tous les tons : « A bas Jiang Quing ! Faisons-la frire ! » et que Chen Po-Ta organisait, en m'en rendant compte, des raids contre l'Aéronautique et la Sylviculture, j'avais repris plus vigoureusement que jamais ma dénonciation de la réaction culturelle. Dans la petite salle ouest du palais du Peuple, au début de janvier 67, j'eus la satisfaction de voir se décomposer bien d'arrogants visages. Il s'agissait d'extirper les dernières racines des herbes empoisonnées dont les jardiniers, trop longtemps impunis, s'étaient nommés Liu Schao-Chi et Teng Hsiao-Ping. Je les accablai comme dépositaires principaux de la « ligne des années 30. » J'en profitai pour, au passage, régler en paroles son compte à Kuang-Mei, l'ancienne pin-up de Yenan, qui avait détruit le foyer de Liu. Tous ceux qui pouvaient garder quelques contacts, même passagers, avec les personnes ainsi accusées, commencèrent à trembler; le mois passé, les cinéastes et écrivains célèbres dont j'avais eu à me plaindre à Shangaï, dans ma jeunesse, s'étaient vus exposés au stade des Ouvriers avec au cou une pesante plaque de bois portant leur nom que barrait un x à l'encre noire. C'est pourquoi durant mon petit discours, je vis plus d'un auditeur pâlir; j'aurais pu discerner derrière leurs fronts, comme on voit tourner les poissons dans un aquarium, les réflexions et les pensées qui aboutissaient toutes à cette recherche : comment renier le plus solennellement tel ancien ami, telle vieille relation ? Je laissai régner le silence, puis repris avec la plus grande douceur, jugeant le moment venu pour appliquer tes dernières instructions :

— Quittez Pékin qui est encore infiltré par les organisations contre-révolutionnaires. Allez dans les usines, à la campagne, aux environs de Pékin. Mais il faut d'abord que toute attitude anarchique cesse, et restituer le pouvoir injustement confisqué.

C'était la meilleure solution : exhorter ces petits exaltés à débarrasser la capitale de leur présence, en soulignant les impératifs révolutionnaires de ce déplacement. Déjà, au cours de tes précédentes allocutions, tu avais suggéré ce départ, non sans y ajouter la pointe de malice traditionnelle : « Souvenez-vous que les trains sont gratuits ! » ce qui avait produit une formidable acclamation. Mais tu étais éloigné, malade, et je me faisais ton intermédiaire avec joie : il me devenait possible d'appuyer davantage mes propres instructions sur ton autorité. J'ajoutai donc ce qui me tenait le plus à cœur :

— Il faut, si vous voulez être unis, adopter une attitude dictatoriale à l'égard de la minorité qui s'obstine dans la violence !

Les ovations qui saluèrent la fin de mon homélie me réconfortèrent; nous allions pouvoir passer à l'attaque de nos agresseurs juvéniles et de tous ceux qui tentaient de nous déborder sur la gauche.

Tout le pays, en effet, était las de cette campagne interminable. Toi-même commençais à faire machine arrière :

— *Renversez tout,* c'est un slogan réactionnaire, déclaras-tu dans un nouveau discours. Mes amis, cessez de crier à tout bout de champ : « Le monde est à nous ! » Une citation de moi ? Peut-être. Je ne me souviens même plus si c'est vrai.

C'était vrai. Ta phrase datait de 1919, comme celle de cet éditorial sur la liberté de l'amour et du sexe, si peu conforme à la nouvelle morale maoïste.

Je pris une fois de plus la parole, en affirmant que je n'étais pas quelqu'un d'important, qu'on avait le droit de critiquer mes erreurs, mais... (La foule : « Soutenons la ligne correcte du G.C.R.C. ») Mais...

— Mais cette petite poignée de morveux qui persistent dans la ligne réactionnaire capitaliste, je ne veux même pas dire leurs noms, ce serait les flatter de ma bouche, je les méprise !

(Applaudissements, applaudissements).

Le représentant d'« Orient rouge » promit d'« exercer la dictature prolétarienne à l'encontre de Li et des siens. » Ceux-ci se réclamaient d'activistes dont le sigle général était « Vent Noir ». Le collectif dénonça toute attaque du G.C.R.C., — donc toute attaque tournée contre moi, — comme « *contre-révolutionnaire et mettant en péril la dictature du prolétariat.* » Les gardes rouges avaient perquisitionné au local de « Vent Noir » et trouvé des plans de soulèvement pour le 29 janvier.

Mais ce même jour, le ministère de la Sécurité publique fut attaqué par des éléments incontrôlés. Ils arrachèrent des murs tes proclamations, les remplacèrent par des slogans extrêmistes, et traitèrent le vice-ministre de vieille pédale. Ils devaient y revenir cinq fois et y distribuer des tracts portant cette phrase : « Profite de ta vie pour agir, quand tu seras mort, il sera trop tard » et, dit avec scandale le rapport de police, dévorèrent soixante livres de tête de porc « en s'écriant : *Putain de leurs mères, il est bon, le lard du ministère de la Sécurité* », et d'autres slogans réactionnaires. Tout en tirant avec des pistolets bourrés de clous, ils criaient encore : « A bas Chou En-Lai, à bas Chen Po-Ta, Jiang Quing à la friture ! »

Arrivée à ce paroxysme, la situation ne pouvait plus se régler que par des épreuves de force. Il était surtout urgent de contrôler Shangaï, ce bastion du Parti. Grâce aux deux Shangaïens du G.C.R.C., grâce aussi à la puissance de l'appareil syndical qui dépendait du comité Central, nous pûmes regrouper 700 000 adhérents au « quartier général des unités de défense rouge ouvrière pour la défense de Mao Zedong. » Cet organisme géant donnait piètre mine au quartier général de Chung-Chiao. C'est ainsi que la municipalité s'organisa activement contre les rebelles qui, de plus en plus puissants, s'apprêtaient à retourner contre toi et moi les armes que nous-mêmes les avions incités à prendre.

Mais comme à l'occasion de cette prise en main du pouvoir défensif, les ouvriers criaient bien haut les atrocités qu'ils nous avaient écrites depuis plus d'un mois, et dénonçaient les conditions de travail et la bassesse des salaires, leurs revendications mirent le Parti dans une situation délicate. Les cheminots décrétèrent la grève; les coupures d'eau et d'électricité menacèrent de paralysie cette ville de dix millions d'habitants. Les communes populaires, à leur tour, se prirent à s'agiter; les paysans désertaient les champs, gardaient ou utilisaient le ravitaillement des villes. C'est dans ce contexte effrayant que les hommes de Chung-Chiao réussirent à s'emparer des medias, après de sanglants affrontements qui ramenaient aux jours de Tchang Kaï-Shek; sitôt leur victoire, ils purent condamner par la radio et par la presse la grève des travailleurs en tant qu'« arme de ceux qui suivent la voie capitaliste. » Ce qui n'empêcha pas la grève de s'étendre à partir du 9 janvier et de l'« Avis urgent » qui fut diffusé par les vainqueurs de Shangaï ! Malgré l'envoi des étudiants pour remplacer les dockers, la grève se poursuivait toujours, en grande partie par la faute d'un groupe ultra-gauchiste du nom de « Lutte Totale » qui, le 18 janvier, réunit les leaders de tous les autres activistes. Force fut donc d'envoyer la troupe pour soumettre les grévistes et rétablir l'ordre.

— Le Vent Noir m'a fait trembler, m'avouas-tu cette nuit-là, après la défaite des rebelles.

D'une vieille voix fatiguée que je ne t'avais jamais entendue, Dragon Rouge.

III

— Rien que des jeunes gens ! dis-tu en souriant tandis que les quatre premiers rebelles entraient dans la pièce.

C'était l'épilogue de la Révolution Culturelle. Tu les avais convoqués après avoir tenté de mettre un terme aux luttes entre les factions des gardes rouges et t'être résolu à occuper militairement l'université de Pékin où le désordre s'était incrusté. En Europe aussi, la révolte des étudiants avait fait long feu; elle s'était éteinte depuis deux mois en France où le général de Gaulle avait repris le pouvoir.

— Tiens, c'est toi ? lanças-tu à l'adresse de l'un de ces garçons aux mines farouches, suivis de filles encore armées. Tu n'as donc pas été tué ?

La lumière de juillet gorgeait le bureau; je m'étais assise sous le ventilateur désuet.

— Il y a longtemps qu'on ne s'est pas vus, dis-je à mon tour, toute douceur.

Tu serrais les mains de ces adolescents :

— La dernière fois qu'on a dû se croiser, c'est sur la place Tienamen, mais comment aurait-on pu se parler ? C'est bien dommage ! Mais j'ai lu tous vos écrits. Je comprends parfaitement votre situation. Pourquoi Kuai Ta-Fu n'est-il pas avec vous ?

Le nom de l'absent fit régner une certaine gêne. Les visiteurs échangèrent quelques regards. Ce meneur appartenait à l'espèce de ce Li que j'avais fait arrêter deux ans plus tôt; à son honneur, il faut rappeler que Liu

Schao-Chi avait parlé de « l'abattre comme un chien. » Un des chefs présents répondit que Kuai avait voulu protester, en ne les accompagnant pas, contre l'occupation militaire de l'université de Pékin.

— Ce n'est pas vrai ! s'interposa une des filles.

Elle rosissait d'ardeur à le défendre. Elle avait de longs cheveux soyeux et une frange sur le front, des paupières finement découpées et un petit buste dodu de caille sous sa vareuse grise tachée et déchirée. Un baudrier passant entre ses seins soutenait l'étui sans doute vide d'un revolver.

— Comment t'appelles-tu ? demandai-je sèchement. Je te reconnais.

— Han Ai-Ching.

Presque le même nom que ton dernier fils vivant; cela te fit tourner vers elle, et tu commenças à parler de la « Main Noire », ce sigle sous lequel on désignait tout ce qui sabotait l'action des gardes rouges depuis le début de l'année 68. Cependant qu'elle t'interrompait :

— Non, Kuai n'a sûrement pas pu se libérer; s'il apprenait qu'il y a en ce moment une réunion avec le G.C.R.C. il pleurerait, j'en suis sûre.

Je compris qu'elle était amoureuse de lui. Tu saisis la balle au bond :

— Kuai devrait capturer la Main Noire, dis-tu en riant. Seulement, la Main Noire, c'est moi ! Pourquoi n'est-il pas venu s'emparer de ma personne ?

Et, les regardant à tour de rôle :

— Comment ne pas appeler l'armée, si vous ne pouvez plus contrôler la situation ? Comment ne pas faire appel à Lin-Piao ? Voilà deux ans que vous faites la Révolution Culturelle, et aujourd'hui vous vous disputez sans arrêt, vos querelles se déroulent les armes à la main. Le peuple n'aime pas ça. Les paysans, les ouvriers ne sont pas contents. Les habitants de Pékin non plus. La plupart des étudiants non plus. Et même parmi vos partisans, il y en a qui ne sont pas contents. Pensez-vous pouvoir faire de cette façon l'unité du pays ?

Tout le monde se mit à parler à la fois. Le sujet principal était l'arrêt des études : prévu à l'origine pour un mois, il avait été prolongé d'un an, puis de deux. « Prenez autant d'années que vous voulez, mais que tout rentre dans l'ordre ! » t'écriais-tu. Celui qui avait parlé le premier prit encore la parole :

— Qui est intervenu en faveur du groupe armé de l'Institut pédagogique, ces rénégats ?

— Moi, dis-je.

Tout le monde me regarda.

— Tu avais donc de la sympathie pour ces déviationnistes, camarade Jian Quing ?

— Non, pas tellement. Mais vous leur aviez coupé le ravitaillement, l'eau, l'électricité. Pendant trois mois, en plein été, ils n'ont pas vu la lumière du jour ! J'ai trouvé ça inhumain. Après tout, eux aussi font partie des masses. S'ils veulent partir, qu'ils soient libres de le faire. Oh ! on dit qu'ils veulent me pendre. Je n'en ai pas peur, pas plus que de ceux de Ching-Kangsha qui veulent me faire frire dans l'huile bouillante. Non, je n'ai pas peur de ceux qui veulent me faire frire !

Mon gendre Yao, assis à ta gauche, me toucha la main de façon apaisante :

— Voyons, camarade, ne prends pas ça au tragique, c'est une simple façon de s'exprimer !

Je me tus et me mordis les lèvres. J'avais cédé à l'émotion et me le reprochais. J'avais commencé tactiquement, en faisant montre de « sentiments humanitaires prolétariens »; et une fois de plus je m'étais laissée emporter, tant l'indignation des menaces de ces morveux m'avait prise à la gorge.

A ce moment, arriva Kuai Ta-Fu. Son entrée souleva quelques remous; Han Ai-Ching eut un mouvement de tout le corps vers lui puis se rassit, confuse. Tu serras la paume du garçon plus longtemps que celle des autres; les larmes roulaient sur ses joues. Il murmura que la Main Noire manipulait les travailleurs qui, joints aux soldats, occupaient l'Université. C'est alors que tu lui répétas de la plus plaisante façon du monde : « La Main Noire, c'est moi ! » Main Noire contre Vent Noir; juillet contre décembre. Kuai s'assit, muet et pâle. Yao leva l'index pour attirer l'attention : « Ecoutez les paroles du Zhuxi ! Elles pèsent lourd aujourd'hui, elles ont un sens profond ! »

— Allons, grognas-tu, assez de flatteries. Ecoutez, jeunes gens...

Je continuais à ruminer. Je me souvenais d'Ai-Ching. Je l'avais déjà affrontée au cours de réunions des leaders gardes rouges. Elle appartenait avec Kuai à la faction que je détestais le plus pour son insolence, bien que celle-ci n'allât pas jusqu'à prétendre me pendre ou me faire frire; ce moment était pour moi celui d'une revanche. Les regards énivrés qu'elle adressait de temps en temps à ce trublion me révoltaient comme une faute idéologique dans un film ou une pièce de théâtre.

Lin-Piao se joignit à Yao pour demander au jeune Kuai de reconnaître ses fautes. « N'emploie pas cette expression », dis-tu. La tête baissée, ratatiné sur sa chaise, le garçon se taisait; il avait essuyé ses larmes. Lin-Piao se tourna vers le groupe de jeunes :

— Aujourd'hui, le Zhuxi a pris la peine de s'occuper personnellement de vous. Une foule d'écoles et d'universités ont réalisé à travers le pays une grande alliance révolutionnaire; mais votre établissement et quelques autres sont restés en retard. Il vous faut y remédier. Vous n'avez pas assez bien compris l'évolution de votre rôle à chaque étape du mouvement.

Ai-Ching qui n'y tenait plus intervint encore en agitant ses cheveux trop longs qui lui tombaient sur les épaules. Cette brillante soie noire me rappela ma coiffure dans *Maison de poupée.*

— J'aime Kuai ! Je sais bien que le suivre me rapportera un tas d'ennuis. Mais je pense que c'est mon devoir de l'aider pour qu'il ne s'effondre pas. Son destin est lié à celui de tous les gardes rouges dans le pays, et c'est un élément qu'il faut garder en mémoire.

— Tu refuses de faire ton autocritique ? criai-je. Que de fois je te l'ai dit : ton attitude n'est pas correcte !

— Voyons, dis-tu en fronçant les sourcils, pourquoi l'enfoncer davantage ? Tu fais toujours des reproches aux autres, mais quand te critiques-tu toi-même ?

Je me sentis blêmir. Jamais on ne m'avait infligé un pareil désaveu public. Venant de toi, c'était pire qu'un outrage. Je fis front :

— J'ai seulement dit qu'elle avait vraiment peu l'esprit d'autocritique !

— Oh, les jeunes n'aiment pas la critique. Ils sont subjectifs, ils critiquent les autres... Quand j'avais son âge, je n'étais pas différent.

Puis souriant au petit couple :

— Que pouvez-vous faire contre la Main Noire ? M'arrêter ? De toute façon, je suis de votre côté ! Allez, voilà des heures que nous parlons, il va être temps de dormir. Kuai, si tu ne sais où dormir, va chez Ai-Ching. Et toi, Ai-Ching, prends bien soin de lui. La lutte armée a duré trop longtemps. L'unité est nécessaire, et si Kuai Ta-Fu n'est pas avec nous, nous ne pourrons la réaliser.

La réunion fut close sans que Kuai ait consenti à reconnaître ses torts ni à faire aucune promesse. Le mois suivant, tu réunis le comité Central; Liu Schao-Chi était privé de toute fonction désormais dans le Parti; et la mission des gardes rouges, par ailleurs, avait pris fin. Kuai fut arrêté à son tour. Ai-Ching a disparu. Sans doute est-elle réfugiée dans quelque province, ou est-elle allée travailler la terre ?

Cette impasse où s'est engagé l'épilogue de la Révolution Culturelle est pour moi, aujourd'hui, dans la cellule où je me trouve, un souvenir de douloureuse perplexité. Quelque chose n'a pas marché, mais à quel moment ? Où se situe la faille ?

L'optimisme qui demeure le fond le plus tenace de notre vieux peuple, avec le goût du secret, me remet en mémoire le bref poème traditionnel :

Si l'eau du fleuve est pure
Tu peux y laver les glands de ton chapeau
Si elle est boueuse
Tu peux toujours t'y laver les pieds.

Mais ce cours du temps, de 66 à 68, fut-il pur ou impur, et que peut-on y purifier ? L'ornement du couvre-chef ? Les pieds nécessaires à la marche ?

Wang Hung-Wen, incapable de régler la situation explosive de la grande grève shangaïenne, malgré le retour de l'ordre, n'osait plus remonter à Pékin. Aucune des revendications ouvrières n'avait pu recevoir de réponse définitive, vu l'état de notre économie et le retard industriel, aggravés par le rappel des techniciens soviétiques. Le « comité révolutionnaire » directeur, étant composé des militaires, des cadres et des anciens rebelles, c'est dire les tensions inévitables qui en résultaient; là aussi, le contrôle omniprésent de l'armée fut nécessaire. La « grande démocratie », où était-elle ? Une sorte de morne stupeur, dont chacun se souvient, s'abattit sur toute la Chine. Et moi aussi, j'en ressentis l'accablante impression : celle d'un brouillard qui annonce l'hiver.

C'est alors que je fis cette chose folle et inutile : aller visiter dans sa cellule un de mes pires ennemis, celui qui signait « Puer Malitiosus » à l'époque des Cent Fleurs, quand il était lycéen. Ce fut une démarche secrète. J'en ai rougi, depuis lors; aujourd'hui je m'arrête à la discuter intérieurement, entre moi et moi. Mais cette évocation m'est encore insoutenable; je ne sais si, plus tard, au cours de ces réminiscences, je pourrai supporter de me la raconter à nouveau en détails. Et pourtant, que de cauchemars m'a valu cette visite !

Lin-Piao ne t'avait déifié que pour mieux te défier.

Son complot ne pouvait que se développer sur un terrain favorable : d'une part sa bruyante fidélité affichée si haut, avec de telles flatteries qu'on ne pouvait que se demander : « Mais peut-il croire à ce qu'il raconte ? » et de l'autre l'état déplorable de tout le pays après la Révolution Culturelle, que beaucoup t'accusaient tout bas d'avoir déclenchée et encouragée pour ne faire intervenir l'armée qu'au dernier moment.

Dans notre langue, *wu-chi-hi* signifie « soulèvement. » Mais *Wu* veut dire également cinq, *chi* sept et *hi,* un. Voilà pourquoi la famille de Lin-Piao choisit, pour nommer son plan, le nombre 571.

La femme de Lin, Yeh-Chun, détenait le grade de général; leur fils, qui s'appelait en code « le Viscount », était directeur adjoint de l'Aviation. Le document saisi qui fournit la preuve de leur plans d'insurrection comportait ce passage : « *Les gardes rouges ont été trompés, manipulés, transformés en chair à canon avant de devenir en fin de compte des boucs émissaires. Une clique d'intellectuels régente tout de façon tyrannique...* »

C'était l'affrontement du baril de poudre contre l'encrier.

Tu avais expédié les jeunes intellectuels et les étudiants à la campagne, pour qu'ils se mettent à l'école des paysans et des dures réalités de la terre; tes ennemis soutenaient que c'était l'équivalent d'une condamnation aux travaux forcés; la plupart, dans les années suivantes, s'enfuirent et revinrent clandestinement en ville ou émigrèrent à Hong-Kong. Mais les projets de Lin-Piao qui espérait tirer parti des déceptions et des colères de la Révolution Culturelle échouèrent grâce à sa propre fille, Tou-Tou, qui t'avertit à temps de l'attentat préparé contre toi : une bombe qui aurait dû éclater pendant le trajet en train vers Shangaï où tu allais t'entretenir avec les cadres de province. C'est grâce à cette jeune fille que tu pus rentrer indemne à Pékin, et prendre connaissance du plan 571 qui te nommait « B 52 ». Lin-Piao fut immédiatement et secrètement exécuté. La version officielle, quand sa trahison fut révélée au peuple ? Son avion s'était écrasé en Mongolie, alors qu'il essayait de fuir en U.R.S.S. Le démenti soviétique n'avait aucune importance; ces gens-là n'arrêtaient pas de mentir.

Une fois encore, ton éclatante étoile avait refusé de s'éteindre. Tu le constatas en me rappelant tous ceux qui avaient voulu t'abattre et qui n'étaient plus aujourd'hui que des ombres : Wang-Ming de 1931 à 1934, avec le soutien de Po-Ku, plus personne ne lui accordait crédit, même chez les Russes ! Et le généralissime Tchang, si supérieur en forces ? Et Peng Teh-Huai, en 1959, tout vétéran et maire de Pékin qu'il était ? Et Liu Schao-Chi en 1967 ? Eh bien, en 1970, ce n'est pas non plus Lin-Piao qui aura pu réussir ce que tant d'autres avaient tenté en vain.

A présent, tu commençais à te méfier de Chou En-Lai, pourtant irréprochable. Un ennemi intérieur pire que toute la vermine ici énumérée te menaçait, et tu le savais : l'âge. Ton insolente santé en subissait les premières attaques. A soixante-dix-sept ans, ton obésité devenait menaçante. Tu haletais en marchant, sans te résoudre à diminuer ta ration de cigarettes. Kissinger en visite le remarqua, tout en observant qu'il se dégageait cependant de toi la même impression de puissance invisible et que votre conversation avait ressemblé à l'ouverture d'un opéra de Wagner. Cette entrevue à la fois rehaussa ton prestige et te coupa tout à fait de l'aile gauche du Parti. C'est pourquoi le ministre des Affaires étrangères dut te justifier, peu après, à l'occasion du passage de la ravissante Imelda Marcos, la première dame des Philippines; expliquant que le Zhuxi savait distinguer ce qui était important (l'entretien avec Kissinger) de ce qui ne l'était pas (cette venue.) Et il lui fallut ajouter avec dégoût et indignation, au sujet d'Imelda dont le merveilleux visage l'avait scandalisé : « Elle a dû être choisie à l'occasion d'un concours de beauté. Produit typique du capitalisme pourri ! »

Pendant ce temps, moi que nul ne pouvait plus croire « choisie à l'occasion d'un concours de beauté », je mettais à profit ton vieillissement, qui t'orientait plus tôt vers les réceptions des grands étrangers, pour former une équipe qui prenait petit à petit forme de cabinet ministériel. Chang Chung-Chiao et mes deux Shangaïens, d'une fidélité inconditionnelle, m'aidaient à gérer le pouvoir grandissant qui reposait entre mes mains. Tout le monde savait que tu approchais de ta fin; et toi-même qui naguère faisait tant d'allusions à ta mort, tour à tour courageuses et mélancoliques, tu n'en parlais plus jamais; c'est un signe qui ne trompe pas.

Aucun politicien de quelque envergure ne se dressait à présent dans la sphère dirigeante; Chou En-Lai, malade lui-même, disait qu'il ne te survivrait pas; ce fut toi qui devait lui survivre, quoique de bien peu. Je commençais à mon tour à recevoir des personnalités de l'Occident; puis un jour, avec l'accord de Chou et de notre futur traître, Wang Tung-Hsing, j'offris hospitalité et confidences à l'Américaine Roxane Witke, dans ma villa de Canton. Tu ne devais pas me le pardonner.

IV

Me voici revenue dans la salle d'où je me suis fait expulser. Autant dire : sur une autre planète, dans une autre dimension. Je volais, comme l'acrobate de trapèze en trapèze, l'astronaute d'étoile à étoile, d'une année à l'autre; je remontais à mon enfance, je faisais halte dans ma jeunesse, je me remémorais l'année des gardes rouges, j'allais aborder notre brouille et ta fin; et me voici clouée à mes soixante-six ans, à ma captivité, à l'attente de la condamnation et de la mort, l'une et l'autre imminentes.

Lac vivant dont chaque goutte est un être humain, agité parfois de risées, stagnant entre les mêmes murailles; cage à trois côtés en face du tribunal où nous prenons place. Nos yeux se fixent sur l'emblème rouge qui décore le mur du fond. Notre oreille droite à chacun loge un micro-écouteur. Parfois tout cela chavire vaguement et redresse; quatre ans d'isolement ont troublé ma perception. De plus, ma surdité a quelque peu augmenté. Je suis entrée cependant en levant le menton bien haut, un sourire ironique aux lèvres, et regardant de tout côté avec un intense mépris. Tout comme se serait comportée Christine de Suède. Ou, du moins, Garbo jouant ce rôle.

Il sont là, autour de moi. Mes principaux complices, dit-on ? « La bande des Quatre » en compte plus que quatre, aujourd'hui. La foule venue pour notre mise à mort attend le spectacle; mais je la sens prête à s'amuser aux dépens de nos juges autant qu'aux nôtres; tout est bon pour échapper à l'ennui épais qui s'est abattu sur ce pays avec la disparition de son dieu de la Longue Marche et l'arrivée du petit Hua et de son socialisme *new-look.*

Le débile salaud.

Voici Chang Ching-Chiao, soixante-trois ans aujourd'hui, affligé d'un cancer; il y a huit ans, il croyait devenir Premier Ministre. Voici Yao, quarante-neuf ans, avec sa tête de marcassin hagard; ses yeux injectés fuient les miens; il acceptera donc de déposer contre moi, l'excellent gendre. Puis Chen Po-Ta, soixante-seize ans, figure burinée, tempes blanchies, qui défaille; des poches brunes et flasques soulignent ses yeux. Il grimace de souffrance. Cancéreux, lui aussi ? Le goret du tribunal appelle en souriant, donne un ordre : on fait asseoir le vieillard avant nous, un médecin se présente avec une seringue. Je vois d'ici l'argument pour la presse étrangère :

— Voyez, les maoïstes nous ont persécutés pendant la Révolution Culturelle, mais nous...

Cette preuve d'humanité administrée pour la bonne publicité de l'entreprise, arrive le plus jeune des accusés. Wang-Wen. En 1970 il était le numéro trois : tout de suite après Zedong et Chou En-Lai. Il retire sa casquette, la fourre sous son bras d'un geste gauche. Les deux mignonnes en uniformes qui l'encadrent ne le regardent pas; mon œil de photographe qui joua si bien avec les couleurs s'attarde une seconde, pas plus, sur le contraste harmonieux de leur costume bleu sombre avec le bleu ardoise de sa vareuse, cette teinte unanime qui fit jadis de chacun de nous une pie de Pékin. Les policières ont de ravissants visages figés, des masques théâtraux sous les lourdes franges, des lèvres en fleur qui ne sourient pas, des gants immaculés d'hôtesses de l'air. On nous permet de nous asseoir.

— Faites entrer le premier témoin.

Est-il possible ? C'est bien de mon accusation qu'il va être question aujourd'hui. Ce témoin n'est autre que

Mo-Sha, l'ancien écrivain communiste, mon hôte de Shangaï !

Je le reconnais parfaitement malgré les années qui se sont accumulées sur lui. Son élégant visage carré, ses lunettes à mince monture, l'argent de ses cheveux dégageant le front et les larges médaillons des tempes. Il me jette un regard de côté, et ses mains posées sur la barre frémissent nerveusement, puis d'une voix sourde il énumère son nom, son âge, son statut d'écrivain. (Mais depuis combien de temps n'a-t-il pas écrit ?) Il baisse le front, sa voix est si faible que le président le prie de parler un peu plus distinctement.

— Que s'est-il passé à votre arrestation pendant la Révolution Culturelle ?

— J'ai été sauvagement battu, répond-il à peine moins bas, et il tremble.

C'est un fait certain : il n'ose regarder de mon côté.

— De quoi t'accusait-on ?

Voilà ce que je voudrais lui entendre demander; mais on se gardera de lui poser cette question.

Moi seule peut-être, de ma place, je pourrais réciter sa biographie exacte. Il a fait partie, vingt ans après son hospitalité si réticente, du comité Préparatoire de l'Association des journalistes chinois. Il a dirigé le Département de l'Enseignement du comité Municipal Communiste de Pékin. Et, en 1960, il est devenu vice-président de cette clique révisionniste, l'« Association de l'amitié Sino-soviétique ». Non content de ceci, le voilà collaborateur de Deng-Tuo, l'écrivain qui t'a insulté; et aussi de Wu-Han, qui a récidivé. A tous trois ils ont publié un ramassis de critiques empoisonnées qui s'intitulaient *Chronique du village des Trois Familles.*

C'est en mai 1966, quand la Révolution Culturelle battait son plein, qu'il a été accusé. De quoi ? D'être un des membres de la faction encore plus révisionniste qui s'était créée dans la foulée de ces écrits : *Le Village des Trois.* Leurs buts avoués, le pacifisme et le réformisme, bien entendu, c'était le rejet du socialisme et de tout esprit révolutionnaire.

Je le dévore des yeux, cherchant son regard qu'il ne m'accorde pas. Je songe à son article, *Les fantômes sont inoffensifs,* où en 1961 il présentait la défense de certains écrivains du passé condamnés comme réactionnaires. Peut-être me prend-il déjà pour un fantôme moi-même ? Non, son regard pourrait me traverser ! Il ne doit pas la croire si inoffensive, Pomme Bleue, en dépit de sa captivité et de son actuelle impuissance.

— Je n'ai pas été le seul à subir ces traitements, se met-il à gémir. Le premier secrétaire du Parti de Pékin, tenez... il a gardé les menottes pendant cinq ans !... Et moi, moi...

Les mots s'étranglent dans sa gorge et il porte un petit mouchoir plié en quatre à ses yeux.

Ah, Mo-Sha, Mo-Sha de vingt-deux ans, m'ouvrant sa porte à Shangaï au cours de ces années 30 ! Je revois cette petite table sur laquelle j'étais obligée de dormir ! Sa grosse femme plaintive et nasillarde : « Elle va partir bientôt, cette étrangère ? J'attends un enfant, moi... » Cet enfant, je ne sais même pas si ce fut un garçon ou une fille, doit être quadragénaire aujourd'hui. Je m'appelais alors « Grue des Nuages » dans la clandestinité. Et j'avais si peur d'être livrée par les Mo-Sha à la police que je leur ai laissé en partant une somme que j'avais empruntée, et que j'ai dû rembourser en me privant de nourriture. Je le regarde, et soudain ses larmes coulent. Je le hais si fort que mon cœur tape. Il reprend : « Moi, toutes mes dents ont été cassées. C'est seulement depuis peu... (il suffoque) qu'on m'a fait un dentier. »

— Oh, ça suffit, inutile de faire un tel cinéma !

Grand remous dans la salle. Les juges s'étranglent derrière leurs micros. Je continue, incapable de me contenir. En moi bouillonne l'âme de la reine Christine mettant à mort Monadelshi.

— Assez, Jiang Quing ! Tu persistes dans ton attitude criminelle !

— Vous ne faites témoigner que des traîtres ! Ce procès est une farce !

Babouin frappe du poing ses paperasses :

— Qu'on l'expulse !

Pour la seconde fois, les deux starlettes à uniforme de la police et gants blancs se précipitent sur moi et m'empoignent de chaque côté, m'entraînent sans que bouge un de leurs sourcils, une seule mèche de leur perruque de poupée. Les rangs de l'assistance s'émeuvent; on me suit des yeux, certains se lèvent à demi de leurs sièges pour regarder avec curiosité cette abominable insolente qu'on ramène en prison. Moi, je tremble d'une telle fureur qu'il m'est difficile de ne pas fondre en larmes. Surtout pas cela. Bon pour les Mo-Sha de geindre et de pleurnicher !

Ma bonne cellule, te revoilà. Bonjour au bat-flanc, bonjour aux quatre murs, aux barreaux, à la tinette et à la table. C'est l'heure de dîner; va-t-on m'en priver par représailles ? Non, voici le bol de riz au soja et le thé. Je repense à ma table de Canton où, laissant l'alcool de riz à mes femmes, je faisais voler les baguettes au-dessus des beignets et des lychees et ne buvais que de l'eau pure dans les tasses faux Song, ce que notait gravement ma biographe. Voici comment a pu prendre forme l'accusation d'avoir livré des secrets d'État à l'étranger.

V

— Tu as fait cela, tu as osé le faire !

Toutes portes closes, tu fulminais depuis combien de temps ? La scène me paraissait avoir duré des heures. Après avoir tenté de répondre, je te laissais crier.

Tu remplissais le lit de ton énorme corps. Ton visage de bouddha fatigué frémissait sur l'oreiller, chaque mot agitant de vibrations les plis de ton front et de tes bajoues jusqu'au grain de beauté toujours intact et rond comme un petit monument dans un paysage bombardé. De temps à autre, ton poing frappait le drap. L'infirmière congédiée ne devait pas oser écouter à la porte. Du moins je l'espérais.

Debout sous le ventilateur qui brassait l'air moite, je finis par m'asseoir et tirai la chaise à ton chevet.

— Peux-tu m'écouter quand même ?

Je me hâtai de parler pendant qu'une quinte de toux t'étouffait. Malgré ton emphysème, tu n'avais pu reconcer au tabac.

Je rappelai les personnalités de toute dimension qui s'étaient succédées au palais du Peuple. Kissinger, Nixon. Au sujet de ce dernier, mon hôtesse, journaliste de gauche, s'en était étonnée; je lui avais répondu séchement : « Si Nixon n'était pas venu ici, vous n'y seriez pas non plus. » N'était-ce pas moi, du reste, qui avait recommandé pour cet entretien, Nien Si-Tang, comme interprète ? Bon ! remontons plus loin encore, à Yenan; le futur Zhuxi n'a-t-il pas reçu Edgar Snow ? Ne lui a-t-il pas dicté sa future biographie ?

— Ai-je versé dans de tels ragots, moi ? réponds-tu avec une violence renouvelée. Ton goût pour les films américains ! Et les confidences sur ton passé ? Et bien pis, les histoires des tensions au sein au Parti, des réglements de compte entre dirigeants, de ma stratégie personnelle !

— Oh, tu me donnes mal à la tête avec tes imprécations !

J'avait élevé le ton en quittant mon siège dans un mouvement de fureur et je vis sur le seuil, une seringue à la main en guise d'alibi, l'infirmière aux yeux écarquillés d'horreur.

Je quittai l'appartement après cette scène. Tout le monde savait déjà, au palais, au Comité Central, au Politburo, qu'un grave différend avait éclaté entre nous au sujet du passage de cette jeune sinologue et des soixante heures d'interview que je lui avais accordées. L'affaire ne me touchait pas autrement; je ne passais plus que quelques heures par semaine à ton chevet depuis que ton déclin me laissait entre les mains tant de responsabilités qu'il m'était difficile d'y faire face. Et cette difficulté même m'était une joie. Tu ne pouvais te passer de moi en me renvoyant comme un quelconque ministre; j'étais non seulement ta secrétaire depuis trente ans, mais ta femme, la mère de Li-Na, la seconde mère de Li-Min, et de plus en plus on s'habituait à voir en moi l'héritière de ton pouvoir.

Je profitais de cet éclat pour aller m'installer ailleurs, à la *Terrasse des Pêcheurs*, la résidence qui avait hébergé Nixon peu de temps auparavant. Tes droits d'auteur sur tes œuvres complètes t'avaient rapporté une fortune à laquelle tu semblais, comme de coutume, fort indifférent; tu ne changeais pas en approchant de la mort, tu restais avide de prestige et de puissance, mais totalement désintéressé. Je prélevai, avec ton accord, une somme importante pour mes besoins personnels et mes frais généraux; tes représailles furent de m'annoncer :

— Désormais, quand tu voudras me voir, tu auras la bonté de me faire tenir un mot à l'avance, afin que je te fixe rendez-vous.

C'était un printemps à la lumière éclatante. Tu te préparais à présider pour la dernière fois un congrès du Parti, le dixième; mais tu ne pouvais te déplacer d'une pièce à l'autre sans l'aide d'une infirmière. Les ombres qui marquaient ton visage le faisaient ressembler à la lune dans son plein, quand au bout de la longue-vue on en discerne les reliefs qui sont autant de taches sombres. Tu reçus le président de la République française, Georges Pompidou, qui n'avait pas non plus beaucoup de temps à vivre, mais lui il ne s'en doutait pas. « Je suis brisé », lui déclaras-tu franchement.

Quand je descendis pour la première fois de la chambre réservée pour moi dans la somptueuse villa-palace de Tiaoytai, pour visiter la terrasse d'est qui s'étendait entre les buissons de roses et les rhododendrons, j'entendis avant même d'être sortie du hall un bruit léger, rythmé et bondissant qui me fit battre plus vite le cœur; c'était celui qui me ramenait aux jours de fête de Yenan, la cadence rapide des balles de ping-pong entre la raquette et la table. Je sortis en me protégeant les yeux du soleil, et vis un jeune homme à la silhouette élancée, aux bras brunis et aux sourcils droits comme deux coups de pinceau qui s'arrêtait en se lissant les cheveux d'une main, cueillant de l'autre la dernière balle avec l'aisance d'un chat qui joue à la pelote; il s'inclina devant moi :

— Je suis très honoré , camarade Jiang Quing ! Nous sommes voisins de palier. Je m'appelle Tchang Zedong.

Il reposait près de moi lorsque je lus ton refus de me recevoir, après le billet pressant que je t'avais fait tenir au sujet de la campagne anti-Confucius :

« Cela ne servirait à rien qu'on se voie. Tu ne lis pas les livres de Marx et de Lénine, pas plus que les miens. Alors, pourquoi me rencontrer ? Tu t'es fait trop d'ennemis. Encore heureux pour toi que je sois là. Que deviendras-tu après ma mort ? J'ai quatre-vingts ans et je suis en mauvaise santé. Et tu veux encore me fatiguer avec tes histoires futiles ? Pourquoi n'as-tu pas plus de considération pour moi ? Certes, j'envie le couple Chou En-Lai ! On s'est vu je ne sais combien de fois, mais tu ne tiens aucun compte de mes remarques. » Il y en avait ainsi des pages et des pages.

— Camarade Jian Quing, dans combien de temps dois-je venir vous chercher chez le prisonnier ?

— Vous n'avez qu'à rester à proximité. J'appellerai quand j'aurai envie de sortir.

Le gardien s'incline avec respect et s'éloigne de quelques pas tandis que j'entre dans la cellule de « Puer Malitiosus ».

Pourquoi cette curiosité m'a-t-elle saisie ? Elle n'avait rien de gratuit. J'étais hantée par le problème de cet échec, celui de la Révolution Culturelle. Puisque je me préparais à te succéder, je voulais chercher auprès de l'ennemi vaincu une réponse à cette question qui, sans aucun doute, pouvait demain se poser sous une forme nouvelle.

Je vis un garçon assis sur son bat-flanc dans un angle qu'éclairait une petite ampoule à la lueur vacillante. Il tenait sa tête entre les mains. Son corps semblait petit et décharné, ses cheveux ébouriffés; il ressemblait à un oisillon malade. Quand j'entrai, il me jeta un regard vif, puis reprit sa posture. Ce que je remarquai fut d'abord son teint blafard, puis sur le mur au-dessus de sa couche un graffiti dont la calligraphie élégante me surprit; c'était celle d'un véritable lettré. Il connaissait donc autre chose qu'Héraclite.

Je me présentai. Il avait été prévenu de ma visite. Il ne manifesta aucun signe de colère ni de haine ni d'intérêt d'aucune sorte. Je pensai que sept ans d'enfermement avaient brisé son identité et me préparais déjà à une déception — ou à un soulagement — quand il quitta le bat-flanc pour le tabouret d'une souple torsion de reins et commença à parler.

— Jiang Quing, dit-il, vous commencez à vivre dans l'angoisse parce que vous êtes au sommet, et moi je vis dans l'espoir parce que je suis tout au fond. Si vous ne comprenez pas ce qui a pu se passer, c'est parce que la vérité vous ferait trop grand'peur. Oui, vous avez personnellement brisé l'échine à une foule d'intellectuels dont l'intelligence était l'honneur de la Chine, vous avez saccagé le cinéma, l'Opéra de Pékin, vous avez à la fois « brisé la tuile et le jade; » et aujourd'hui, vous frémissez, peut-être parce que vous vous souvenez des vers de notre président :

Un orage menaçant accourt de l'horizon
Cet amas d'os blanchis se transforme en sorcière !

Mais c'est plutôt la sorcière, Jiang Quing, qui risque sous l'orage de se transformer en amas d'os blanchis.

Je demeurai immobile parce qu'il s'était tu, et j'attendait la suite. Sans qu'il m'en eût priée, je m'assis à sa place sur le bat-flanc tandis que lui s'accoudait à une planchette fixée au mur. Le tabouret était également rattaché par une chaîne de fer, afin qu'il ne pût pas s'en servir comme d'une arme.

— Vous vous êtes peut-être prise pour la déesse Nia Koua qui répare la voûte céleste avec des pierres de cinq couleurs ?

Pour la première fois, sa voix avait pris un accent sarcastique. Je ne répondis que par un grommellement de mépris.

— Ne cherchez pas à m'insulter, dites plutôt ce que vous avez sur le cœur, et à quel moment tout cela s'est transformé.

— A quoi bon ?

Il leva la main et la laissa retomber sur son maigre genou. Cependant, il n'en reprit pas moins, de plus belle :

— Savez-vous ce que la Révolution culturelle a coûté en vies humaines ? Je ne sais pas si vous possédez toutes les statistiques. Moi non plus, du reste. Maintenant que je suis dans le *zhazidonq*, le trou à déchets, comment le pourrais-je ? Mais je peux évoquer des souvenirs, des documents. Dans le Wuhu, la province qui comporte Hangschow, Shangaï, Nankin, et tant de centres sidérurgiques le long du Fleuve Bleu, celui-là aurait pu s'appeler Fleuve Rouge, tant le sang a coulé. Quelles satisfactions ont été données aux revendications ouvrières ? Quel châtiment ont reçu les bourreaux de la Compagnie de roulement, de la Troisième et Quatrième Brigades ? Aux étudiants qui posaient des questions, quelles réponses ont été proposées ? Ces fameux « seize points », lequel a été réalisé ?

Une quinte de toux l'interrompit; je pensai qu'il devait être tuberculeux. Il trempa ses lèvres dans un bol d'eau posé sur la planchette.

— Sang d'étudiants, sang d'ouvriers, sang de ceux qu'on désignait aux gardes rouges comme ennemis du peuple et qui n'étaient souvent que ceux de votre pouvoir ! Qui a, le premier, appelé à l'insurrection et à la critique ouverte, comme au temps des Cent Fleurs ? Qui a placardé de sa propre main des dazibaos incendiaires comme : *Tirez sur le quartier général !* Qui porte la responsabilité de tant de vies disparues dans le chaos et la confusion, sans utilité pour personne ? Est-ce quelqu'un d'autre que feu le président votre époux, Jiang Quing ? C'est Teng Hsiao-Ping qui a réprimé sous le nom de droitier tous ceux qui, comme moi, ont cru pouvoir librement critiquer en 1959. Sur l'ordre de qui ? Et aujourd'hui que sont tombés tant de braves compagnons des gardes rouges, dans la tombe ou en prison comme Li-Long-Shan, Kuai Ta-Fu, Chen Yi-Yang, Han Ai-Ching et tant d'autres (sur les ordres de qui, dites-moi ? Les vôtres, ou les siens *à lui ?*) eh bien, il ne ferait pas bon de reprendre exactement les termes avec lesquels il nous poussa à nous soulever, (ou les vôtres) et de les signer d'un nom quelconque pour les afficher sur les murs d'une école ou d'un bâtiment public... Aucun fou ne s'y risquerait !

Il but encore et me jeta un regard curieux, presque intrigué.

— Le peuple souverain ? Est-ce un ronron de discours ou y avez-vous cru réellement, vous qui vouliez instaurer la nouvelle Chine à naître de la Révolution Culturelle sur le modèle de la Commune de Paris ?

Je plaçai ici une citation, afin de montrer mon sang-froid devant ses accusations injurieuses et insensées : « *La révolution est chose amère, mélangée d'ordure et de sang qui n'est ni aussi parfaite ni aussi belle que le pensent les poètes.* »

— Vous avez tout à fait raison de citer Lu Hsun, me répondit-il avec une petite paillette de méchanceté dans le regard. Oui, en vérité ! Ce grand écrivain dont le Zhuxi avait donné le nom à l'Académie littéraire de Yunan aurait en tout le loisir de vérifier la justesse d'une telle réflexion s'il avait encore vécu, quand sa femme a péri à son tour des suites des sévices que lui a fait subir, en mars 1968, le Groupe du 16 mai. Groupe que vous reniez à présent, mais qui vous a servie fidèlement, — surtout au cours des perquisitions commandées à Shangai par Lin-Piao. Cela vous étonne que je vous révèle à quel point je me tiens au courant, ici ? Je suis captif, mais pas au secret. Les gardiens et les prisonniers parlent encore entre eux, voyez-vous. Mieux aurait valu peut-être m'envoyer dans une clinique psychiatrique, comme votre époux l'a fait de Ho, son ancienne femme, et Liu Shao-Chi de la sienne, Wang-Jian, pour épouser cette Kuang-Mei que vous avez fait déshabiller en public. Non pas que je la plaigne. Salope contre salope. Mais à quoi bon tout ça, aujourd'hui ?

Il ne parlait plus que pour lui, semble-t-il, et recommençait à se promener comme un ours en cage, sept pas d'un côté et sept de l'autre : ses pommettes brûlantes lui donnaient un faciès théâtral, fardé par la fièvre.

— Je vous répète qu'il est inutile de m'insulter; je ne

me mettrai pas en colère. Je suis venue pour comprendre certaines choses, mais vous...

Il n'écoutait toujours pas.

— Vous avez eu des différents avec la femme de Lin Piao, n'est-ce-pas, au début ? N'empêche que c'est elle qui dirigeait la claque à chacun de vos discours, pendant la Révolution Culturelle, faisant de vous une idole, tout comme Lin-Piao avec son adulation du Zhuxi. Quel étrange homme que celui-ci, qui d'une main excitait la jeunesse à la violence et de l'autre écrivait : « On ne doit pas molester les cadres. » Ou encore : « Renverser tout, c'est un slogan réactionnaire. » Incohérence de la personnalité ? Propos délibéré ?

— Vous vous êtes entre-tués, lui rappelai-je. Est-ce cela faire l'unité du pays ?

— Chanson connue ! La faute à qui ? J'ai été un ardent partisan de la campagne anti-confucéenne puisqu'elle doublait la campagne anti-Lin Piao; n'empêche que le vieux réactionnaire n'avait pas tort quand il disait qu'il est criminel de conduire un peuple à la guerre sans lui en donner les moyens. Notre génération n'avait aucun moyen de gagner cette guerre-là, hormis son enthousiasme et sa fureur contre les cheffaillons du Parti qui l'opprimaient et allaient jusqu'à lui dicter ce qu'elle devait ou non lire, ne pas lire, dire ou ne pas dire. Quand les ouvriers ont fait grève, de quoi a-t-on parlé ? « D'économisme ! » Economisme, préoccupation exclusive des intérêts matériels, chez des gens qui crevaient de faim ! La meilleure analyse politique, c'est Kuai Ta-Fu qui l'a faite en quelques mots adressés à eux : « Emparez-vous de la production; faites la révolution dans chaque atelier. » Entre-tués ? Nous ? Comment cela aurait-il pu tourner autrement !... Vous n'avez pas vu comme moi les campus désertés, comblés d'ordures, avec les cadavres même pas enterrés pourrissant au soleil, les fossés creusés autour des Universités et défendus par des barbelés où veillaient des gosses en armes...

Il gesticulait à présent comme un fou :

— Le peuple souverain ? Un roi à la figure enfoncée dans le sang et la boue ! Il a fallu attendre que votre bureaucratie se divise, en lutte contre elle-même, en vertu du principe « Un se change en deux » pour que s'élève seulement la voix du prolétariat, clamant ce qu'était l'horreur de sa condition quotidienne. Si tant de morts et tant de larmes se présentaient comme une rançon à payer pour améliorer le sort des travailleurs, on pourrait en discuter, n'est-ce pas ? Mais *quand* est-il question d'eux ? Les étudiants ont été dépêchés maintenant chez les paysans qui se sont demandés, pauvres comme ils le sont, pourquoi on leur envoyait d'autres bouches à nourrir; c'est à la fois une façon de résoudre le chômage et d'expédier les intellectuels aux travaux forcés. Et l'industrie, elle ne s'est pas relevée encore des troubles de ces années 66-68. Le peuple souverain ! Tenez, je vais vous raconter une légende...

Il semblait s'apercevoir tout à coup que j'étais là et se laissa choir sur son tabouret en se frappant les côtes et riant d'un air égaré, légèrement. La maladie transformait en braise son regard qui papillotait ça et là sans se poser sur rien; mais tout à coup il me demanda :

— Avez-vous une cigarette ?

Je lui tendis une *Chien Men* sans un mot;

— Ma légende s'appelle : Le Mandarin et le Dragon. Il y avait une fois un mandarin qui adorait les dragons. Il en avait partout chez lui : pieds de table, peintures de vase, peintures sur soie, anses de pots, décorations murales, broderies de tentures, partout des dragons ! Il les montrait aux visiteurs : « Voyez leur beauté, regardez ces superbes écailles, ce feu qui jaillit de leurs fiers naseaux. » On lui portait de partout des dragons de jade, de grès, d'or, de pierreries, d'ivoire, de bois de santal. Le Dragon Céleste entendit parler de cette manie et voulut voir cet homme qui aimait tant les dragons. Il descendit sur terre, soufflant le feu et faisant vibrer ses écailles, et apparut dans le *yamen* de ce mandarin en rugissant : « Me voici ! » Alors le mandarin hurla, se convulsa et mourut de peur. Et voilà ! Qu'est-ce qu'il aimait, d'après vous ? Le Dragon, ou l'image des dragons ? Qu'est-ce que le peuple souverain est pour vous ? Le connaissez-vous ? Est-ce que ce n'est pas une image ou une effigie que vous prenez pour l'original ? Et celui-ci, l'aimiez-vous réellement ?

Il fumait si nerveusement que bientôt la cigarette ne fut plus qu'un petit tas de cendre qu'il recueillit dans sa main, hésitant sans doute à brûler le bois de la planchette. Finalement, il jeta cette pincée grise à la tinette.

— Je vais vous offrir une autre comparaison. Voyons, le président a reçu beaucoup de personnalités étrangères ces temps-ci, n'est-ce pas ? Entre autres des Hindous, des Africains ? Hailé Sélassié, Mobutu, Malhendra du Népal, Kaunda du Zambèze... Ce dernier connaît sur son territoire une forte implantation du Vaudou noir. Avez-vous entendu parler de ces rites ? Il y en a un qui m'a frappé, quand un camarade ethnologue me l'a décrit. Dans ces sociétés tribales où la famille est si importante, et le respect des parents et des vieux si puissant, il y a un rituel religieux qui sert de soupape à tout ce que la jeunesse peut accumuler de colère. A certaines dates, on décrète que les adolescents envahissent les paillottes, brisent tout, frappent les adultes qui sont couchés par terre et qu'ils doivent piétiner en criant : « Nous ne sommes plus vos enfants ! Vous n'êtes plus nos parents ! » A un signal donné par le sorcier, tout rentre dans l'ordre. Mon camarade a vu un cinéaste français qui filmait cette scène, très intéressé par un incident : un de ces jeunes Noirs ne voulait pas admettre que ce soit fini, et il continuait à hurler et à écumer. Le sorcier a usé de tout son prestige pour le calmer. Et puis comme il n'y arrivait pas, il le fit enfermer. Ce garçon peut s'appeler, mais je ne sais comment on le traduit en langage du Zambèze, Kuai Ta-Fu, ou Shao Zhi-Yang. Ou « *Puer malitiosus sed robustus.* »

Il prit une seconde cigarette sans me la demander, mais la considéra un moment avec intérêt au lieu de l'allumer.

Une odeur aigre stagnait dans cette petite pièce sombre, et le remugle du tabac froid qui s'y mêlait me rappela ton bureau.

— Je vais vous dire ce qui ne va pas, Jiang Quing. Si tout le mal est mis aujourd'hui sur le compte du « système Lin-Piao », de quoi est-il le fruit ? Des conditions historiques dans lesquelles se débat notre société. Le socialisme chinois est un enfant né avant terme, l'enfant d'une société semi féodale, semi coloniale qui conserve les traces d'une idéologie vieille de deux millénaires. Ni pendant Sun Yat-Sen, ni après la victoire de 1949, cette idéologie n'a été définitivement abattue. Annoncer la venue d'un génie tous les cent ou mille ans, prôner la fidélité absolue à ce génie, lui rendre un culte illimité, écraser quiconque s'oppose à lui, — voilà bien une cosmologie, et une idéologie politique achevée !

Je bondis sur mes pieds et m'approchai de la porte dans l'intention d'y frapper pour appeler le gardien et sortir. Mais lui, il continuait en se décidant à allumer cette seconde cigarette :

— En interdisant toute pensée, toute recherche, toute enquête, toute question sur tout problème, la théorie des génies a pratiquement supprimé 800 millions de cerveaux !

Et, soufflant une bouffée, irrité :

— A présent, les choses sont claires ! Avec cette théorie-là on a remplacé les lois par des rites; l'art de gouverner est devenu une liturgie pour le temps présent. Voilà comment le Parti est transformé en caricature du bon vieux système impérial, avec son souverain-père absolu; la Chine n'est plus qu'un état social-faciste, et notre armée singe celle de Yuan Shikai, le dernier général des armées du dernier empereur, à qui Sun Yat-Sen a confié la présidence dans son souci ingénu d'unité nationale. Ce n'était guère un moyen de réaliser la grande démocratie, la *tsé-tché* ! Les satrapes de Lin-Piao ont tout fait, sauf prendre Pékin. Peut-être n'ont-ils pas eu le temps. Mais Lin-Piao est tombé ? Quand donc ? En

1971 ! Alors, pourquoi tout n'est-il pas pour le mieux dans le plus rouge des mondes, hein ? Pourquoi, sitôt sa chute, a commencé la restauration, le reflux ? Pourquoi le sang a-t-il cessé de bouillonner, et l'époque d'être ardente ? Bizarre ! Bizarre !

Il riait franchement, ce cloporte dont le langage ressemblait à celui d'un orateur, d'un chef haranguant les foules, d'un auteur de coup de force, et non pas celui d'un prisonnier voué à croupir si longtemps dans le « trou à déchets » que s'il en sortait vivant il ne ressemblerait plus qu'à un pantin dont tous les ressorts ont été cassés. Qu'étais-je venu faire ici, quel espoir idiot m'avait poussée à entendre ces paroles odieuses, révoltantes, et quel atome de clarté avais-je été assez folle d'espérer pour venir écarquiller les yeux dans cette ombre puante ? Il riait. Et moi, adossée au bois clouté de la porte, je n'osais lui tourner le dos pour appeler, et ne pouvais détourner mes regards de lui, tant il m'inspirait d'horreur.

— Avez-vous vu d'un très bon œil la disparition de Lin-Piao, Jiang Quing ? ajouta-t-il en s'en prenant cette fois à moi, directement. Vous vous entendiez fort bien ensemble, à l'époque. Si ce que je vous dis ici vous épouvante, c'est pour mon manque de respect à l'empereur. Croyez-vous que j'ignore votre admiration pour l'impératrice Wu Tse-Tien dont (c'est encore *bizarre*) la presse a l'air de beaucoup s'occuper ces temps-ci ? Née dans une famille très pauvre, concubine de dernier rang, elle monta sur le trône à la mort du Fils du Ciel, et on l'appela « la reine sage ». Il n'y a pas tellement de hasards que cela dans le vaste monde !

J'avais enfin réussi à héler le gardien. J'avais l'intention, dans mon courroux, de demander qu'on mît au cachot celui que j'étais venue interroger avec une parfaite bonne volonté, et en me jurant de ne pas me mettre en colère; mais lorsque je le vis tassé sur lui-même et indifférent, la figure grisâtre, chantonnant comme un idiot de village, je pensai qu'aucun châtiment, ni-même des coups, ne sauraient atteindre l'épaisseur de cette gangue où était recroquevillé le cœur irréductible de ce contre-révolutionnaire. Je voulus pousser le mépris jusqu'à lui laisser le paquet de *Chien Men* tout entier. Il ne parut pas s'en apercevoir. Il fredonnait un vieux poème de la dynastie Song : « *Quand le beau destrier hennit, les autres chevaux font silence...* »

Je jetai un coup d'œil involontaire sur le graffiti si bellement calligraphé au-dessus du bat-blanc. Et ce fut cette phrase que j'emportai comme ultime souvenir :

Pessimistes ! Qu'espériez-vous ?
On ne se souviendra pas de cette planète.

VI

Un empereur, jadis, s'est interrogé sur la raison pour laquelle il était assis sur le trône, et pourquoi le paysan qu'il regardait travailler se courbait sur la charrue. Le souverain conclut après cette brève prise de conscience par une petite chanson :

Notre sort appartient au ciel immuable,
Peï ka djen !...
Toujours il y aura des riches, des misérables.

Commode morale féodale, ai-je pensé rageusement lorsque dans mon adolescence je découvris ces vers. Le paysan, lui, n'aurait sûrement pas éprouvé une aussi allègre résignation à un système « immuable », même céleste ! Aujourd'hui, j'ai réfléchi que cette acceptation pouvait aussi aider le paysan, tout en l'aliénant comme une boulette d'opium. Tirée de ma cellule, menée à la salle où me jugent des babouins et des porcs, j'ai ressenti la tentation de me dire que tout ce qui était ne pouvait être que bien, puisque je n'espère plus échapper à ma condamnation. Du reste, redevenir libre, pourquoi ? Pour aller où ? Pour vivre dans quelle Chine ? J'ai résisté. Je ne veux pas imiter le montagnard épuisé qui ferme les paupières, étendu dans la câline neige, et qui y meurt sans le savoir. J'entrerai dans la mort les yeux ouverts. Et la bouche pleine de cris.

Quand tu compris que c'était pour bientôt, tu revins dans ta province natale, une dernière fois. Je ne t'y accompagnai pas.

Devant la formation de mon groupe radical, c'est toi qui, le premier, as parlé d'une « bande des Quatre ». Tu comprenais parfaitement que je ne suivais plus aucune de tes instructions et que tu avais perdu tout pouvoir sur moi. Tu gémissais, au Politburo : « Vous savez, elle parle en son nom; pas au mien. » Le Politburo n'en avait que faire; avec un doux respect, il préparait déjà ta succession. Je ne répondais plus à tes récriminations séniles : « Arrête de t'en prendre aux autres ! Qu'il est difficile de te faire changer d'attitude ! » Tu continuais à ne plus vouloir me rencontrer autrement qu'en public, mais tu me criblais de billets au ton de grand'papa gourmandant sa petite-fille : « Ne t'affiche donc pas en public ! N'écris pas tes sentiments sur les documents officiels ! Ne t'avise pas de former ton propre cabinet; tu as dressé trop de gens contre toi. » Tu réagis avec colère le jour où je te dépêchai ta jeune nièce, Wang Hai-Jung, afin de demander une responsabilité plus élevée pour mon Shangaïen Wang Hung-Wen, toujours très confus de n'avoir pu rétablir la situation dans le Wuhu; tu t'écrias même, piaillant comme un vieil oiseau dont on agace le bec : « Mais quelles ambitions elle a, décidément, cette Jiang Quing ! » Est-ce pour cette raison que, voyant mon meilleur séide devenir vice-président du Parti, tu commenças à favoriser Teng Hsiao-Ping, en ajoutant que s'il avait fait des erreurs, la Révolution Culturelle l'avait suffisamment puni ?

Chou En-lai Lui-même était très malade : le vide se creusait : on sentait déjà se rapprocher les crabes qui flairaient ta proche disparition. Ta nièce revint à l'assaut. Elle te fit part de mon mécontentement; je tenais Teng pour un traître droitier. Tu lui répondis :

— Oh, pour Jiang Quing, il n'y a pratiquement personne qui trouve grâce à ses yeux ! Elle n'apprécie au fond qu'elle-même.

— Mais vous ? demanda Hai-Jung.

— Moi ? Elle n'a plus aucun respect pour moi. Quelles disputes je prévois dans l'avenir ! Les gens qui la suivent aujourd'hui ne sont pas sincères. Après ma mort, elle va créer des tas de problèmes.

Hai-Jung me rapporta ces mots fidèlement. Je m'efforçai de n'y attacher aucune importance, mais je me sentais blessée. Je me contentai d'écrire une lettre pleine d'humilité où je feignais de me livrer à l'auto-critique. Les convenances l'exigeaient.

— Mais toi, petite Hai-Jung, tu me resteras loyale ?

— Oh, Jiang Quing, je ne serais rien sans vous !

Je ne voyais plus mon autre Zedong, le champion; il disputait un match international. J'avais flambé entre ses bras les derniers feux de mon crépuscule; cette détente m'avait rafraîchie et apaisée; mais rien pour moi ne pouvait prévaloir sur mon obsession, de plus en plus prégnante aux approches de la date de ta mort : le pouvoir enfin conquis, tenu dans la main comme l'œuf du nid débusqué sur l'arbre. Etre la première femme présidente de l'Etat le plus étendu et le plus peuplé du monde, moi, la fille du faiseur de roues; être à la Chine ce que Mme Gandhi avait été à l'Inde, mais non comme dans sa perspective de néo-colonialisme; assurer à la Chine, par mon empreinte personnelle, un avenir aussi glorieux que le règne de Tseu-Hi, ou de la « Reine Sage ! » Tant de souffrances et de travaux, une si longue patience allaient-ils enfin trouver leur récompense ? Qui le méritait mieux que moi ? Le ciel, pour parler en symboles féodaux, le ciel allait-il se mettre de ton côté et te laver du péché du *yin*, Rivière d'Azur ?

Cependant, ces derniers jours où tous attendaient la même chose : le Parti, l'étranger, toi-même, pour ne pas parler de moi, de nouvelles épreuves de santé m'affligèrent. Ce fut certainement psychosomatique. Mon auto-médication me réussissait à merveille depuis des années; mais la tension nerveuse, l'énormité de l'enjeu, la crainte de la défaite provoquèrent en moi des suffocations bizarres, des insomnies, de foudroyants accès de peur irraisonnée. Je cédais même à plusieurs crises de larmes.

Je te voyais devenir peu à peu gâteux, la bouche ouverte et la mâchoire pendante, incapable de parler plus longtemps que quelques minutes, t'exprimant de préférence par écrit pour te faire comprendre de tes trois infirmières. Je fus étonnée moi-même de l'horreur et de la tristesse que j'en ressentis.

Ta mort mettrait fin à la plus longue attente de ma vie ainsi qu'à tes maux et à ta décrépitude; pourtant, ce jour si désirable, je le redoutais, et ne comprenais pas la raison d'une telle contradiction. Te voir vivre diminué n'était pas réjouissant; te voir mourir me semblait parfois pire encore. Pourquoi ? Il y avait longtemps que l'amour n'existait plus entre nous. Et cependant te dire adieu m'apparaissait soudain comme le dire à la partie la plus importante de moi-même.

Il me venait des cauchemars étranges. Parfois je pensais faire partie des doigts d'une main qui se battaient entre eux. Chaque niveau de l'être aspire, une fois au moins, à atteindre au niveau le plus élevé ou le plus bas. Dans les légendes féodales, les dieux aussi ne cessent de se combattre et de s'accoupler entre eux : la bataille d'idées est aussi cruelle que le carnage de la guerre; on devrait pouvoir parler d'un massacre de l'esprit. Sueur de sang, agonie finale, épuisement du corps et de l'âme et tout ceci, à travers le plus grand, le plus fébrile espoir : un appétit dévorant de succube ! Il y avait là de quoi briser l'être le plus résistant. L'étais-je encore ?

A la première lune de septembre, une tempête se leva. Je m'éveillai pour aller fermer la fenêtre; elle s'était ouverte avec fracas comme si tous les esprits hantant le palais de Pékin venaient de se conjurer pour entrer dans ma chambre, poussant des huées horribles et s'efforçant d'arracher les pins sylvestres des allées. Je revenais de

Tachai où je venais d'exercer la censure contre le film *Les Pionniers*. J'étais rentrée depuis trois jours, apprenant que tu me réclamais. C'était la première fois; auparavant tu refusais de me recevoir. Je m'étais seulement efforcée d'être patiente et secourable, de masser avec douceur tes membres inertes, de passer du talc avec soin sur tes chairs flasques et déjà pétrifiées. Tu chuchotais tes éternels reproches, tes objurgations :

— Jian Quing, tu t'es trompée... Tu intimides les faibles, mais tu as peur des gens qui te résistent. Tu as peur des masses aussi. Pourquoi fais-tu enregistrer et retransmettre tes discours ? Ces mots seront sans doute les derniers que je te dis... Nous allons nous trouver dans deux mondes différents.

Chou En-Lai venait de mourir. Des incidents très déplaisants avaient éclaté après ses obsèques, manifestation masquée de mes ennemis bâillonnés depuis la fin de la Révolution culturelle. Wang Hung-Wen avait pris, pratiquement, cette place vacante de Premier Ministre. Je frottais le dos du vieil homme mourant. J'essuyais la bave de ses lèvres. Il continuait son marmottement plaintif :

— J'ai essayé d'atteindre le sommet de la révolution... Je n'ai pas réussi. Tu veux atteindre ce sommet ? Si tu tombes, tu plongeras dans un abîme sans fond. Ton corps s'y fracassera, tes os s'y briseront.

J'avais recueilli avec soin ces propos en les modifiant légèrement. Remplaçant « tu t'es trompée » par « on t'a trompée » et ajoutant de mon propre chef un encouragement à « atteindre ce sommet, » ainsi qu'un appel aux derniers dirigeants encore en vie : « Vous devriez aider Jiang Quing à porter le drapeau rouge. » Il allait être temps de faire circuler ces déclarations comme testament du Zhuxi.

Debout et frissonnant devant la fenêtre de mon bungalow, cette nuit du 9 septembre, je regardais le ciel, cherchant à déchiffrer son message obscur. En mars, une pluie de météorites était tombée sur certaines provinces; en juillet, le terrible séisme de Tangshan qui avait fait proclamer l'unité nationale avait massacré un nombre considérable de gens; des centaines de demeures et de bâtiments s'étaient ensevelis dans les entrailles béantes de leur sol. Cette gueule de dragon vomissant flammes et fumées s'était ouverte à l'improviste sans avoir grogné ni baîllé, ce qui avait encore plus terrifié les populations que la catastrophe elle-même; les Chinois sont les seuls à savoir prévoir les tremblements de terre parce qu'ils ont gardé avec la nature un lien et un don d'observation auxquels les pays industrialisés ont renoncé depuis longtemps. De même que nos ancêtres disaient lire l'heure dans l'œil des chats, de même notre paysan, de la Mongolie à Taiwan, suppute à la couleur imperceptiblement changée des eaux, à une insolite agitation animale, à un déplacement de la poussière, les probabilités du prochain retour du monstre. Cette fois, le dragon s'était réveillé en sursaut, sans prévenir, bouleversant d'un coup d'échine les maisons et l'humus, renversant les arbres aux racines arrachées, dévorant les bêtes et les hommes. Et les sinistrés avaient parlé comme des paysans du vieil Empire :

— Notre Zhuxi va mourir, les signes sont là !

Le *Quotidien du Peuple* avait fait écho. Il rappela qu'au IIIe siècle un météorite avait annoncé la fin du premier empereur, Chin Shih-Huang. On t'avait souvent comparé à celui-ci. Tu t'y étais comparé toi-même à vingt-sept ans lorsque ton ami érudit t'avait signalé que seul ce souverain, avant Sun Yat-Sen, avait régné sur la Chine en partant de rien. A quoi tu avais répondu en frappant la table que le troisième serait toi. Cette prédiction s'était réalisée. Restait à se vérifier celle des météorites.

Le vent soufflait avec une telle violence que les angles recourbés du toit ronflaient et gémissaient. De longs javelots livides fêlèrent cette voûte sombre où je tentais en vain de lire quelque chose de propre à m'instruire, fût-ce en m'épouvantant.

Parfois d'immenses coups sourds venus d'on ne sait où ébranlaient le monde entier, semblait-il, au point que je craignis de le voir fracassé comme une cloche de cristal. « Aha, aha... » sanglotaient les voix invisibles des démons nichés sur les tuiles bleues qu'ils secouaient avec rage et douleur. Je n'avais pas rallumé la lampe; je me tenais plaquée contre la vitre, incapable de distinguer les piliers Ming, ni les jardins, aveuglée par les rafales qui transformaient le verre en ruissellements successifs et balancés. Le téléphone crépita. Je tremblais tellement que je parvins avec peine à le décrocher.

— Jiang Quing, venez. Il meurt.

VII

Assise derrière la palissade de bois léger qui forme une cage à trois côtés, l'écouteur à l'oreille, je suis mal le ronron des accusations absurdes. Je souris aux caméras de la télévision, de façon vague et continue, sans y penser; j'examine tantôt mes co-inculpés, tantôt la foule, pour reposer mes yeux de la vue de ces animaux humains qui prétendent me juger et ne sauront que me condamner, seule occasion de quitter leur déplaisante compagnie.

Yao a pris en prison une hure de marcassin au poil blanchissant. Il me charge; je m'en doutais et m'en soucie peu. Chen Po-Ta n'est plus qu'un petit tas souffrant de vieilles chairs effrondrées. Chang Chung-Chiao m'étonne. Il conserve son attitude : la rupture de défense. Il l'a dit au greffe : « Je ne reconnais pas votre juridiction, et je ne parlerai plus. » Il garde le silence.

— Tu peux te défendre, l'encourage le président rose et grassouillet qui a accordé une piqûre à Chen. On t'écoute. C'est le moment.

Le silence règne. Je regarde mon vieux complice, l'ancien maire de Pékin, le partisan du salaire égal pour tous. Sous la lumière crue de l'ampoule, son visage qui attire les caméras orientées vers lui ressemble à un masque de jade blanc, avec ses paupières mi closes derrière ses lunettes, ses lèvres sinueuses et fermées, ce pinceau de barbe au creux du menton allongé. Il se tait, et ce mutisme éloquent ressemble à celui qui traverse l'Histoire chinoise toute entière.

— Et bien, Wang Hung-Wen ?

Celui-là ne se tait pas. Il parlera, et d'abondance. Il s'essouffle, tant il a peur de ne pas tout dire. Ses traits demeurés jeunes, minces et harmonieux, se convulsent sous l'effort de convaincre le tribunal.

Et ce qu'il dit, c'est ceci : d'abord, je suis passible de tous les châtiments. Certes, Mao a commis des erreurs; mais moi, Jiang Quing, j'ai commis des crimes. Je l'ai entraîné dans la déviation, sur la voie erronée de la persécution des meilleurs dirigeants, de la lutte armée pour instaurer mon propre pouvoir d'impératrice, j'ai détruit et conspiré, je n'aurais reculé devant rien et je suis la principale coupable. Que de responsabilités pour mes épaules ! Quelle puissance fut donc la mienne, même négative ! Je souris spontanément cette fois, et pour un peu protesterais sur un ton flatté, en élevant les mains jointes jusqu'au menton :

— *Pou kan tanq* ! Je ne suis pas digne !

— Je veux devenir un homme nouveau, chevrote Wang, le visage couleur de bile. Donnez-moi encore une chance ! Je réparerai mes fautes !

Ouvrier du textile ? Non. J'apprends, d'après la lecture de sa vie passée, qu'il était préposé aux archives de son usine. Sans doute un responsable du fichage. S'il a vécu en policier, c'est moins étonnant qu'il finisse en lâche.

On appelle à nouveau le nom de Wang ? Je dois composer mon visage. Wang Hai-Jung ! Son minois arrondi à la bouche étroite, montrant des incisives de souris, son petit nez chaussé de lunettes de plastique me sont si familiers qu'il me semble revenir de quatre ans en arrière. Elle fut une des dernières personnes que j'ai rencontrées, la veille de mon arrrestation; elle venait me transmettre les requêtes du metteur en scène désigné pour tourner le film *Contre-Attaque*, bande destinée à commencer l'offensive contre Teng Hsiao-Ping. Elle prend place au banc des témoins en disposant son manteau sur ses genoux d'un petit geste soigneux qui lui est particulier.

— Que savez-vous des agissements de Jiang Quing ?

— Eh bien, entre autres, elle a demandé à mon oncle d'exclure Chou En-Lai...

Non, ses yeux ne croiseront pas les miens, pas une seconde.

(*Sans vous, Jiang Quing, je ne serais rien !*)

— Et encore ?

De sa voix monocorde, la jeune fille énumère mes péchés. Ce sont les mêmes que ceux dont m'accuse l'autre Wang, le faux ouvrier, l'ancien vice-président du Parti, à peu de choses près. J'essaye de ne pas écouter.

Une autre jeune fille entre. Mes mâchoires se resserrent et mon mépris grandit; on a beau s'attendre à tout, la lâcheté générale parvient encore à vous surprendre. C'est Nien Si-Tang dont j'ai fait une vedette en mondiovision; c'est l'interprète de ton entretien avec Nixon. Celle-ci est pareille à une de ces jolies concubines dont on a gardé les effigies sur les soies peintes des Song qu'aimait tant Chu-Teh. Elle porte un manteau bleu sombre. Sa figure délicate émerge du col de pull blanc comme une fleur d'un vase étroit.

Je retire mon écouteur. Je ne veux plus entendre parler cette fille qui me doit tout et qu'on a convoquée ici pour alimenter un dossier dont le vide devrait désespérer n'importe quel procureur. Pourquoi ne m'ont-ils pas tout simplement assassinée ? Pour éviter des troubles ? Sans doute ce choix fait-il partie de leur comédie de droitiers; se signaler à l'étranger comme de véritables démocrates à l'occidentale, des magistrats humains, respectueux de la législation —, et toute cette merde. Je remplace la coquille d'ébonite dans mon oreille pour apprendre que le tribunal remercie la jeune camarade interprète.

Mais le nom de Wang est appelé une troisième fois :

— Introduisez Wang-Chen !

Cela, je le savais, je l'avais toujours su. Comme le fait de devoir mourir un jour. On connaît de telles évidences, et on vit comme si de rien n'était, comme si cela concernait une autre existence, un autre incarnation.

Je sens que le tour de mes lèvres a dû blanchir.

Elle est devant moi, à quelques pas, me foudroyant du regard derrière ses lunettes à monture métallique. Je reconnais parfaitement, malgré les années qui ont accusé la tête de chow-chow, ce faciès plat au nez écrasé et aux yeux immenses qui se démenait au bout d'un cou bref, là-bas, sur le plateau du studio de Shangaï, quand elle me disputait un rôle dans *L'Assassinat des bébés* (ou bien était-ce *Garçons et Filles de Chine* ? Le titre m'échappe). Elle s'est ratatinée avec le temps, celle qu'on appelait le petit chien pékinois. Mais ses joues , son front et ses larges tempes demeurent intactes, sans rides. En elle, tout est gris : les cheveux, le manteau rigide comme une guérite de fer, les tiges des lunettes recourbées derrière les oreilles visibles. Elle porte encore une écharpe noire et blanche. Je fais appel à toute ma force de volonté pour sourire avec dédain au moment où elle se tourne vers moi et lance :

— Me reconnais-tu, Pomme Bleue ? Oui, c'est bien toi ! Tu as cru détruire ton histoire, mais tu ne le pourras jamais; c'est toi qui l'a écrite, c'est toi qui la traîneras jusqu'à la fin !

Toute la foule retient son souffle à présent; le tribunal se fige dans une attitude de sages divinités assistant aux explications des mortels. Cependant que Wang-Chen continue à m'interpeller avec un halètement dramatique. Elle non plus n'a pas oublié l'art du spectacle; elle ne manque pas de métier. Elle évoque l'inquiétude de Zheng-Junli son époux, au moment de la Révolution culturelle, quand il prévoyait une perquisition chez eux. Elle dit cette descente d'une troupe de policiers leur raflant tous leurs papiers, courrier, articles, notes sur la littérature et le théâtre, « jusqu'aux carnets de notes de la Maternelle », et enfin l'arrestation de l'époux, et comment en prison il finit par perdre la vie « sous cette persécution inhumaine. » Ici, comme l'a fait Mo-Sha, elle porte un mouchoir à ses cils et se prend à sangloter.

— Mon fils a voulu assister son père pour ses derniers moments à l'hôpital. J'ai cédé à ses supplications, et....

Sanglots redoublés.

— Et tu as fait arrêter mon fils !

— J'ignorais tout de cette histoire.

J'ai parlé froidement, de façon résolue. Que pouvais-je dire d'autre ? Mais Wang-Chen entre en transes.

— Je t'interdis ! Quelle espèce de salope tu es ? Tu as eu peur que mon mari dise quelque secret en mourant, tu... tu... Pourquoi ne m'as-tu pas fait tuer moi aussi ? Je n'ai plus de foyer, ma santé est détruite, ma vie est finie !

Je répète :

— Je ne savais rien de cette affaire.

Il est vrai que j'ignorais la mort de Junli et de son fils. Oui, je les avais fait arrêter par mesure de précaution, à cause de mes maudites lettres de jeunesse ; puis je n'y avais plus pensé. Tant de soucis cruciaux me requéraient en cette année 66, la plus pleine de ma vie ! Je revois, comme dans l'ombre du tunnel à ma première venue ici, ces traits précis et doux, ce teint diaphane et ces sourcils aussi nets que ceux de mon champion de ping-pong. Oh, jeune idiot, que j'ai tenu à toi !

Mais sa veuve est là. Elle se met à trépigner et sa voix s'éraille :

— Je t'interdis de me parler !

— Et pourquoi ne pourrais-je pas te parler ? répondis-je aussitôt, moqueuse.

Babouin intervient en même temps :

— Assez, Jiang Quing, tu n'as pas le droit !

— J'ai celui de me défendre ! Qu'est-ce que vous pouvez me faire ? Me couper la tête, rien de plus !

Goret frappe les paperasses de son poing potelé. Un tic, décidément. Il appelle ses deux starlettes de la police :

— Expulsez-là !

Je préfère de beaucoup cette solution à la continuation de cette scène, aux regards que me lance Wang-Chen, à sa voix qui dérape comme une mauvaise aiguille de phono. C'est avec soulagement que je me laisse entraîner. J'entends le tribunal tonner qu'on tiendra compte de ma tenue dans le verdict. Me voici ramenée en cellule pour la troisième fois.

VIII

Quelques mois avant ta mort, celle de Chou En-Lai avait failli rallumer les troubles auxquels nous avions mis fin avec tant de peine et de difficultés.

Ces traîtres qui se regroupent sous le nom vague et menaçant de « démocrates » s'infiltraient parfois jusque dans les rangs de nos partisans; ils intriguaient, ils manœuvraient contre moi et contre mes amis radicaux, contre tout ce qui relevait de la pensée maozedong. Comme ils étaient également les ennemis jurés de Teng Hsiao-Ping et représentaient l'opposition à Hua, je les avais peut-être trop négligés dans les dernières péripéties de notre combat en vue du pouvoir.

Ministre de la Sécurité publique — ce poste que les extrémistes parmi les gardes rouges avaient si bien malmené, ne rendant hommage qu'à la qualité de sa cantine — Hua semblait le premier surpris de s'être vu confier depuis le 2 février 76 la succession de Chou. Nous avions plutôt redouté la nomination de Teng, vu la faveur que tu lui témoignais : je n'avais pas hésité à déclarer — et je le paye aujourd'hui, mais qu'importe — que je le tenais, moi, pour un renégat vendu au capitalisme international, mais que c'était uniquement une opinion personnelle puisque le Zhuxi jugeait bon de le protéger. Mais Hua ! Qui s'y serait attendu ! Lui-même avait protesté de son peu de connaissance en marxisme-léninisme. Très bien, puisque vous vous en rendez compte, lui répondis-tu, imperturbable. Et à mon Judas, ton garde du corps Wang Tung-Hsing, tu expliquas :

— Primo, il a l'expérience, il s'est bien débrouillé dans ses fonctions; secundo, il est honnête et loyal; tertio, il n'est pas bête.

Beaucoup, cependant, allèrent chuchotant que l'âge et la maladie avaient affaibli ton esprit critique et que ce choix était celui d'un gâteux.

Mes trois acolytes se montrèrent furieux de voir leur échapper le poste de Premier Ministre qui aurait dû en bonne logique revenir à Wang Hung-Wen ou à moi. Tout le monde savait que ce ministère ouvrait les portes de la présidence. C'est pourquoi nous décidâmes de passer à l'attaque des opposants, et là sans doute se situe l'erreur : fascinés par le danger des « tengistes », nous avons négligé et Hua et l'infiltration de ces informels qui se prétendaient « démocrates. »

C'est pourquoi, le jour de la fête des Morts, la manifestation qui prit pour prétexte l'hommage à Chou En-Lai fut rien moins qu'unitaire; elle se présenta comme l'explosion de factions diverses qui n'avaient guère de choses à se dire ou même se détestaient sincèrement. Un seul point commun, le mécontentement, voire la haine du régime. Ex gardes rouges, droitiers perfides, libéraux anarchistes, démocrates chaotiques, et d'autres encore, peut-être même des « tengistes » ou des ultimes fidèles de Liu Schao-Chi. Ils collèrent des dazibaos, distribuèrent des tracts, tandis que certains, devant un portrait de Chou encadré de blanc, faisaient brûler des souliers en papier d'argent, selon la coutume religieuse. Des cris fusèrent ça et là : « L'époque des empereurs et des Qin est révolue ! » L'effronterie la plus prodigieuse de toute cette journée, si l'on songe que c'était la seule manière de crier : « A bas Mao ! »

La place Tianamen fut toute une journée le théâtre de cette agitation populaire. Une voiture de la Sécurité publique retournée, on mit le haut-parleur en pièce; une dizaine de milliers de personnes, très vite augmentée de milliers et de milliers d'autres, s'assemblèrent devant le palais du Peuple, se partageant entre le Monument aux Héros et l'ouest de la place. Une bagarre confuse éclata; des jeunes gens qui protestaient furent sévèrement frappés, ainsi qu'un policier dont l'étoile rouge et les pattes du col furent arrachées au cri de : « A mort ! A mort ! »

Aux collègues du policier venus à la rescousse les manifestants hurlèrent :

— Essayez un peu d'arrêter cette scène-là !

— Pas un du Comité Central ne le pourrait !

— Qu'il s'y frotte seulement, et on verra comment il s'en tirerait !

Apparut alors sous le péristyle une centaine d'hommes appartenant à la milice ouvrière; c'était Chen Po-Ta qui, sur mon ordre, l'avait convoquée par téléphone. Les rebelles séparèrent cette colonne en plusieurs sections et, hurlant de plus belle leurs slogans, rossèrent ceux qui s'opposaient à eux. On entendit plusieurs fois : *On a raison de se révolter !* l'ancienne devise de la Révolution Culturelle.

Un commando, en fin de matinée, donna l'assaut au musée qui se trouve à l'est de la place; il ne trouva qu'une gardienne qui ne put longtemps lui tenir tête. Ce groupe occupa le petit bâtiment près de la tour d'horloge; les meneurs haranguèrent la foule avec un haut-parleur. Il s'agissait de jeunes gens aux cheveux en brosse, porteurs de transistors, à la voix enrouée à force de crier. L'un deux, maigre étudiant lunetté, annonça la formation d'un comité populaire de Pékin « pour honorer la mémoire de Chou », et donna au ministère de la Sécurité dix minutes pour fournir une réponse. « Sinon, nous y cassons tout ! »

Les combattants de la Garde, en faction sur la place, se dirigèrent peu après dans la direction des mutins afin de faire évacuer le bâtiment Ceux-ci changèrent de slogan :

Les soldats du peuple, avec nous !

La crédulité n'est pas un crime !

Une limousine « Shangaï » retournée, ils y mirent le

feu. Quand les pompiers voulurent éteindre le brasier, ils furent agressés et frappés au cri de :

Halte à la répression des masses !

Un détachement de la police populaire ne fut pas plus heureux; il vit arracher ses casquettes qui volèrent dans les airs tandis que les forces de l'ordre recevaient un jet de cailloux et de trognons de légumes. Quelques couteaux leur furent même lancés. Plus d'un nez pissa le sang. Les huées et le tapage avaient atteint la limite de l'indescriptible.

Tout l'après-midi connut la recrudescence de ce tumulte. Dans leur fureur, les contestataires prirent d'assaut les camions de ravitaillement et d'eau de la Milice populaire et du service de la Sécurité publique. Ils pillèrent quatre véhicules, forcèrent les portes, saccagèrent les locaux, jetant par la fenêtre couvertures, postes de radio, literie, vêtements, bibliothèque et y mirent le feu, ainsi qu'à un grand nombre de bicyclettes. Lorsque les spirales de fumée noire eurent assailli le ciel en cohortes bien épaisses, les assaillants brisèrent les vitres et incendièrent le bâtiment tout entier.

Un chant s'éleva ça et là, repris bientôt par les insurgés pleins d'allégresse :

La Chine n'est plus la Chine d'antan,
Le peuple cesse d'être ignare !
La société féodale et l'empereur des Tsin
A jamais sont révolus !
Mon sang, je le verserai sur l'autel des héros morts,
Et quand je redresserai la tête
Mon épée sautera hors du fourreau

— Ça, criait-on partout, ça, c'est de l'action de masses !

Ce ne fut qu'à 21 h 30 que le comité révolutionnaire de la municipalité de Pékin, harcelé par mes coups de fil, se décida à envoyer une dizaine de milliers de miliciens populaires pour encercler la place, arrêter et disperser les factieux. Il en fut fait prisonniers un grand nombre, porteurs de petits poignards triangulaires et de carnets où ils avaient recopié leurs poèmes extrémistes, sans compter les tracts les plus divers qui furent examinés par la section spéciale de la Sécurité publique.

L'un d'eux était traduit d'une langue étrangère; le français, je crois. Il exposait une analyse de ce qu'il appelait « les trois échecs », observation du passé, leçon pour l'avenir.

Ces trois échecs, selon lui, appartenaient au même motif étroitement lié à la soif de pouvoir et à la structure de l'État. La première grande guerre des paysans, en Europe, avait été la conséquence de la Réforme; Luther ayant ébranlé les piliers d'une Église vieille de plus de mille ans, les dépourvus avaient poussé la logique jusqu'à vouloir, devant l'égalité des fils de Dieu qu'on leur proclamait, être égaux devant le monde terrestre et s'en partager les biens; aussitôt Luther avait fait alliance avec l'ennemi catholique pour les écraser. La seconde étape correspondait à la Révolution française; l'égalité n'était plus spirituelle, mais politique; Babeuf ayant voulu pousser le même raisonnement logique jusqu'à l'égalité économique, il avait été abattu de la même façon par la Révolution qui lui avait donné naissance. Enfin le troisième échec était celui des bolcheviks : l'égalité économique enfin proclamée, l'aile gauche de la révolution, avec Rosa Luxembourg comme avec les marins du Cronstadt, avaient voulu pousser la logique jusqu'à l'autonomie autogestionnaire, et les bolcheviks les avaient écrasés. Pour l'auteur de ce tract, toute révolution était perdue dès lors qu'elle s'arrêtait, et exterminer son aile gauche revenait à reconduire les tares du système abattu en le prenant pour modèle et en reformant une nouvelle couche de privilégiés.

Une telle prose aurait pu être signée du pauvre aliéné que j'avais visité dans sa cellule et dont la place se trouvait plutôt en clinique psychiatrique, pensai-je en triant cette littérature. Un autre texte, tiré d'un journal clandestin, me comparait à l'impératrice Tseu-Hi et rappelait que celle-ci avait su détourner vers les étrangers la révolte des Boxers, qui à l'origine menaçait son trône; ainsi, elle avait pu apparaître comme la protectrice des factieux, puis les avait sacrifiés. Les idéogrammes qui formaient mon nom, au centre de ce message, étaient dessinés en forme d'os.

Notre erreur, compréhensible mais fatale, fut de croire Teng trop occupé à régler ses comptes avec Hua pour songer d'abord à se débarrasser de nous, les radicaux. En effet, nommé Premier Ministre par intérim pendant la maladie de Chou, Teng fut stupéfait de se voir retirer ses fonctions après la mort de ce dernier pour qu'elles fussent confiées à Hua. Je sus utiliser contre lui, pour trop peu de temps, ton mécontentement des incidents de la place Tienamen. Il ne m'était pas venu à l'esprit que Hua et Teng se réconcilieraient secrètement pour m'abattre avec mes trois alliés, et que le président si frais émoulu oserait porter la main sur ta veuve.

C'est à des projets pour ressaisir un pouvoir si proche qui m'échappait, que j'étais occupé le jour de tes obsèques. J'avais fait la leçon à ton jeune neveu pour que le récit des troubles d'avril s'ornât du slogan répété : *Vive Teng Hsiao-Ping !* Je crus naïvement à la gratitude de Hua alors que le premier acte de celui-ci, la veille de tes obsèques, fut de m'accuser; il prétendait que je recélais des documents confidentiels, enlevés de ton bureau.

— Est-ce une façon digne de remercier le président de la bonté qu'il a eue pour vous ? lui ai-je répliqué. Vous voulez vous débarrasser de moi alors que son corps n'est pas encore froid ?

— Nullement, fut sa réponse. Je veux préserver l'unité de tous et garantir la poursuite de l'oeuvre du Zhuxi. Je n'ai aucune intention de me débarrasser de vous. Vivez tranquillement dans votre maison ! Personne n'ira vous y chercher.

J'aurais dû me méfier terriblement, à ces dernières paroles. Je n'y vis qu'une papelarde promesse de tranquillité dans la mesure où, selon la morale confucéenne, j'aurais accepté de vivre en veuve fidèle et effacée. Mais comment aurait-il pu croire à une conduite si contraire à mon tempérament ?

Tu avais formulé le désir que ta dépouille soit envoyée dans ton village natal de Hunan. « Je ne crois pas aux revenants et je ne crois pas que mon corps sera fouetté après ma mort. Et s'il devait l'être, quelle importance, du reste ? » Mais je ne pensai pas que nous puissions priver le peuple chinois de ton tombeau; aussi, en accord avec Hua, il fut décidé de t'embaumer pour te placer dans un mausolée.

Je suivis en tête de l'énorme foule ton sarcophage de cristal, coiffée d'un voile noir. (Et non pas blanc, ce qui aurait été conforme à la tradition féodale.) La couronne que je t'avais fait préparer était de tournesols, d'épis de blé et de maïs, symboles de la richesse de la terre, la seule qui t'ai jamais importé. La plus élégante calligraphie de lettré formait mon message d'adieu :

DE LA PART DE VOTRE DISCIPLE
ET DE VOTRE COMPAGNON D'ARMES

Mais à mesure que parmi les dirigeants je cheminais, au son des instruments de cuivre et des gongs scandant une marche funèbre, le long des rues de la capitale où, de temps à autre, on voyait une cigogne attardée s'envoler du coin crochu d'un toit, je cessai de calculer, de supputer, de trier en esprit des informations afin de préparer un meilleur plan d'attaque. Entraînée sur l'aile du souvenir, je m'abandonnai à ce jeu futile des réminiscences qui morcèle le temps et donne à un présent incertain la lumineuse évidence qui n'appartient qu'au souvenir.

Oui, c'était l'automne à nouveau, les paysans coupaient les arbres, portaient des bûches sur les chariots, cueillaient le raisin et rentraient le bétail; de petites bougies s'allumaient devant la nouvelle icône, ton effigie encadrée, souriante, lunaire, au mur des chaumines où s'accroupit encore le bouddha en position de lotus. Ce qui demeurait de toi, ce gros corps sans mouvements, aux yeux fermés, à la pâleur légèrement fardée, derrière les parois transparentes du cercueil, s'acheminait vers un monument auréolé de gloire qui se dressait en face de l'avenir à la façon d'un roc défiant les flots. Et des bribes d'anciens poèmes me revenaient de très loin, toutes rattachées à quelque parcelle de mon vécu, à des lueurs intermittentes comme des flashes de photographe qui arrachaient brièvement une image au passé, puis le laissaient retomber dans les ténèbres.

Que sont devenus ceux qui furent jadis célèbres ?
Sous l'herbe des tombeaux ils gisent tous.

Ainsi dit « Le chant de Hao et de Lia » dans le *Rêve du Pavillon Rouge.*

Et Tsao-Tsao :

Aussi longtemps que puisse vivre la tortue sacrée
Vient le jour où elle doit mourir

Cela concerne l'aujourd'hui. Mais voici le tour des évocations :

Nos drapeaux flottent au pied des montagnes,
On entend sur nos cimes éclater les clairons...

Tan Koh !

Une de tes premières œuvres. L'armée s'approche du rempart des montagnes. Elle bouillonne comme une flamme pâle aux creux des pentes, les grandes flèches rouges des étendards palpitent et se dardent, je n'ai pas trente-trois ans, j'avance comme une amazone. Village paléolithique, trous dans la pierre des monts, et le vieux questionneur, et cette demande à la ronde : « Qui peut expliquer la radio au grand'père ? »

Où donc veux-tu aller, petit oiseau ?
Le moineau de répondre :
Vers un palais de jade, sur la colline des fées.

Ah certes, certes ! Le maigre moineau de Pékin qu'on raillait pendant les années 30, qu'on appelait « Deux Tiges » à cause de ses pattes décharnées, il a choisi le palais et la ceinture de jade; sur le poing du héros, il est devenu faucon, aigle !

Mais voici la dernière citation qui me saisit au cœur :

Que de jours stimulants nous avons jadis vécus !
A l'heure de la vie la plus épanouie
Débordant d'une fougue écolière
Nous brisions toutes les entraves...

Un million de jeunes pieds foulent le pavé pékinois. Tu n'es pas couché sous du verre, tu souris debout, un brassard vermeil au coude. Et moi à tes côtés, pensant : « C'est mon œuvre ! » Comme de petites flammes bordant d'un feston pourpre cette immense ligne ondulante, un million de petits livres rouges brillent au soleil dans un million de mains qui battent la cadence. Et mon âme est un esquif porté par ce flot, éternellement, jusqu'aux cieux.

Non. « Déluge du sang et de larmes. » De vieux ouvriers écrivent : je dois parler, je veux porter plainte. Les docks de Shangaï sont paralysés, silencieux... Un jeune homme hagard ricane et chantonne dans sa cellule, gris comme une boulette de mie pétrie par des doigts sales. Est-ce cela que tu voulais, Jiang Quing ? Est-ce cela ?

Il faut à tout prix préparer le coup d'État. L'unité nationale votée en toute hâte après la catastrophe de

Tangshan nous a fait perdre un temps précieux qui a été utilisé par Teng et sa clique. Il sait que c'est à mon interprétation des émeutes d'avril, place Tienamen, qu'il doit sa demi-disgrâce. Il n'y a pas une seconde à hésiter.

Deuxième erreur. Nous avons décidé de mettre dans le secret de nos projets l'ancien chef des gardes du corps de notre disparu pour s'assurer le soutien de l'armée.

J'erre nerveusement à travers le vaste appartement du Palais; la nuit, je prends un candélabre et je passe d'une pièce à l'autre, comme Garbo dans *La reine Christine.* Les craintes irraisonnées et les espérances folles tournoient autour de moi, chauve-souris invisibles, entre ces murs aux couleurs de gemmes, sous ces plafonds où se convulsent des dragons aux écailles d'or. Je reprends sans cesse le fil de mes pensées, roule des dessins contradictoires, examine mes jugements les plus récents.

Une scène de mon film favori m'obsède en particulier. Celle où Christine, menacée par le peuple, ordonne à ses gardes d'ouvrir les portes et de déposer les armes. La foule envahit le vestibule de marbre et s'arrête au pied du grand escalier royal. Alors Christine s'avance vers ses sujets et interpelle le meneur : « Comment t'appelles-tu ? » — « Olaf, Majesté. » — « Quel est ton métier ? » — « Forgeron, Majesté. » — « Dis-moi, Olaf, que dirais-tu si j'allais dans ta forge pour t'apprendre comment forger ? Tu me dirais de me mêler de ce qui me regarde ! Alors, pourquoi viens-tu ici pour m'apprendre à régner ? »

Le dialogue n'est peut-être pas exactement traduit mais c'est bien le sens. Quel enthousiasme il m'inspira !

Je m'assieds, je m'accoude à un des gros bureaux anonymes qui ont remplacé les meubles tarabiscotés aux incrustations précieuses. Je feuillette, pour la centième fois, le *Rêve du Pavillon Rouge.* Une illustration discrète représente la ceinture de jade suspendue dans les branches et l'épingle précieuse enterrée sous la neige. Le jade, nom d'une des deux héroïnes de ce vieux roman, est emblème d'intégrité, comme la fleur de chrysanthème. Chaque moment d'une vie peut contester les moments qui le précèdent; il n'est pas de pureté qui ne puisse se renier, me dis-je, et il n'est pas d'intrigue ou de fourberie qui ne saurait faire place, l'heure venue, à la plus grande des authenticités; le courage, le loyalisme. Et si ce moment est le dernier d'une vie, le pire des intrigants pourra mourir avec un cœur de héros. C'est là s'entourer d'une pure ceinture de jade. Au lieu de la lancer en l'air avec désespoir, et de la regarder se balancer à la branche comme une corde de pendu.

L'aurore qui termine cette nuit blanche, je reçois la jeune Hai-Jung, ta nièce. Sa bouche innocente sourit en me montrant ses incisives pointues. Elle s'assied en tirant sur les plis de son manteau, d'un petit geste soigneux qui lui est propre et m'inspire de la tendresse.

— Jiang Quing, le metteur en scène vous transmet quelques observations et demandes, à propos des prises de vue qui vont commencer, pour *Contre-attaque.*

Elle tire de sa serviette de plastique deux ou trois feuillets qu'elle me tend. Je la retiens près de moi pour bavarder un moment. Son regard clair, si direct, la finesse de ses manières en font une messagère agréable en qui je me plais à retrouver certains traits du charme de Li-Na.

Je lui offre du thé, quelques biscuits au gingembre, nous parlons un peu de toi, de ton souvenir, de l'avenir de la Chine, et elle se retire.

Le lendemain, je songe à faire mes valises pour ma villa de Canton, car une grande lassitude m'a reprise. Je travaille sur les notes laissées par ma jeune amie; ce film doit ouvrir la grande offensive contre Hsiao-Ping; je compte demander avant mon départ une entrevue avec Hua pour m'assurer de sa neutralité et le rassurer, avant de frapper le coup décisif qui renversera et Hua et Teng. Je décroche le téléphone. Un bruit de pas nombreux et rapides ébranle le couloir. Je lève la tête. Voici... Voici les roues du char de mon destin.

La porte s'ouvre, une troupe de gens en armes s'encadre sur le seuil, et Wang Tung-Hsing dont je me croyais si assurée prononce les paroles que j'ai entendues trop souvent dans mes cauchemars :

— Camarade Jiang Quing, veuillez nous suivre.

IX

Vingt-neuf décembre 1980. Il est donc venu, le jour du verdict.

Mes dernières nuits ont été affreuses. Non de la crainte de cette sentence que je connais déjà et qui me sera soulagement. C'est le visage carré et plat de Wang-Chen qui m'a hanté de la façon la plus ridicule, avec ses regards sauvages; ce sont ses paroles entrecoupées de sanglots et de cris de haine. Es-tu donc mort, Junli, et par ma main ? Et ton fils, que je n'ai jamais vu de ma vie ? Pourquoi m'en soucierais-je si fort ? D'excellents camarades sont tombés pour la libération du peuple; des pauvres gens comme les ouvriers qui nous ont envoyé leurs suppliques ont péri sans avoir commis de fautes, « assassinés par le système Lin-Piao. » Le grand bond en avant a entraîné pour conséquences des milliers de trépas par famine. Que devrait me faire la perte de cet ancien amant, et d'un inconnu né de lui ?

Des éblouissements et des vertiges m'ont reprise, malgré la gymnastique *chin chuan* que j'accomplis chaque matin, avec scrupule, depuis quatre ans. J'ai vomi hier ma nourriture et il me semble que ma surdité a augmenté. Parfois, tout mon corps se couvre de sueur. Et dès que je ferme les yeux je revois cette figure odieuse, avec ses lunettes et son écharpe blanche et noire. J'entends sa voix discordante : « Pourquoi ne m'as-tu pas tuée, moi aussi ? » Grise comme un fantôme. « Quelle sorte de salope es-tu donc ? » Sa terrible figure aplatie.

Chaque nuit, depuis lors, je rencontre cette tête de chow-chow. Chaque nuit nous nous battons. Je la frappe, le crâne se brise, le sang ruisselle, avec les larmes. Elle retire ses lunettes pour les essuyer. Trop tard ! Soudain, c'est « Puer Malitiosus. » Je frappe encore et l'image s'évanouit. Au diable les visions ! Mourez donc, puisque je vais mourir ! Votre colonne vertébrale se rompra avant la mienne. Et soudain c'est un petit garçon pâle et doux dont je serre la gorge; je m'en aperçois avec horreur. C'est le fils que je n'ai jamais eu, c'est le petit attardé mental, l'enfant de Ho Tzu-Chen. Qu'ai-je fait, mon oiseau ? Mais aussi pourquoi avoir joué cet abominable tour de changer d'apparence ? Rien n'est de ma faute, rien !

Je suis environnée de corps mutilés et déchiquetés. Il est peu compréhensible que ma cellule puisse contenir tant de chairs en lambeaux. Nausée à vide entre ces murs froids, devant les cœurs arrachés, les têtes éparses, les os réduits en poudre. C'est le charnier de la guerre contre le Kuomintang, puis contre le Japon, oui, oui — c'est certain. Il n'y a rien d'autre. Rien de tout cela ne peut exister à cause de la construction du socialisme. J'interdis qu'on me dise que j'ai joué au jeu de la réalité et que les cartes, entre mes mains, n'étaient pas réelles — non !

Un cri silencieux et d'une force terrible monte dans la nuit. Souvent, au palais du Peuple, pendant les jours qui précédaient ta mort et tandis que la terre tremblait au loin, j'ai désiré arracher mes vêtements et courir nue sous la lune jusqu'à ce qu'on me poursuive et me traque, pour pouvoir me jeter dans un fleuve en poussant le même cri, et cesser enfin d'être clouée à moi-même, la tête en arrière, la gorge vibrante et tendue par ce cri de loup-garou !

Ce sont là des tâtonnements solitaires. Des fragments, des miettes, les pièces d'un puzzle a réajuster en oubliant le dessin final, le reconstituant et l'oubliant encore. Je me suis définie autrefois, dans un discours, comme une « sentinelle errante »; je n'erre plus, je demeure sentinelle, mais de moi-même, et voilà le sort le plus affreux. J'envie l'arbre qu'on porte à la scierie; il est découpé et découpé plus encore, comme dans notre antique supplice des Cent Morceaux, et finit par être réduit en une si fine sciure qu'il se confond avec le grand Tout et ne peut plus jamais avoir mémoire de ses branches, de son tronc, de ses oiseaux, de la pluie ni de la hache. Délivrez-moi, juges immondes. Délivrez-moi de mon propre jugement.

La neige tombe dehors, j'ai entendu mes gardiens en parler. Dans cette salle chauffée, toujours pleine, où je surprend quelques bâillements, des têtes qui dodelinent, je cherche des yeux sur les vêtements la trace de quelque blancheur qui me renseignerait sur le climat du jour. Il doit faire froid à Pékin. Froid comme en ma seizième année ou j'errais enveloppée d'une seule couverture.

Le vice-président lit son réquisitoire d'une voix criarde et fatiguante.

Tiens, au cinquième rang, n'est-ce pas Kuang-Mei, la veuve de Liu Schao-Chi ? Son col blanc me tire l'œil ainsi qu'un flocon de cette neige qui volète dehors et dont je ne sentirai plus l'odeur d'éther léger. C'est le seul détail qui tranche sur tout ce bleu-gris, ce que j'appelais « l'uniforme des pies de Pékin. » Elle n'a pas perdu l'habitude de ne pas se rallier aux consignes vestimentaires ! Ce qui lui valut d'être forcée par mes gardes rouges à porter une ridicule toilette de style occidental, et d'être ainsi photographiée. Ai-je alors dirigé un affreux supplice, un outrage à la dignité humaine ? Ces jeunes gens s'amusèrent bien. Ce fut le 16 avril 67. Elle se débattait : « Pas de violences, vous vous opposez aux directives du président ! » Ils lui lurent tous ensemble : « La révolution n'est pas un dîner de gala; ni une œuvre littéraire, ni un dessin, ni une broderie; la révolution, c'est un soulèvement, un acte de violence. » Et, disent les pièces du procès de Liu, *« à ce démon ils passèrent la robe de sorcière ».* Ceux qui la plaignent pourraient bien évoquer la lettre que la femme précédente de Liu écrivit au *Xin Beida* : « Après à peine un mois de mariage je fus envoyée en Mandchourie où Liu m'annonça qu'il était déjà remarié avec Kuang-Mei. Sur les 130 personnes que comptait le Centre de littérature, 34 furent enfermées dans des « Maisons Noires » pour subir la rééducation par le travail. Je fus du nombre de ces victimes. A ce moment, j'étais en très mauvais état; ma maladie ne cessant d'empirer, et aujourd'hui encore je ne suis pas guérie. J'aimerais qu'on appelle Kuang-Mei à témoigner contre moi, pour citer ce document ! Mais l'heure des témoignages est passé; voici, le réquisitoire lui-même se termine; en fait de plaidoirie, c'est à moi de présenter ma défense.

Je ne me lève pas; les murs vacillent devant mes yeux, j'aurais peur de tomber. On attend que je parle. Non, je n'imiterai pas le silence de Chang. Je me ramasse comme l'athlète qui va bondir. J'ouvre la bouche. Mais aucun son n'en sort.

En l'espace de deux ou trois éclairs, c'est tout à coup ta présence qui s'impose à moi et qui écrase cette heure et cet espace de sa masse lourde, brûlante. Tous mes griefs sont là, aussi réels que cette présence. Ma santé détruite à Nanniwan où tu m'as expédiée, pour toute lune de miel, comme tu as dépêché à la fin de 68 des milliers de jeunes intellectuels, pour crever de misère dans les campagne en augmentant celle des paysans et ma vie à l'ombre de ton trône où je servais de scribe et de maîtresse-servante. Mon étrange petit elfe à la tête fêlée que tu m'as retiré parce que sa présence faisait chuchoter qu'un de tes fils était fou et l'autre idiot, et que le seul qui fût sain a été tué. Ta fureur enfin, parce que j'avais osé sur le tard dicter mes souvenirs à une étrangère, comme si j'avais trahi ta stratégie secrète ! Et toutes ces pauvres injures qu'à ton déclin tu proféras contre moi.

Et tandis que ces souvenirs d'indignation se trouvent placés devant moi, aussi précis que l'emblème rouge au-dessus du tribunal les micros, les têtes grimaçantes de Babouin et de Goret, ton immense stature se dilate et fait éclater les murs dérisoires autant que les parois invisibles de mon cerveau.Toi qui as cessé si vite d'être mon amant, toi dont j'ai attendu la mort avec une si longue fièvre, il m'est donné de découvrir à cette seconde suprême pourquoi ce trépas, je le redoutais aussi; plus que ma mère qui m'a mise au monde, plus que la célébrité tentée au cinéma, plus que les beaux garçons que j'ai le plus savourés, plus que ma fille unique et que l'enfant à moi arraché, plus peut-être même que le pouvoir, tu fus important et essentiel dans ma vie, Dragon Rouge; sinon par toi-même, du moins par tout ce que tu as représenté, symbolisé, essayé maladroitement et narcissiquement de faire naître pour un quart de la terre, et au-delà pour la planète entière. Si ton premier vagissement contenait ce son plaintif qui annonce que tournent les portes des siècles, le reste de la vieille voix qui grince dans ma gorge se doit de le continuer, je pense. *Puer Malitiosus*, que n'es-tu là ?

— Ce que j'ai à dire, commencé-je en maudissant la faiblesse de mon organe, c'est que tout dans ce procès est le contraire du vrai. Vous avez émasculé l'histoire par votre révisionnisme... La vraie victime, c'est moi, épouse de Mao. Je l'ai accompagné trente-huit ans. J'étais la seule femme aux avant-postes à affronter les périls avec lui. Où étiez-vous, vous, à ce moment-là ?

La foule rit. Des gens se retournent pour chuchoter. On ne se moque pas de moi; on est seulement content, comme au spectacle ou devant un combat de coqs. On se dit qu'on ne s'ennuie plus : « Eh, elle a encore du sang dans les veines, la vieille ! » Peut-être est-on également satisfait de voir prendre à parti les juges.

Mais mes forces m'abandonnent. Je porte les mains à mes tempes, je balbutie que je me sens mal, que ma tête n'est plus ce qu'elle était. Cependant, je ne veux pas leur faire cadeau d'une si facile mise à mort. Debout, Jiang Quing. Je leur fais face, comme lorsque je me suis déshabillée.

— Ma défense, la voici, c'est un poème. Je l'ai intitulé : « Mon point de vue. »

Ma souffrance physique et mes vertiges sont à la limite de l'atroce, comme au temps haï où les bourreaux des cliniques russes me traitaient à la bombe au cobalt. Mais je ne défaillerai pas, je passerai autour de moi la ceinture de jade.

Ils sont des révisionnistes et des réactionnaires
Ils sèment la confusion
Mais leur révisionnisme fera faillite...

Ma voix s'écorche tandis que j'achève ce bref poème vengeur. Il n'a pas grand mérite littéraire, mais il sera au moins déclamé avec un excellent accent pékinois. Dans sa prison, *Puer Malitiosus* aussi soignait sa calligraphie.

— J'ai fini. Je viens de dire mon « Point de vue. »

Je retombe sur mon siège. Les gardes se placent derrière nous. Je n'échange pas le moindre regard avec mes co-inculpés; Chang est le seul pour qui j'éprouve encore quelque respect. Les autres sont aussi lâches et traîtres, ou vaincus, que ceux qui s'arrogent en ce moment le droit de leur infliger la vie ou la mort. Je suis donc absolument seule. Seule comme la caverne céleste née « sur la beauté des sommets a vent terrible. »

La foule ronronne.

On va nous faire lever pour entendre la sentence.

Bien sûr, c'est ton procès, Dragon Rouge, qui court en filigrane à travers le texte de celui-là. La consigne : table rase de tout ce que tu as entrepris ! Mais il va falloir expliquer aux masses que tu fis seulement « des fautes » et nous « des crimes »; on ne peut pas traiter ton ombre colossale comme celle de Dougachvili. C'est donc nous qui ferons les frais de cette transition entre ta Chine, celle où tu rêvas d'instaurer la « Cité des Saules », et le pays ouvert, décent, occidentalisé et modérément industrialisé qu'elle va devenir, où l'on jouera du jazz et lira de la presse du cœur. Je ne sais si l'on saura encore y prévoir des tremblements de terre, et si l'on n'y élèvera pas un jour une statue à Tchang Kaï-Shek. Ou encore, si l'on s'amuse à sonder l'avenir, s'il n'y ressuscitera pas quelques « Fleurs de Prunier » qui auront dessein de faire frire à l'huile bouillante d'autres personnes bien différentes de moi ?

De toute façon, les masses, qu'ont-elles à dire ? Où ont-elles apparu au cours de ce procès ? Qui leur a donné la parole ? Quand a-t-on appelé à la barre la fille ou la veuve ou le frère d'un Yu Laixi, d'un Zhao, de tant d'autres encore, rescapés ou disparus d'un « déluge de sang et de larmes ? »

J'avais pensé en commençant à revivre ma vie à l'envers, que les années s'étaient constituées elles aussi personnages de mon histoire. Comme des acteurs de théâtre, elles ont porté un masque qui précisait leur signification, selon le fard ou la grimace. Voici 1976, le début de mon agonie, avec ce bruit de bottes dans le couloir au moment où j'allais téléphoner au metteur en scène de *Contre-attaque*; voici 1973 et la terrasse de la *Résidence des pêcheurs*, après la parution du livre que me consacre une Américaine, et le son léger de balles de ping-pong dans le parfum des fleurs épanouies; 1968, fracas, ovations, défilés, bibliothèque vivante et marchante des jeunes Chinois qui chacun s'identifie à ce qu'il porte, un petit livre couleur de coquelicot, raz-de-marée des rues et des avenues et lourdes grappes humaines sur le marche-pied des locomotives à bout de souffle; 1949 et mes premiers pas sous des plafonds somptueux et glacés, au cœur de l'ancienne Cité Interdite, sténographe muette de plus puissant des hommes, mon époux; la machine à mémoire s'emballe, telle un projecteur détraqué qui crache quelques chiffres sur l'écran avant que la salle se rallume et que le public s'en aille; 1948, l'automne, les ruines de Yenan, la roue d'une jeep arrachée qui flambe; 1937, le camion de riz, le meeting, les cavernes; 1930 gorgée d'humiliations, mais ma robe blanche et mes longs cheveux tordus sur la joue gauche dans *Maison de poupée;* 1925 et les têtes décapitées des bandits au bout d'une perche, le sifflement du bambou, la dent cassée, les roues de bois entassées dans le hangar du village. Au-delà : la nuit envahit l'écran. La même nuit qui va y revenir. Le spectacle est fini, et la vedette se retire du spectacle.

Mais toi, mais toi, ô Chine, où en es-tu aujourd'hui que je sombre ?

Le grand bond en avant a failli causer la chute de ce mort considérable dont on veut me faire payer les dettes ? Eh ! qui parle, qui ose parler aujourd'hui de « grand bond en arrière ? » C'est un fait. Politique, historique. J'ai pu me documenter, grâce aux bavardages des gardiens entre eux; je me suis souvenue comment *Puer Malitiosus* se tenait au courant, du fond de sa cellule, des affaires de notre pays. De perfides étrangers clament leur désillusion; des journaux de Hong-Kong, des rumeurs parviennent jusqu'à Pékin, et de là dans les prisons comme dans les hôpitaux et les casernes. C'est pourquoi l'agitation des « démocrates » redouble. Ennemis, me vengerez-vous ?

D'après mes calculs, selon certains recoupements, l'inflation reste consternante; il y a une grosse proportion de chômeurs, la presse de Hong-Kong parle de vingt à trente millions; le déficit budgétaire se compte par milliards. On annonce l'arrêt des grands travaux, la fin du rêve de développement économique repris par Hsiao-Ping. Les deux centrales nucléaires commandées à la France ? Projet repoussé à une date indéfinie; c'est la faillite.

Même les secteurs du pétrole et du charbon, qui restent privilégiés, se ressentiront de cette crise; on cessera de faire appel aux Occidentaux pour les exploiter. Soit; cela diminue le risque d'espionnage et de corruption idéologique; mais à quel prix ! Combien de Yu et de Zhao vont le payer de leurs poumons, de leur santé, de leur vie, remplaçant les machines par leurs bras et leurs carcasses ? Et si les grands travaux régionaux sont stoppés, combien de chômeurs de plus ?

— Que les accusés se lèvent !

Les accusés ? Oui. C'est bien de nous qu'il est question; pas des babouins ni des gorets derrière leurs micros.

J'entends dans mon dos des pas précipités, je sens un souffle sur mon cou. Les gardes se sont rués et se tiennent immobiles. Pourquoi ? Pour nous empêcher de nous suicider ? La foule retient son haleine.

Chen Po-Ta ne parvient pas à remettre son écouteur. Son visage démoli traduit un affolement sénile. Un garde l'aide de sa main gantée, avec l'affabilité que met un bon bourreau à vous trancher la gorge. J'entends autour de moi un bourdonnement, un chuchotement, pendant que Goret tousse majestueusement et réunit ses paperasses; ce n'est pas de nous qu'il est question, ce sont les petites gardiennes qui murmurent; il y a eu, paraît-il, des dazibaos subversifs dans les rues de Kaifeng, à propos du refus de l'Université de Henan à châtier l'auteur d'un viol. Il y a donc encore des viols, en Chine de Hua ? Trente ans après l'instauration du régime ? Et des revendications féministes ?

Mais tout ceci n'a plus aucune importance à mes yeux; la seconde présente est celle où la dernière roue s'avance sur un chemin déjà trop long.

La bassesse de Wuang, (auteur du célèbre slogan : *Il faut savoir aller à contre-courant !)* ne lui aura guère profité; il est condamné à perpétuité. Chen Po-Ta, dix-huit ans. Il mourra bien avant ce terme du mal qui le dévore. Chang, à mort, avec deux ans de sursis en camp de travail, pour avoir « collaboré avec Jiang Quing dans l'organisation et la direction de la clique contre-révolutionnaire ayant cherché à renverser la dictature démocratique du peuple. » C'est mon tour. Je me touche le nez, nerveusement. La même peine me frappe.

Les poignes de mes gardes se sont abattues sur moi en

même temps que les paroles du président. Claquement de deux bracelets. Ce sont les premiers bijoux que je porte depuis le temps où je m'appelais Pomme Bleue. Vite : crier.

Ce cri, je l'ai préparé depuis bien longtemps; depuis ma naissance, sans doute, bien qu'il m'ait fallu attendre cinquante-deux ans pour l'entendre jaillir, avec ceux qui devaient l'accompagner, de milliers de jeunes bouches ouvertes sous le ciel de Chine :

— *On a raison de se révolter !*

Confuse histoire d'héroïne et de traîtrise, petite estrade de théâtre sous les arbres d'un pauvre village...

Qu'ils m'entraînent, qu'ils me molestent, qu'ils essayent de me faire taire. Qu'ils coupent le son pour qu'il ne reste de moi, du moi de cette minute, en mondiovision, que cette bouche grande ouverte dans un vieux visage féminin convulsé, un tragique masque de gargouille, de démon de la nuit. Je crie encore, en me cramponnant tandis qu'on me tire, en freinant des deux pieds, j'exhale et exalte ton âme, Dragon Rouge, dans cette clameur où ma voix a repris sa force et sa jeunesse, la nôtre :

— Faire la révolution n'est pas un crime !

Expulsez-moi du prétoire. Expulsez-moi de la vie. Je crie et crierai encore. Fermez-moi les yeux, je ne fermerai pas la bouche.

— A bas le révisionnisme !

— Tais-toi, Jiang Quing !

La foule s'agite encore, contente. On lui a donné à voir, à entendre. Tout vaut mieux que l'ennui.

FIN

Appendice

Un seul passage de ce livre est purement imaginaire : l'entrevue de Jiang Quing avec *Puer malitiosus.* Celui-ci fut le pseudonyme d'un auteur de dazibao pendant les Cent Fleurs; mais, ici, le même pseudonyme est repris pour une autre personnalité qui n'a pas de rapport avec la première. Il s'agit en réalité de celui que portèrent pendant la Révolution culturelle trois gardes rouges : Li Zhenghian, Chen et Haang, Cantonnais tous les trois. Bien que durement réprimés à la fin de la grande Révolution Culturelle Prolétarienne pour l'insolence de leurs dazibaos d'une « admirable calligraphie » (*Chinois, si vous saviez...*) ils furent à nouveau pressentis par le pouvoir pour participer à la campagne anti-Lin-Piao. Ils en profitèrent pour préparer le climat qui rendit possibles les incidents remarquables des obsèques de Chou En-Lai, seule protestation contre la dictature bureaucratique, maoïste ou autre. Li Zhenghian fut alors arrêté et on n'en a plus de nouvelles.

Jiang Quing n'aurait donc pu, en 1973, rendre visite à celui-ci dans une cellule qu'il n'occupait pas encore; cependant, certains témoins prétendent qu'elle alla s'entretenir dans leurs cellules avec d'anciens gardes rouges, sans qu'on puisse savoir pour quelles raisons ou dans quel but. Il nous a semblé vraisemblable qu'elle ait éprouvé quelque malaise devant l'échec d'une campagne où elle et Mao avaient tant investi. Ce jeune détenu qui n'est que la synthèse de plusieurs autres de la même ligne, partageant la même révolte, ayant subi la même cruelle manipulation, pouvait seul tenir le langage destiné à éclairer les problèmes de la Chine à la fin du règne de Mao, fin qui annonça non celui de Jiang Quing, mais le terme de son pouvoir. Les propos prêtés à ce prisonnier à la fois inventé et réel sont en majorité empruntés aux dazibaos rédigés par Li Zhenghian à Canton, avenue de Pékin, en 1974, et couverts de commentaires enthousiastes par les passants. De lui, également, le graffiti sur le mur de sa cellule.

Tout le reste de ce livre ne relate que des faits véridiques jusque dans le détail, et à part quelques répliques insignifiantes, les paroles rapportées ont été dites ou écrites par leurs auteurs dans les mêmes circonstances où elles sont répétées.

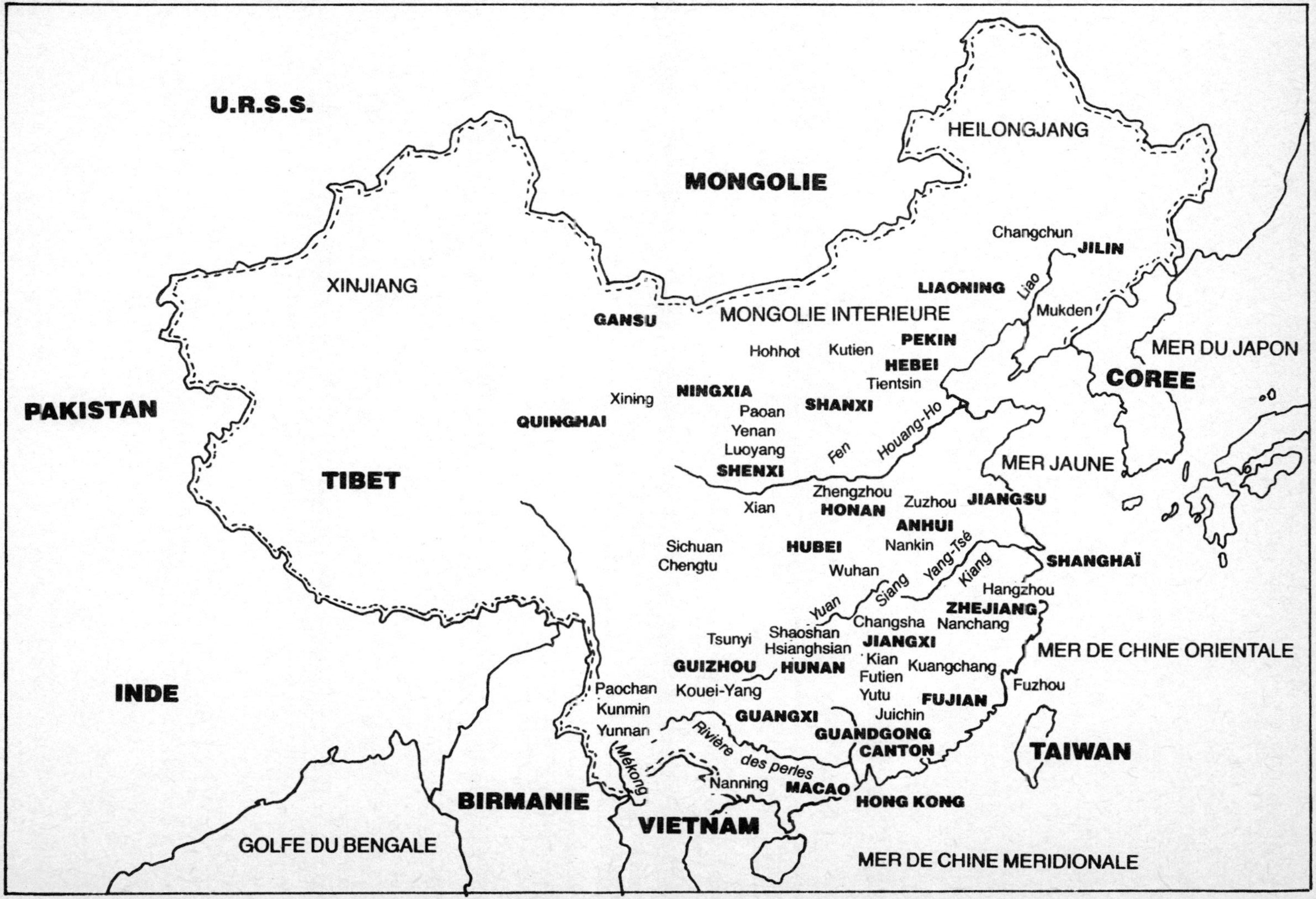

U.R.S.S.
HEILONGJANG
MONGOLIE
Changchun
JILIN
XINJIANG
LIAONING
Liao
Mukden
GANSU
MONGOLIE INTERIEURE
PEKIN
MER DU JAPON
Hohhot
Kutien
HEBEI
Tientsin
COREE
NINGXIA
Xining
SHANXI
PAKISTAN
Paoan
QUINGHAI
Yenan
Houang-Ho
Luoyang
Fen
MER JAUNE
TIBET
SHENXI
Zhengzhou
Zuzhou
JIANGSU
Xian
HONAN
ANHUI
Sichuan
HUBEI
Nankin
Chengtu
Yang-Tsé
SHANGHAÏ
Wuhan
Kiang
Siang
Hangzhou
Yuan
ZHEJIANG
Changsha
Nanchang
Tsunyi
Shaoshan
Hsianghsian
JIANGXI
MER DE CHINE ORIENTALE
Kian
GUIZHOU
HUNAN
Futien
Kuangchang
Paochan
Kouei-Yang
Yutu
Fuzhou
INDE
Kunmin
FUJIAN
Juichin
GUANGXI
Yunnan
GUANDGONG
Rivière des perles
CANTON
TAIWAN
Mékong
Nanning
MACAO
BIRMANIE
HONG KONG
VIETNAM
GOLFE DU BENGALE
MER DE CHINE MERIDIONALE

Index

PRINCIPAUX NOMS

B 52. — Nom de code donné à Mao Zedong dans le document « Plan 571 » (soulèvement) de Lin Piao.

CHANG CHUN-CHIAO. — Chef adjoint du « groupe central de la Révolution Culturelle » à partir de 1966. Proche de Jiang Quing, il est arrêté avec elle comme membre de « la bande des Quatre ». Lui seul adoptera au procès l'attitude « rupture de défense ».

CHEN PO-TA. — Écrivain marxiste, secrétaire politique de Mao à Yenan, appartement au G.C.R.C. puis au groupe radical. Arrêté comme membre de la « bande des Quatre ».

CHOU EN-LAI. — A partir de 1930, un des personnages les plus importants du parti communiste chinois. Tour à tour chef de l'Armé Rouge, ministre des Affaires étrangères, vice-président du P.C.C., mais jamais théoricien. Mort en janvier 1976, huit mois avant Mao à qui il garda toujours fidélité. (Il est à peu près le seul de ce cas parmi les dirigeants).

CHOU YANG. — Théoricien de la littérature. Communiste clandestin du Shangaï des années 30. Autorité culturelle jusqu'aux annnées 60. Jiang Quing qu'il avait refusé de prendre au sérieux le fit mettre au pilori pendant la Révolution culturelle.

CHU-TEH. — (Vertu Rouge) Ancien potentat du Kuomintang

passé au P.C.C. D'un dévouement absolu, grand chef de guerre, il se tint à l'écart des conflits de pouvoir jusqu'en 1976 où il mourut la même année que Mao et Chou En-Lai.

DENG TUO. — Poète contestataire, auteur du poème « lèse-Mao » *Ode au lac Tai-Hu* (allusion à l'affaire Tai-Hui).

HAN AI-CHING. — Jeune étudiante, garde rouge, de la faction extrémiste de Kuai Ta-Fu pendant la Révolution culturelle.

HO TZU-CHEN. — Seconde femme de Mao Zedong (et non troisième, le premier mariage, conclu sans accord, n'ayant jamais été consommé et étant rapidement dissous). Héroïne de la Longue Marche. Quittée pour Jiang Quing, envoyée en clinique psychiâtrique. Peut-être pour des raisons valables (1). Elle fut ensuite dirigée vers un établissement du même genre à Shangaï, dans les années 50.

HUA GUFENG. — Successeur de Chou En-Lai en avril 1976, malgré (ou à cause de) sa personnalité effacée. Devenu président à la mort de Mao, il se réconcilia avec Tang Hsiao-Ping qui aurait dû occuper ce poste et mit en urgence à l'ordre du jour l'enquête sur « la bande des Quatre ».

KUAI TA-FU. — Un des plus importants meneurs des Gardes Rouges extrêmistes.

KANG KO-CHING. — Amazone de la « Longue Marche », dernière épouse de Chu-Teh; dirigeante des mouvements féminins pendant les années 30.

KANG-SHENG. — Compatriote de Jiang Quing, de la province de Shantung. Il reçut une formation policière à Moscou. Allié de Jiang Quing, il l'aida au G.C.R.C.

LAN PING (Pomme Bleue). — Pseudonyme de Jiang Quing au

1. Elle eut un fils qui semble avoir été taré et que Mao fit disparaître. Jiang Quing soutint toujours qu'il s'agissait d'un accident, ce qui semble invraisemblable.

cinéma dans le Shangaï des années 30. (son nom de jeune fille : Li-Chin. Pseudonyme de clandestinité : « Grue des Nuages »).

LIAO MO-SHA. — Écrivain communiste des années 30, à Shangaï hébergea Jiang Quing qui lui en garda rancune, le soupçonnant — à tort ou à raison — d'avoir voulu la livrer à la police. Collabora plus tard avec deux adversaires de Mao à la *Chronique des Trois Familles*. Ce qui lui coûta toutes ses dents pendant la Révolution culturelle.

LI-MIN. — Fillle de Mao et de Ho Tzu-Chen née en 1936, élevée par Jiang Quing. Aprés avoir voulu être danseuse s'engagea dans la Révolution culturelle. Nommée à la direction de la Commission science et technologie qui contrôle la recherche nucléaire. Elle rédigea un dazibao attaquant le ministre de la Défense.

LI-NA. — Fille de Mao et de Jiang Quing (et non de Ho Tzu-Chen commc lc dit inexactement Roxane Witke). Participa à la Révolution culturelle et dirigea la *Quotidien de l'Armée de Libération* alors principal organisme de la presse, expression du maoïsme.

LIN-PIAO. — Héros de la Longue Marche, il fut un de ces nombreux successeurs désignés par Mao avant d'être « renvoyé aux poubelles de l'Histoire ». Flagorneur hyperbolique, allié momentané de Jiang Quing, il complota contre la vie de « B 52 » et fut exécuté secrètement en septembre 1971. On prétend que l'avion emportant sa famille s'écrasa en Mandchourie.

LIU SCHAO-CHI. — Autre favori et autre victime; autre ennemi masqué. Camarade d'école de Mao, proclamé son « plus proche compagnon d'armes » dirigeant du Parti clandestin dans le Nord, idéologue à Yenan, il fut nommé chef d'État en 1959 après l'échec du Grand Bond. Ses divorces successifs le séparèrent de ses enfants. Successeur désigné de Mao en 1961, il fut limogé cinq ans plus tard; son ancienne femme se plaignit avec virulence d'avoir été violée pour l'obliger au mariage, puis répudiée en faveur de Wang-Mei. La fille qu'il avait d'une femme précédente se retourna aussi contre lui et se lia à cette occasion avec Jiang Quing pendant la Révolution culturelle. Il mourut peu après.

LU HSUN. — Essayiste, nouvelliste, historien de la littérature chinoise, fort célèbre. Son indépendance, son anti-autoritarisme le firent un révolutionnaire des années 30. On donna son nom à une académie de Yenan, entre la fin de la Longue Marche et la nouvelle fuite devant les armées du Kuomintang. La Révolution culturelle mit à l'honneur certains de ses slogans, mais coûta la vie à sa veuve.

MAO AN-CHING. — Second fils de Mao et de sa première femme, Yan Kai-Hui (le « Peuplier »). Parti avec son frère pour Shangaï, puis pour l'U.R.S.S. Déséquilibré, assez don Juan, il fut soigné en clinique psychiâtrique, se maria et revint avec sa femme visiter son père qui lui consacra un poème.

MAO AN-YING. — Fils aîné de Mao et de Yang Kai-Hui. Après le martyr de sa mère, il fut envoyé a Shangaï avec An-Ching et ils y vécurent dans la misère. Il fut plus heureux en U.R.S.S. sous le nom de Sergueï. Il trouva la mort en Corée.

MAO TSE-MIN. — Frère cadet de Mao, son collaborateur dans le mouvement clandestin du Hunnan avec Liu Schao-Chi et Yang Kai-Hui. Trésorier suivant la Longue Marche. Arrêté en 1943, il fut enterré vivant par le général Sheng Shih-Tsai.

MAO TSE-TAN. — Autre jeune frère de Mao, tué à la guerre civile en 1935.

PENG-CHEN. — Dirigeant communiste de Chine du Nord depuis 1930. Rôle des plus déterminants de 1950 à 1960. Il soutint son adjoint Wu-Han, contestataire du maoïsme, et rédigea le fameux *Rapport de Février* destiné à limiter la

Révolution culturelle. Démis de ses fonctions il vit triompher contre lui le groupe radical de Jiang Quing.

PENG TE-HUAI. — Ministre de la Défense nationale en 1954, il fut destitué cinq ans plus tard, pour sa critique du « Grand Bond en avant ».

TCHANG ZEDONG — Champion de ping-pong, dernier amant de Jiang Quing en 1974.

TENG HSIAO-PING. — Commissaire du Peuple dans l'Armée Rouge de 1940. Secrétaire général du P.C.C. dans les années 60. Dénoncé par la Révolution culturelle comme supporter de Liu Schao-Chi. Mais en avril 1973 Mao lui rendit sa faveur, sans doute pour contrer Jiang Quing. Il l'appelait « une boule de coton avec une aiguille d'acier au milieu ». Après avoir succédé à Chou En-Lai, il fut disgracié en raison de l'émeute de la Place Tienamen. La mort de Mao et la purge de la « bande des Quatre » lui rendirent le pouvoir dans la Chine de Hua Guofen. Sa victoire estt celle de la bureaucratie droitière sur la bureaucratie de gauche.

TING LING. — Célèbre écrivain de nuance libérale-anarchiste, aventure de Mao à Yenan. Malgré son prix Staline, elle fut réduite par le régime maoïste à devenir le « nègre » littéraire des dirigeants. Son féminisme sexuel la fit taxer d'individualisme petit-bourgeois.

WANG CHEN. — Épouse de Zheng-Junli, amant de Jiang Quing dans les années 30 et victime de la Révolution culturelle ainsi que leur fils.

WANG HAI-JUNG. — Cousine de Mao, dite sa « nièce » par respect. Un dialogue entre eux, au moment de la Révolution culturelle, placardé à l'Université de Pékin et recopié par des boursiers français, arraché par les diplomates, fit sensation : elle s'y montre prudente, rigoriste, sectaire, et son oncle illustre l'engage à se « balancer du règlement » et à se révolter de façon plus radicale : « Toi, plus tard, à mon avis, tu n'auras pas de rôle à jouer ». Elle en joua pourtant un : celui de témoin à charge de Jiang Quing à qui elle devait tout. Étudiante à la section d'anglais de l'Institut.

WANG HUNG-WEN. — Employé d'une d'usine de textiles de Shangaï, ami de Yao Wen-Yuan qui le poussa au G.C.R.C. et à la vice-présidence du P.C.C. Autre témoin à charge de Jiang Quing.

WANG KUANG MEI. — Épouse de Liu Schao-Chi. Victime de la Révolution culturelle.

WANG MING. — Principal adversaire pro-soviétique de Mao, porte-parole de Staline, avant la victoire de 1949.

WANG TUNG-HSING. — Garde du corps de Mao et chef d'unité militaire. La « bande des Quatre » lui fit confiance au point de le mettre au courant de leur futur Coup d'État. Il les trahit auprès de Hua Gofeng.

WU HAN. — Adjoint du Maire de Pékin Peng-chen, auteur d'un cycle de pièces historiques anti-maoïste. Éliminé par la Révolution culturelle.

YANG KAI-HUI. — Fille du professeur de morale de Mao. Communiste de la première heure. Fiancée avant de le rencontrer à son ami Siao-Yu, libéral-anarchiste. Mourut en héroïne avec la jeune sœur de Mao, décapitée et torturée, à Changscha que venait d'évacuer Peng Teh-Huai. Mao lui consacra un de ses plus célèbres poèmes *Les Immortels*.

YAO WEN YUAN. — Critique littéraire et théoricien shangaïen, membre du G.C.R.C., inféodé à Jiang Quing. Semble avoir épousé Li-Na. Jugé avec la « bande des Quatre ».

CHANG KUO-TAO. — Général de l'Armée Rouge qui, par son

ambition, mit Mao en difficulté au cours de la « Longue Marche ». Chu-Teh dénoua la situation.

FOU-TSOU. — Pianiste de style occidental. S'expatria après les « Cent Fleurs ».

HSIA-YEN. — Cinéaste célèbre, qui aurait brimé « Pomme Bleue ». Exposé sur pilotis pendant la Révolution culturelle.

LAO-SHE. — Poète. Se suicida à cause de la censure de Jiang Quing.

LI CHA-TANG. — Chef communiste de « Pomme Bleue » dans les années 30.

LIU YA-TSE. — Poète de Canton, ami de Mao.

PO-KU. — Principal partisan, contre Mao, de la « ligne Wang-Ming ».

PO-YI. — Dernier descendant de la dynastie impériale, devenu jardinier et cicerone du Palais du Peuple.

TSAI-HO SEN. — Ami et compagnon d'études de Mao, mort dans les tortures.

TSANG-MIN. — Cinéaste qui fit tourner « Pomme Bleue » dans plusieurs films.

TANG-NA. — Acteur de cinéma. Un des premiers amants de « Pomme Bleue ».

TOU-TOU. — Fille de Lin-Piao. Dénonça le complot du « Plan 571 ».

ROXANE WITKE. — Journaliste et universitaire. Interviewa Jiang Quing en 1972 pendant 60 heures. Son livre *Camarade*

Chiang-Ching souleva une vive émotion et provoqua une rupture entre Mao et sa femme, accusée depuis lors d'avoir « vendu des secrets d'Etat à l'étranger ».

SNOW (Edgar). — Journaliste américain qui interviewa Mao dans sa caverne de Yenan et en tira un livre *Étoile Rouge sur la Chine*.

ZHENG JUNLI. — Écrivain communiste de Shangaï dans les années 30. Pour récupérer ses anciennes lettres, Jiang Quing le fit jeter en prison où il mourut.

DAVID YU. — Ex-époux de Jiang Quing, vit encore à Paris où il tient un restaurant. Questionné au moment de l'affaire « la bande des Quatre » il répondit : « Je ne veux me souvenir de rien d'autre que de la beauté de Pomme Bleue quand je l'ai connue ».

Bibliographie

Dick Wilson : *Mao* (Edit. J.A. « Le sens de l'Histoire »).
Roxane Witke : *Camarade Chiang Ching*. (Edit. Laffont).
Révol. cul. dans la Chine pop. (Anthologie de la presse des Gardes rouges) (Édit. 10/18).
Simon Leys : *Ombres Chinoises*
Les Habits neufs du président Mao (Champ Libre).
Chinois, si vous saviez... (Edit. Christian Bourgois).
Wojtek Zafanelli : *Le Président clairvoyant et la Veuve du grand Timonnier* (Edit Payot).
Gilbert Murry : *De la Révolution culturelle au Xme Congrès du P.C.C.* (10/18).
Mao Tse Toung : Livre-club « Les grandes figures historiques de notre temps ».
Dispute sur le Sel et le Fer (Edit. Lanzmann et Seghers réunis).
Han Suyin : *Le premier Jour du Monde* (Poche).
Françoise d'Eaubonne : *L'Eventail de Fer* (Vie de Qiu Jin) (Edit. Simoën).

Commentaires sur la bibliographie :

Le meilleur résumé des faits matériels est le livre de Dick Wilson : *Mao.*

Le plus complet sur la biographie de Jiang Quing est celui de Roxane Witke : *Camarade Chiang-Ching.* Mais celle-ci, bien que s'efforçant de rester objective, commet parfois de fortes erreurs et se laisse influencer par la fascination que son interviewée exerce sur elle. Sans esprit critique, elle rapporte comme des faits réels des anecdotes où la mythomanie éclate. Le plus intéressant de ce texte n'est pas le texte en lui-même mais les conséquences incroyables qu'il a entraînées dans l'opinion chinoise et les griefs contre « la bande des Quatre. »

La *Dispute sur le Sel et le Fer* est un texte classique sur « l'opposition des légistes » qu'il est indispensable de lire pour comprendre la politique traditionnelle en Chine, de même qu'on ne saurait comprendre l'évolution du stalinisme sans connaître l'histoire du régne de Pierre Ier et de celui de la Grande Catherine, parallèlement à l'historique du développement des moyens de production.

Chinois, si vous saviez... et *Le Président clairvoyant et la Veuve du grand Timonnier* sont aussi indispensables pour comprendre clairement l'histoire, à prime abord si confuse pour des Occidentaux, de la féroce bataille de tant de clans pour le pouvoir, et aussi l'évolution et la manipulation des gardes rouges dans la Révolution culturelle.

Nous avons repassé au magnétoscope les documents télévisés du procés de Jiang Quing rapportés par Patrick Clément en février 1981.

Table des matières

Cet ouvrage a été composé par EUROCOMposition S.A.
et réalisé sur SYSTÈME CAMERON
par Firmin-Didot S.A.
pour la Nouvelle Société des Éditions Encre
9, rue Duphot 75001 Paris
le 30 avril 1981

ENCRE

N° Éditeur 109
Dépôt légal 2ᵉ trimestre 1981
ISBN 2-86418-109-6